本书为国家社会科学基金“十三五”规划2020年度教育学一般课题(批准号 BIA200186)结项成果。

新媒体时代高校思想政治教育网络传播力评价研究

Research on the Evaluation of Network Communication Capability of Ideological and Political Education in Universities in the New Media Era

黄 艳 著

人 民 出 版 社

责任编辑：刘江波　王　燕
封面设计：石笑梦
版式设计：胡欣欣

图书在版编目（CIP）数据

新媒体时代高校思想政治教育网络传播力评价研究 / 黄艳著. -- 北京 ：人民出版社，2024. 12. -- ISBN 978－7－01－026913－9

I. G641–39

中国国家版本馆 CIP 数据核字第 2024FU6454 号

新媒体时代高校思想政治教育网络传播力评价研究

XINMEITI SHIDAI GAOXIAO SIXIANG ZHENGZHI JIAOYU WANGLUO CHUANBOLI PINGJIA YANJIU

黄　艳　著

人民出版社 出版发行
（100706　北京市东城区隆福寺街 99 号）

中煤（北京）印务有限公司印刷　新华书店经销

2024 年 12 月第 1 版　2024 年 12 月北京第 1 次印刷
开本：710 毫米 ×1000 毫米 1/16　印张：22
字数：306 千字

ISBN 978－7－01－026913－9　定价：80.00 元

邮购地址 100706　北京市东城区隆福寺街 99 号
人民东方图书销售中心　电话（010）65250042　65289539

序

教育兴则国家兴，教育强则国家强。作为教育中的关键一环，思想政治教育肩负着立德树人的历史重任，旨在为民族复兴培育德才兼备、以德为先、可堪重任的，有理想、有本领、有担当的时代新人。党的十八大以来，以习近平同志为核心的党中央站在新的历史高处，对高校思想政治教育工作给予高度重视，提出一系列富有突破性的新论断，为新时代思想政治教育工作的守正创新和纵深优化提供了路径引导，为加快推进思想政治教育现代化、办好人民满意的教育、建设教育强国提供了创新性方向和实践性指导。

随着互联网的发展和新媒体技术的进步，新媒体逐渐成为信息传播的主流渠道，影响着人们的生活方式、认知观念和思想意识，影响着社会思潮和舆论环境的发展趋势。新媒体传播技术的不断成熟和日益普及使得高校思想政治教育的媒介环境发生了变化，其在改变学生生活场域、教育发生场景、传播依托媒介的同时，也使高校思想政治教育的传播样态、传播形式、传播内容等通过网络媒介得以重构。新媒体时代高校思想政治教育在迎来诸多发展机遇的同时，也面临着诸多的困境与挑战。因此，深入开展高校思想政治教育网络传播力的评价研究，对解决当前高校思想政治教育网络传播过程中存在的诸多实际问题具有重大意义。

基于时代背景和现实需求，《新媒体时代高校思想政治教育网络传播力评价研究》这本书应运而生。这本书的作者黄艳教授是我的学生，一直以来我们都有很多的学术合作。这本书坚持扎根基础、直面问题、联系实际、走在前沿的宗旨，呈现出学术研究时代性、精准性和现实性的特征。

首先，这本书具有较强的时代性，能够结合新媒体时代的特征，运用传播学和思想政治教育学经典理论，深入分析新媒体在大学生群体中的传播特性和对高校思想政治教育网络传播格局的深刻影响，并从新媒体空间入手展开高校思想政治教育网络传播力评价研究，能够及时反映高校思想政治教育在新媒体时代的新变化，具有较强的时代性和实践性。其次，这本书开展了较为精准的评价研究，创造性地运用深度学习方法，构建高校思想政治教育网络传播力的评价模型并在此基础上展开评价研究，这种较为先进的研究方法不仅提高了评价模型的可靠性和稳定性，也使得评价结果具有更高的精准性。最后，这本书沿着发现问题、分析问题、解决问题的路径，展开系统性和创新性的探索，提出促进高校网络思想政治教育高质量发展的一些具体举措，具有很强的针对性和鲜明的现实意义。

总体来看，这本书的内容思路清晰，其理论研究和实践研究推动高校网络思想政治教育研究朝着纵深化和精准化方向发展，并且有益于提升高校思想政治教育网络传播的实际效果。相信这本书的出版，对高校思想政治教育的理论研究和实践工作都是一种有益的补充和完善，有着很重要的意义。当前数字技术快速发展，媒介融合持续深入，新媒体技术日新月异，高校思想政治教育网络传播力的评价研究注定需要与时俱进。期待黄艳教授和她的研究团队能够继续干在实处、走在前列，与全国其他专家同仁一道矢志不渝探索高校网络思想政治教育工作，总结提炼出更多的优秀成果。

第十三届全国人大常委会委员、中国教育学会副会长、

华中师范大学国家教育治理研究院院长、长江教育研究院院长

2024 年 10 月

目　　录

前　言

党的十八大以来，习近平总书记高度重视高校思想政治教育工作在坚持和发展中国特色社会主义中的地位和作用。2023 年 5 月 29 日，习近平总书记在中共中央政治局第五次集体学习时强调，要坚持不懈用新时代中国特色社会主义思想铸魂育人，着力加强社会主义核心价值观教育，引导学生树立坚定的理想信念，永远听党话、跟党走，矢志奉献国家和人民。提高网络育人能力，扎实做好互联网时代的学校思想政治工作和意识形态工作。思想政治教育为大学生的健康成长、顺利成才提供了思想保证和精神动力。加强和改进大学生思想政治教育，对于全面实施科教兴国和人才强国战略，确保中国特色社会主义事业兴旺发达、后继有人，具有重大而深远的现实意义。

新媒体时代，微信、微博、抖音、B 站等新媒体平台如雨后春笋般不断涌现，在受众中的影响力越来越大。信息工具的不断迭代，信息获取渠道的不断增加，使得信息传播呈现出即时性、互动性、开放性和多元化等鲜明特征，信息传播主体与信息传播受众之间由传统的单向传播转变为双向互动传播，高校思想政治教育信息传播也由此得到重塑。当前，网络已成为大学生学习生活中不可或缺的一部分，网络环境也已经成为高校思想政治教育的第一环境，新媒体作为网络时代发展的产物，成为思想政治教育每一次转轨、提升和飞跃的助推器。在此背景下，高校借助新媒体技术开展思想政治教育活动，充实了高校思想政治教育的内容，丰富了高校思想政治教育的载体，提升了高校思想政治教育的效率，拉近了教育者与受教育者的距离。在这“无人不网、无时不网、无处不网、无事不网”的新媒体时代，高校守住开展思想政治引领和凝聚价值共识的网络阵地至关重要。

本书紧抓思想政治教育网络化发展的时代契机，将高校思想政治教育与互联网紧密结合，以传播学和思想政治教育学经典理论为支撑，通过构建科学的高校思想政治教育网络传播力评价指标体系和评价模型，开展高校思想政治教育网络传播力的综合评价研究。

首先，对过往相关研究进行回顾、梳理和整合，结合新媒体时代背景创新性地将高校思想政治教育和网络传播结合在一起，系统阐释了高校思想政治教育网络传播力等核心概念的内涵和特征。在此基础上，以传播学和思想政治教育学经典理论为支撑提炼出评价高校思想政治教育网络传播力的六大核心维度。

其次，通过实证探究教育网络传播主体的网络结构、网络传播受众的传播意愿、网络传播受众的安全素养、网络传播效果的影响因素，依循评价指标选取原则，运用定性与定量相结合的方法构建了科学全面的评价指标体系，并创造性地应用深度学习方法构建了科学高效的评价模型，对高校思想政治教育网络传播力展开了科学评价。

最后，基于上文所述综合评价，从高校思想政治教育的网络传播主体、网络传播受众、网络传播内容、网络传播媒介、网络传播效果和网络传播风险六个方面分析与解决问题，旨在为教育行政部门、高校及其思想政治教育工作者开展网络思想政治教育实践活动提供参考。同时，结合高校思想政治教育活动在技术环境下的发展变化对未来研究工作的开展进行了展望。

《新媒体时代高校思想政治教育网络传播力评价研究》一书是国家社会科学基金“十三五”规划2020年度教育学一般课题“高校思想政治教育网络传播力的评价指标体系及应用研究”（BIA200186）的最终成果。开展高校思想政治教育网络传播力评价研究既是新媒体时代高校网络思想政治教育工作的核心内容，也是加强和改进网络思想政治教育工作的重要手段。本书试图对新媒体背景下高校思想政治教育网络传播力的评价研究作一些探索，希望能够为广大的思想政治教育工作者提供有益参考，促进高校思想政治教育工作质量的提升，助推高校思想政治教育工作实现内涵式发展。高校思想政治教育网络传播力评价研究是一个动态性、长期性的工程，随着时代和实践的变化而发展。我们的研究还需要进一步地深化深入，不断回应新的时代要求，反映新的实践变化。希望本书能引发更多同仁对这一领域的关注与思考，不断开拓思路，破解重点难点，最终实现高校思想政治教育网络传播力评价研究的高质量、可持续发展。

黄　艳

2024 年 10 月

绪　论

2021 年 7 月，在中国共产党成立 100 周年之际，中共中央、国务院印发的《关于新时代加强和改进思想政治工作的意见》指出，加强网络思想政治工作，深入实施网络内容建设工程，加强网络传播能力建设，依法加强网络社会管理，推动思想政治工作传统优势与信息技术深度融合，使互联网这个最大变量变成事业发展的最大增量。① 2022 年 5 月，习近平总书记在庆祝中国共产主义青年团成立 100 周年大会上的讲话中指出，青年之于党和国家而言，最值得爱护、最值得期待。② 新媒体时代，高校作为优秀青年的聚集地之一，其网络思想政治教育工作肩负着化育青年人永远信赖和追随中国共产党的历史重任。

随着新媒体的兴起和网络技术的不断更新迭代，高校思想政治教育传播迎来了新的机遇。2016 年起，高校开始大批入驻国内月活跃用户人数较多的四个新媒体平台——微信、微博、抖音、B 站，以适应传播分众化、差异化和对象化的新趋势，借助新媒体平台的传播优势建构引领高校网络舆论的

① 《中共中央　国务院印发〈关于新时代加强和改进思想政治工作的意见〉》，《人民日报》2021 年 7 月 13 日。

② 习近平：《在庆祝中国共产主义青年团成立 100 周年大会上的讲话》，《人民日报》2022 年 5 月 11 日。

新格局。同时，科技进步推动的新媒体时代的到来也为高校思想政治教育工作带来了革命性的挑战。高校思想政治教育传播的社会环境、文化环境与技术环境在网络时代变得更加错综复杂。利用新媒体赋能高校思想政治教育传播，对加强和改进高校思想政治教育工作具有重要的现实意义。

长期以来，我国高校思想政治教育工作在探索中砥砺前行，产生了大量优秀成果，积累了大量成功经验，这为高校思想政治教育的创新发展夯实了根基。结合新媒体时代的特征、现代社会的发展趋势与高校思想政治教育工作的实际，高校思想政治教育亟须肩负起求实创新的时代重任。高校思想政治教育网络传播力评价需要回答“为什么要评价”“评价什么”“谁来评价”“如何评价”等关键问题。要回答这些问题，首先要明确新媒体时代评价高校思想政治教育传播力的价值意蕴和时代特征；其次要准确把握高校思想政治教育传播力评价的发展趋势，推动新媒体时代高校思想政治教育传播力评价工作迈向新高度。

一、高校思想政治教育网络传播力评价的价值意蕴

高校思想政治教育在高校教育教学工作中发挥着举足轻重的作用。高校思想政治教育有助于大学生形成和发展健康的价值观念与品德精神，有助于培养符合社会主义现代化事业发展需求的高端人才。随着科学技术的不断进步和信息传播方式的变革，高校思想政治教育传播的内容和边界得以不断拓展和深化。与此同时，新媒体在各种技术的推动下，已经发展成为一种全新的媒体业态。新媒体业态下的信息传播活动相较于传统媒体而言，具有更强的开放性、交互性与包容性。新媒体对高校思想政治教育工作产生了巨大影响。借助新媒体平台的力量，高校思想政治教育的传播方式得以不断改革与创新，其影响力与辐射力也得到极大增强。尽管新媒体的发展使高校思想政治教育传播面临诸多新的问题，但它给高校思想政治教育带来的颠覆性影响无可避免，这也将直接影响大学生的价值观念与思想意识。

众所周知，质量评价工作对于思想政治教育创新发展具有重要价值。① 网络传播力评价工作对于高校网络思想政治教育创新发展亦具有关键性作用。结合新媒体时代的发展特点、我国社会发展的现实、大学生身心发展的规律以及高校思想政治教育的传播实践，如何科学系统地把握高校思想政治教育传播力评价的价值始终是一个重要课题。围绕这个课题展开深层次的研究是提升新媒体时代高校思想政治教育网络传播力评价的时代性与科学性的前提。只有既遵循价值问题探讨的普遍性规律又兼顾高校网络思想政治教育传播的特殊性，才能科学系统、与时偕行地理解和把握高校思想政治教育网络传播力评价的价值。

（一）基于教育主体层面的网络传播力评价的价值

思想政治教育是一定的阶级、集团、群体或个人用规定的思想观念、政治观念、道德规范，对其成员施加有目的、有计划、有组织的影响，并促使其自主地接受这种影响，从而形成符合一定社会、一定阶级所需要的思想品德的社会实践活动。② 网络思想政治教育是指在思想政治教育与网络社会深度相遇、融合生长过程中，思想政治教育主体运用网络技术、网络语言和网络思维，对一定的受众有计划、有目的、有组织地施加影响，促使其形成符合一定社会、阶级、团体所需要的思想品德的社会实践活动。开展和推进传统的思想政治教育实践活动，需要教育的主体和客体双方真实地处于现实的活动场域，而在网络思想政治教育实践活动中，教育主体和客体双方只需要网络这一基本载体就可以随时随地进行思想沟通和精神交流，这是网络思想政治教育的一个突出特点。

网络思想政治教育主体是网络虚拟教育实践活动的主要实施者和承担

① 冯刚等：《高校思想政治教育工作质量评价研究》，人民出版社 2020 年版，第 1 页。

② 冯刚等：《高校思想政治教育工作质量评价研究》，人民出版社 2020 年版，第 2 页。

者，担负着对全体网民进行政治教育和价值引领的重要职责，也关系到社会主义建设者和接班人的政治立场和思想走向问题。[①] 网络思想政治教育主体分为思想政治教育的网络宏观主体、网络中观主体和网络微观主体三个层面。网络宏观主体即利用网络进行政策制定与教育管理的国家，网络中观主体即利用网络进行协同育人的社会各级组织和机构，网络微观主体即利用网络开展思想政治教育的各级各类高校。对高校网络思想政治教育工作的质量评价而言，划分思想政治教育主体有利于深化对网络思想政治教育主体和网络思想政治教育客体的理解，从而进一步明晰新媒体时代高校网络思想政治教育工作质量评价的重要价值。

首先，在网络思想政治教育主体层面开展网络传播力的评价研究在客观上高度契合国家现代化发展的新趋势。从网络思想政治教育的概念中不难发现，这项教育实践活动与国家和社会的发展有紧密联系。网络思想政治教育促进了人的全面发展和国家网络强国战略的落实，同时大力推进了个人发展、民族发展和国家发展的统一，从而极大地推动了国家发展的现代化。进入新时代以来，社会主义现代化建设在习近平新时代中国特色社会主义思想的指导下得到长足发展，这对网络思想政治教育的质量评价工作提出了更高的要求。高校思想政治教育网络传播力评价工作的开展能否适应新时代我国社会发展的实际和国家教育现代化发展的方向，能否有利于培养出勇于担当民族复兴大任的时代新人，都直接关系到新时代中国特色社会主义现代化建设的进程。

其次，在网络思想政治教育主体层面开展网络传播力的评价研究高度契合新媒体时代社会发展的新需求。高校网络思想政治教育的对象是大学生，他们是具象的和开放的个体。一方面，大学生是处于复杂社会关系中的个

① 谭泽春:《网络思想政治教育的主客体研究》，武汉大学博士学位论文，2017 年，第 48 页。

体，他们之中每个个体的发展都离不开社会的哺育；另一方面，网络思想政治教育既关注每个学生个体的全面发展，也注重推动学生个体与社会的融合发展。网络思想政治教育为社会发展培育了一大批勇担重任、思想积极的时代新人，而社会发展也为人才培养提供了良好的外部环境。因此，新媒体时代的网络思想政治教育与社会的联系更加紧密，与之相关的思想政治教育网络传播力的评价工作与社会发展亦存在着密切关联。社会的发展要求网络思想政治教育不断地改进和完善，网络思想政治教育对社会发展中出现的各种问题能否给予及时和有效的响应与回复，既关系到社会对思想政治教育网络传播力的评价，也关系到网络思想政治教育是否契合社会发展和人民发展的现实需求。因此，创新和完善思想政治教育网络传播力的评价工作也要高度关注社会发展的需求。

最后，在网络思想政治教育主体层面开展网络传播力的评价研究高度契合教育现代化发展的新战略。2022 年 10 月 16 日，习近平总书记在中国共产党第二十次全国代表大会上的报告中全面阐述了新时代新征程中国共产党的使命任务：从现在起，中国共产党的中心任务就是团结带领全国各族人民全面建成社会主义现代化强国、实现第二个百年奋斗目标，以中国式现代化全面推进中华民族伟大复兴。① 在社会主义现代化强国建设中，教育起基础性、战略性支撑作用。未来五年，是全面建设社会主义现代化国家开局起步的关键时期。教育改革发展要积极应对中国式现代化的基本要求，助力实现中华民族伟大复兴。② 高校网络思想政治教育作为高校教育教学中的一个重要环节，也承担着教育现代化建设的责任与使命。高校网络思想政治教育传播力评价工作中的价值导向、评价原则、评价指标的选取以及评价指标体系

---

① 习近平：《高举中国特色社会主义伟大旗帜　为全面建设社会主义现代化国家而团结奋斗——在中国共产党第二十次全国代表大会上的报告》，人民出版社 2022 年版，第 21 页。

② 朱永新：《教育要积极应对中国式现代化战略需求》，2022 年 10 月 27 日，见 http://www.jyb.cn/rmtzcg/xwy/wzxw/202210/t20221027_2110962595.html。

的构建等要适应新时期的新任务和新要求，以助力中国式高等教育现代化发展。

（二）基于教育客体层面的网络传播力评价的价值

网络思想政治教育客体是网络虚拟教育实践活动中主体进行网络思想交往和精神交流的作用对象。① 高校思想政治教育网络传播力的评价研究不是为评价而评价，其主要目的在于全面提升高校思想政治教育质量，更好地完成立德树人这一根本任务。党的十八大以来，习近平总书记对教育事业特别是培养社会主义建设者和接班人工作高度重视，强调“高校立身之本在于立德树人”“要坚持把立德树人作为中心环节，把思想政治工作贯穿教育教学全过程，实现全程育人、全方位育人，努力开创我国高等教育事业发展新局面”“要把立德树人的成效作为检验学校一切工作的根本标准”“要把立德树人内化到大学建设和管理的各领域、各方面、各环节，做到以树人为核心，以立德为根本”等。②

在习近平新时代中国特色社会主义思想指引下，高校应当继续落实立德树人的根本任务，为推动高等教育的高质量发展提供人才支撑。坚持以人为本的原则是推动高校高质量发展的指挥棒和风向标。为更好地推动高质量发展，高校应聚焦于“人”这个生产力中最活跃的因素，不断优化学科专业结构，主动融入国家创新体系，深化产教融合、校企合作，实现高等教育体系与科技体系、产业体系、社会体系的有机衔接，推动教育链、人才链与产业链、创新链的融合发展，为实现高等教育高质量发展输送高质量的人力资源。因此，全面把握高校网络思想政治教育传播力评价的价值，需要着重关

---

① 谭泽春：《网络思想政治教育的主客体研究》，武汉大学博士学位论文，2017 年，第 23 页。

② 韩宪洲：《推进落实立德树人根本任务》，2021 年 3 月 17 日，见 http://www.nopss.gov.cn/n1/2021/0317/c219544-32053623.html。

注教育客体这一层面。

实现高校网络思想政治教育传播力评价的创新发展，对于在新媒体时代成长起来的大学生具有重要的引领价值。习近平总书记在清华大学考察时强调：广大青年要肩负历史使命，坚定前进信心，立大志、明大德、成大才、担大任，努力成为堪当民族复兴重任的时代新人，让青春在为祖国、为民族、为人民、为人类的不懈奋斗中绽放绚丽之花。[①] 高校网络思想政治教育肩负着培养时代新人的历史使命。高校网络思想政治教育传播力评价研究不仅是一项科学研究，更包含着丰富的价值导向和教育理念。在开展评价研究的过程中，大学生能够更好地理解网络思想政治教育的价值，明确自身成长的方向。高校思想政治教育网络传播力评价指标体系是高校全过程和全方位育人的重要组成部分，它通过明确科学研究的价值导向，为大学生的人生成长指明了前行的航标。

（三）基于教育介质层面的网络传播力评价的价值

互联网是高校网络思想政治教育的关键介质。互联网打破了传统的时空界限，形成了一个全新的以数字信息生产、交流、使用为中心的跨时空、跨文化的网络虚拟空间。[②] 互联网拓展了大学生自然关系和社会关系的实践领域以及他们对自身认识的实践领域。互联网所形成的虚拟性社会空间深刻地影响着作为教育对象的大学生的成长与发展。教育介质具有承载和传递功能，高校思想政治教育的网络介质能够承载和传递高校思想政治教育的信息、知识、思想和价值观，是联结高校网络思想政治教育主客体的中介和纽带。高校思想政治教育主客体互动的网络媒介越来越丰富，比如微信、微

---

① 新华社：《习近平在清华大学考察　坚持中国特色世界一流大学建设目标方向　为服务国家富强民族复兴人民幸福贡献力量》，2021 年 4 月 19 日，见 http://www.gov.cn/xinwen/2021-04/19/content_5600661.htm。

② 郑永廷等：《思想政治教育学原理（第二版）》，高等教育出版社 2018 年版，第 251 页。

博、抖音、B站等，它们是高校开展网络思想政治教育的网络载体和工具。从教育介质的角度而言，构建科学系统的高校思想政治教育网络传播力评价指标体系的意义和价值就是利用互联网这一工具有效地推动高校思想政治教育信息传播的创新发展。

回顾我国的教育历史和办学历程，思想政治理论课教学是传统思想政治教育的核心内容和重要特色。新媒体时代思想政治教育创新发展，需要在遵循教育规律的基础上坚持守正创新。2021年全国两会期间，习近平总书记对思想政治理论课教师提出期许，"'大思政课'我们要善用之，一定要跟现实结合起来。上思政课不能拿着文件宣读，没有生命、干巴巴的"①。"大思政课"的守正创新就是要通过超越常规思政课堂，建设"大课堂"、搭建"大平台"、建好"大师资"，构建具有实践性、体验性、参与性、情境性的真情课堂。营造"大情怀"的情感体验氛围，以更加贴近学生、吸引学生的感性活动，在情境中感动学生，使师生在真实情境中感受大情怀，达到沟通心灵和调动情绪的真实效果。② 互联网支持下的场景化教育教学模式为"大思政课"的创新发展提供了全新的平台。通过全面分析中国的发展大势、高校青年学生的特点以及信息传播的特征，明确高校思想政治教育网络传播的评价标准，利用这个航标和指挥棒引领高校"大思政课"改革创新的方向，推动高校思想政治教育实现内涵式发展。

（四）基于教育环境层面的网络传播力评价的价值

一定的思想政治教育总是与一定的环境联系在一起并形成互动。③ 这种互动具有正向效应和负向效应，良好的教育环境可以推进思想政治教育创新

---

① 杜尚泽：《"'大思政课'我们要善用之"（微镜头·习近平总书记两会"下团组"·两会现场观察）》，《人民日报》2021年3月7日。

② 杨志成：《善用"大思政课"要有大情怀》，《人民教育》2022年第18期。

③ 张耀灿等：《现代思想政治教育学》，人民出版社2006年版，第294页。

发展，提升教育效果；反之，消极的教育环境则会极大地削弱思想政治教育的育人效果。互联网的加持使得高校思想政治教育有别于传统的高校思想政治教育，高校网络思想政治教育更好地响应了科学技术的进步和发展，呈现出信息量大、传播范围广的特点，有利于激发大学生的学习热情，因而成为创新高校思想政治教育工作的突破口。然而，网络的开放性与自由性，使得网络中充斥着立场迥异的思想和观点，极易造成大学生的价值混乱，逐渐失去自我思考的能力。尤其是以网络游戏、明星绯闻炒作、低俗感官刺激、戏说、调侃为主要内容的“泛娱乐化”思潮，严重挤占了主流思想政治教育的传播渠道，蚕食了大学生对主流价值观的整体认知。新媒体时代高校思想政治教育面对的是更加多元、更加开放、更加复杂的内部环境和外部环境，如何发挥网络环境对高校思想政治教育的正向推进作用，是高校思想政治教育高质量发展亟须解决的问题。为深入探究这个问题，有必要开展科学系统的高校思想政治教育网络传播力评价研究。

从高校思想政治教育面对的内部环境来看，借鉴文化构成的三种要素学说，从物质环境、制度环境和精神环境三个维度进行阐释。其中，物质环境是指以互联网技术为依托的各类硬件设施。随着我国互联网基础设施的持续投入和技术设备的不断更新，高校接入和使用互联网的门槛越来越低，越来越多思想政治教育信息的传播活动迁移至网络空间，为高校运用互联网技术开展网络思想政治教育提供了优质的物质环境。制度环境是指与网络相关的基础规则与组织形式等。高校越来越多地运用网络媒介，采用最符合网络传播规律的工具与方式来传播符合政治要求的思想政治教育信息。精神环境是网络带来的生存方式及其精神内涵。网络颠覆了传统媒介的信息传播方式和解读方式，体现了自由精神、创新精神、平等精神和开放精神。网络自由精神中至关重要的内容是服务于现实社会并遵守网络秩序的思想政治教育与引导；网络作为创新扩散的源头无时无刻不在传播新技术、新概念和新内容，对于网络思想政治教育者而言，创新精神正体现在对思想政治教育内容的开发和意义解读层面的与时俱进；网络的平等性使存在于网络上的个人和组织之间真正实现了平等交流，使网民在一个相对自由的空间最大限度地享受言论的自由；以互联网为基础的信息高速公路使网民的活动与交往范围得到最广泛和最深层的开放，但这种开放所带来的多元融合与冲突却值得网络思想政治教育者高度警惕。开展高校思想政治教育网络传播力评价研究，可以从理念、内容和标准上为提升高校思想政治教育提供科学的分析框架。

从高校思想政治教育面对的外部环境来看，随着互联网的不断发展，新媒体技术得以持续迭代，信息传播观念得到不断革新，人们现实的社会存在对社会意识的要求以及现实社会与网络社会之间的互动发生了重大改变，这也是高校网络思想政治教育外部环境发生深刻变化的直接原因。一方面，在网络世界中，个体可以依据自己的兴趣爱好浏览自己感兴趣的内容，大数据会依据算法将不同内容呈现给不同的人群，呈现出千人千面的状态。个体在巨大的数字生活调色板上，各取所需。① 这种信息化特征表现为教育资源开发方式、信息内容存在形式的数字化、多媒体化，以及教育主体与客体参与途径的多样性、信息传递方和接受方的双向互动性等互联网行为特征。另一方面，网络生态环境中的信息资源始终处于开放和共享的状态，不同的政治观点和多元的思想观念在互联网上各执一词，使网络思想政治教育的外部环境受到空前未有的挑战。通过构建科学的高校思想政治教育网络传播力评价指标体系，借助合理的评价原则、评价指标和评价方法开展评价研究，可以促进高校网络思想政治教育信息传播活动适应新媒体时代的变革，提升高校网络思想政治教育工作在大学生群体中的影响力和认同度。

① ［美］尼古拉·尼葛洛庞帝：《数字化生存》，胡泳、范海燕译，海南出版社 1997 年版，第 188 页。

二、高校思想政治教育网络传播力评价的时代特征

2016年12月，习近平总书记在全国高校思想政治工作会议上强调，做好高校思想政治工作，要因事而化、因时而进、因势而新。① 运用新媒体新技术在尊重思想政治工作规律、学生成长规律的同时，把现代信息技术融合到思想政治工作领域中，不断增强其针对性和时效性。新媒体时代高校思想政治教育网络传播力的评价研究既有历史延续性，也体现出了较为鲜明的时代特征。只有充分把握这些时代特征，才能更好地推进评价研究的引领性、先进性和发展性。

（一）抓住根本性：坚持高校思想政治教育网络传播力评价的正确方向

“根本”意指事物的本源、根基，它是在事物发展过程中起到最重要作用的本质要素、核心环节、关键步骤等。② 习近平总书记在全国高校思想政治工作会议上强调，高校思想政治工作关系高校培养什么样的人、如何培养人以及为谁培养人这个根本问题。要坚持把立德树人作为中心环节，把思想政治工作贯穿教育教学全过程，实现全程育人、全方位育人，努力开创我国高等教育事业发展新局面。③ 习近平总书记还指出，高校思想政治工作实际上是一个解疑释惑的过程，宏观上是回答为谁培养人、培养什么样的人、怎样培养人的问题，微观上是为学生解答人生应该在哪用力、对谁用情、如何

---

① 《习近平在全国高校思想政治工作会议上强调 把思想政治工作贯穿教育教学全过程 开创我国高等教育事业发展新局面》，《人民日报》2016年12月9日。

② 黄蓉生：《新时代高校思想政治教育创新若干特征论略》，《思想教育研究》2022年第5期。

③ 《习近平在全国高校思想政治工作会议上强调 把思想政治工作贯穿教育教学全过程 开创我国高等教育事业发展新局面》，《人民日报》2016年12月9日。

用心、做什么样的人的过程。① 习近平总书记的讲话为做好新时代高校思想政治教育工作、发展高等教育事业指明了行动方向。这个根本问题归根结底就是立德树人工程，只有围绕学生、关照学生、服务学生，在解疑释惑、凝聚共识中不断给学生以思想启迪和文化滋养，才能培育德才兼备、全面发展的人才。开展高校思想政治教育网络传播力的评价研究必须始终坚持正确的政治方向，也就是必须坚持以习近平新时代中国特色社会主义思想为指导，必须坚持党的领导，使高校成为坚持党的领导的坚强阵地；必须增强“四个意识”，即切实增强政治意识、大局意识、核心意识、看齐意识；坚定“四个自信”，即坚定中国特色社会主义道路自信、理论自信、制度自信、文化自信；做到“两个维护”，即坚决维护习近平总书记党中央的核心、全党的核心地位，坚决维护党中央权威和集中统一领导，自觉在思想上政治上行动上同以习近平同志为核心的党中央保持高度一致。

开展高校思想政治教育网络传播力评价研究要注重把坚持正确的政治方向贯穿于评价研究的全过程，体现于评价研究的全方位。在对网络传播主体的评价方面，国家各级教育行政主管部门和高校应当自觉承担起网络思想政治教育传播力评价工作的政治使命和政治责任，清楚地认识到高校网络思想政治教育传播力的评价工作不仅是一项对高校开展思想政治教育信息传播活动的效果查验和价值判断，也是对高校政治站位的一种考核和检验。在对网络传播内容展开评价方面，要充分考量传播的内容是否坚决维护党中央权威和集中统一领导，是否有利于大学生增强“四个意识”，是否有利于大学生坚定“四个自信”，是否有利于大学生做到“两个维护”。通过“以评促建”，不断推动高校网络思想政治教育传播工作朝着正确的航向砥砺前行。在对网络传播效果展开评价方面，要提高对思想政治教育传播主体和受众在政治立

① 袁新文等：《中国教育，把答卷写在人民的心上——党的十八大以来我国教育事业改革发展成就综述》，2017 年 9 月 9 日，见 http://www.moe.gov.cn/jyb_xwfb/s5147/201709/t20170909_314031.html。

场、政治觉悟、政治态度、政治理论水平等方面进行评价的权重，要加强对高校在开展网络思想政治教育活动中能否坚持用社会主义核心价值观铸魂育人，能否牢牢抓住全面提高人才培养能力这个核心，把培养社会主义建设者和接班人作为根本任务，培养一代又一代拥护中国共产党领导和我国社会主义制度、立志为中国特色社会主义事业奋斗终生的有用人才等方面的评价考核。

（二）坚持科学性：遵循高校思想政治教育网络传播力评价的内在规律

高校思想政治教育网络传播力评价研究应当遵循大学生在网络传播环境下思想政治教育信息素养与信息接受的内在发展规律。大学生是高校网络思想政治教育传播的主要受众，大学生的思想政治教育信息素养与信息接受水平是高校思想政治教育网络传播力评价的核心内容。大学生思想政治教育信息素养与信息接受的内在发展规律是在网络传播环境下，大学生利用大量的信息工具及主要信息源解答思想政治教育领域中各种问题的技术和技能以及主动接受思想政治教育信息的行为和意愿等要素，经过内化与外化、协调发展，不断从旧质到新质反复循环、螺旋上升的矛盾运动过程。遵循大学生思想政治教育信息素养与信息接受的内在发展规律是开展高校思想政治教育网络传播力评价的前提。在高校思想政治教育网络传播力评价研究中，指标体系的科学建构、研究内容的方案设计和研究方法的适当选取等方面都需要充分考虑大学生网络思想政治教育信息素养与信息接受的内在发展规律。

高校思想政治教育网络传播力评价研究应当遵循开展科学评价的一般性规律。首先，只有把定性评价和定量评价紧密结合起来，促使评价更科学、更客观、更准确，才能使高校思想政治教育的网络传播更具有贴近性和抵达性，使高校的思想政治教育更具有说服力和感染力。在评价过程中，应当意识到定性分析是评价研究的起点、归宿和根本性要求，但同时开展评价研究又必须以定量分析为依据和基本遵循。在总体分析和充分把握作为评价对象的高校思想政治教育网络传播力以及作为传播受众的大学生等的概念、内涵以及特质的基础上，开展综合设计和定量研究，并通过不断深化定量研究和定性研究相结合的分析比较，在更高层次上开展定性评价，从而实现质性评价和量化评价的有机统一。其次，就高校思想政治教育网络传播力的自我评价与外部评价相结合的规律而言，要注重把外部评价和自我评价有机衔接起来。既要通过网络媒体与网络平台对高校思想政治教育网络传播力水平进行客观评价，又要对大学生的思想政治水平开展自我评价。最后，高校思想政治教育网络传播力评价还需要统筹整体评价与局部评价，认识到整体评价与局部评价的关系，做到整体评价和局部评价相结合，既要重视反映局部性特征的各维度的评价研究，又要重视对网络传播力整体的系统性评价，在整体与各维度有机结合的基础上作出全面和准确的评价结论。

（三）彰显系统性：注重高校思想政治教育网络传播力评价的整体构建

系统性指的是一个层次分明的整体，不同维度的指标处于不同层级，各个维度相互呼应和补充，形成一定的秩序，同层级指标之间、指标层与指标层之间具有清晰的逻辑关系。① 高校思想政治教育网络传播力评价是一个复杂的系统工程，其功能与作用的发挥取决于系统内部各要素间的相互作用和诸多客观条件的约束。此外，还应强调高校思想政治教育网络传播力评价研究的整体性原则。整体性原则是把高校思想政治教育网络传播力这一研究对象看作由诸要素相互协同构成的有机整体，从整体与部分相互联系、相互制约的关系中揭示研究对象的特征和发展规律，从而把握研究对象的整体性

① 李正新：《总体国家安全观的刑法实践理性思考》，《政法论丛》2021 年第 6 期。

质。[1]首先，在新媒体时代作为高校思想政治教育网络传播主体的高校教师，以及新媒体平台及其运营者和监管者等多方社会力量，在整体上对大学生的成长与发展产生了深刻的影响，正是这些力量的共同作用在潜移默化中塑造了大学生的价值观与思想品德。其次，大学生的网络信息素养与信息接受具有差异性、多元性、多变性等系统性特征。因此，在进行高校思想政治教育网络传播力评价时，需要把对网络传播受众的评价置于整体评价中，从多角度展开综合考察、分析和设计。最后，高校思想政治教育网络传播力的评价研究具有较强的专业性，包括科学详细的工作要求和流程。从已有的高校思想政治教育传播效果的评价研究来看，虽然不同的高校或者侧重点不同的思想政治教育传播效果评价研究在体系构建和组织实施等方面会有所不同，但它仍然是作为一个由基本概念解析、评价指标体系建构、数据收集与分析处理以及研究结论及其反馈等一系列流程建构的全面系统的结构体系，并且任何一个评价维度和评价流程均应考虑到全面性、协调性与合理性，以凸显高校思想政治教育网络传播力评价的系统性和整体性。

高校思想政治教育网络传播力评价指标体系是指由若干反映高校思想政治教育网络传播力整体特征的共性评价指标和差异性评价指标所组成的有机整体。高校思想政治教育网络传播力评价指标体系的建构是开展网络传播力评价研究的基础与前提条件，也是评价高校网络思想政治教育综合传播力的一个核心和关键环节。高校思想政治教育网络传播力评价研究质量的优劣取决于评价指标体系涵盖的评价维度及评价指标是否全面系统、是否具有较强的操作性等方面。由此，需要深刻理解高校思想政治教育的根本目标，放眼全局，关注整体，构建科学合理以及具有可操作性、动态性和时代性的高校思想政治教育网络传播力评价指标体系。第一，高校思想政治教育网络传播

① 杨立冬、周江：《初高中思政课内容一体化建设的原则与途径》，《中学政治教学参考》2022 年第 7 期。

力评价的指向和类型是多元的，仅仅评价高校思想政治教育网络传播活动中的某一个维度是不够的，应当依据整体性原则全面考量多种评价维度、评价指标和评价要求。因此，在分析各个评价维度与高校网络思想政治教育传播力之间的关系时应当坚持系统性思维，把高校思想政治教育网络传播力的整体与各项评价维度协同起来进行构建与评价，这样既能体现整体与局部的统一，也能体现不同维度的特性和规律。第二，数据获取与处理是进行高校思想政治教育网络传播力评价研究的核心步骤。开展全面客观和科学系统的评价研究必然需要完整和准确地搜集进行科学研究所需的各项数据。第三，考虑到影响高校网络思想政治教育传播力评价的因素具有多样性，多元和先进研究方法的综合运用是全面搜集多方面信息的重要途径。第四，研究结论是在对所搜集到的数据进行分析和处理的基础上得出的，通过客观的量化分析对高校思想政治教育网络传播力进行肯定或者否定式的评价，从而揭示评价的内在关系和发展趋势。研究结论的反馈是确保高校思想政治教育网络传播力评价效果和功能得以实现的重要环节，它要求依据评价结论对评价的指标体系、过程和方法等方面作出调整，以确保评价的合理性、科学性和有效性。这些内容都是系统构建高校思想政治教育网络传播力评价指标体系应当考虑的问题。

（四）体现协同性：完善高校思想政治教育网络传播力评价的制度机制

确保高校思想政治教育网络传播力评价的长效运行是整个评价研究开展的本质要求和重要特征。从宏观上看，开展高校思想政治教育网络传播力评价应当依据评价研究的内在规律，深入探索高校思想政治教育网络传播力评价活动中各评价维度及其相互作用与联系，努力构建高校思想政治教育网络传播力评价研究的科学体系。具体而言，首先，需要构建开放的评价指标体系，这个评价指标体系既要满足在现实工作中开展科学评估的需要，还应当对未来工作的开展具有指导作用，并且能够在实践中不断地进行完善。其次，高校思想政治教育网络传播力评价指标体系的各项维度均要符合新媒体时代的新要求。伴随着科学技术的不断发展，评价维度也会随之增加或者需要继续细化，也可能会发生变化和调整，这就需要我们坚持开放的研究态度，不断强化对高校思想政治教育网络传播力评价指标体系中各项维度的调控，始终保证评价指标体系整体的最优化。再次，坚持定性研究与定量研究的有机结合，利用先进和多元的评价研究方法，借助信息化的技术手段以及数据爬取工具与分析软件，通过对数据的搜集、分析与处理，准确地追踪、清晰地描述高校思想政治教育网络传播的相关规律与趋势并展开政策研判与分析，为教育行政管理部门、高校和社会提供高校网络思想政治教育传播活动的数据信息和现状分析。同时，开展高校网络思想政治教育传播力评价需要借助多方力量，既需要开展网络传播主体和网络传播受众的自我评价，也需要开展由第三方参与的社会评价，从而促使评价研究更加科学客观。最后，对已构建完成的评价指标体系、评价内容、评价方法等要素应当以制度形式予以确立，形成规范性文件。同时，还应当建立健全落实文件的运行机制和动力系统，并加强监督指导，通过实施严格的评价制度确保评价工作的可持续性。

第一章　高校思想政治教育网络传播力评价研究的缘起

开展高校思想政治教育网络传播力评价研究首先需要以高校思想政治教育网络传播力评价研究的背景、回顾与反思为研究起点，深入探究研究问题的来源，为进一步展开高校思想政治教育网络传播力评价研究铺平道路。

第一节　高校思想政治教育网络传播力评价研究的背景

随着信息传播速度加快，新媒体的崛起极大推进了高校思想政治教育的网络传播。本节内容在明晰高校思想政治教育网络传播力评价研究背景的基础上，提出研究问题并概括研究内容，以进一步明确研究视域与目标。

一、研究的背景

新媒体是指相对于电视、电影、报刊、广播等传统媒体而言，利用数字技术、互联网技术、移动通信技术以及电脑、手机、数字电视等终端，为用户提供信息服务的传播形式和媒体形式。[①] 新媒体也称为数字媒体，与传统媒体相比，新媒体具有开放性强、互动性高、覆盖率广、形式多样等特征，能够以立体而真实的传播形式，更快捷、更全面、更丰富地提供各类信息，提高人们对信息的关注度和了解信息的兴趣。1967 年，美国学者戈尔德马克率先提出了新媒体的概念。[②] 清华大学熊澄宇认为，新媒体是一个不断变化的概念，在今天网络基础上又有延伸，无线移动的问题，还有出现其他新的媒体形态，跟计算机相关的，这都可以说是新媒体。[③]

新媒体时代，人们更愿意关注新闻时事，更愿意接受大容量、高频次的信息轰炸，这与新媒体灵活丰富的表达方式不无关系。互联网信息技术的不断发展促使了新媒体时代的到来，移动设备的发展将人类的文化传播带入了一个新的阶段，给人们的日常生活带来了巨大的变化。[④] 作为信息技术发展的最新成果和重要标志，新媒体传播是高校思想政治教育传播的一种特殊形式，本身具有一定的宣传教育功能。对于高校思想政治教育而言，新媒体能够通过影响高校思想政治教育的传播速度、传播方式和传播效果，广泛传播主流价值观、正面案例和正能量信息，积极引导大学生树立正确的价值观念。

2023 年 8 月 28 日，中国互联网络信息中心发布的第 52 次《中国互联网络发展状况统计报告》数据显示，截至 2023 年 6 月，我国网民规模达 10.79 亿人，较 2022 年 12 月增长 1109 万人，互联网普及率达 76.4%。[⑤] 随

---

① 刘泾：《新媒体时代政府网络舆情治理模式创新研究》，《情报科学》2018 年第 12 期。

② 包圆圆：《本质性互动视阈下新媒体用户的主体性建构》，《现代传播（中国传媒大学学报）》2019 年第 10 期。

③ 李静、陈镭月：《新媒体时代与社会治理的思考》，《西南民族大学学报（人文社会科学版）》2013 年第 8 期。

④ 郭扬、李海洋：《新媒体时代大学生思政教育工作的探讨——评〈新时代大学生思政教育〉》，《中国高校科技》2022 年第 Z1 期。

⑤ 中国互联网络信息中心：《第 52 次中国互联网络发展状况统计报告》，2023 年 8 月 28 日，见 https://cnnic.cn/NMediaFile/2023/0908/MAIN1694151810549M3LV0UWOAV.pdf。

着信息技术的迅速发展，互联网成为信息传播最重要的载体。一方面，高校师生可以通过互联网平台获取信息；另一方面，大学生的日常学习和生活等也都离不开互联网。伴随着新媒体技术的发展，高校思想政治教育工作方式产生了更多的可能性，高校可以利用互联网平台的力量高效推进思想政治教育工作的开展，引导大学生形成正确的价值观和积极健康的道德素养。

习近平总书记在全国高校思想政治工作会议上强调，要运用新媒体新技术使工作活起来，推动思想政治工作传统优势同信息技术高度融合，增强时代感和吸引力。① 对高校而言，借助新媒体平台进行思想政治教育工作，不仅能够更进一步扩大思想政治教育对象的范围，还可以获得事半功倍的教育效果。对大学生群体而言，他们对新媒体平台以及各种信息化社交工具等都具有较高的接受度和熟悉度。此外，传统媒体是由机构发布相关信息，受众只能被动地接受信息。然而，在新媒体时代，新媒体传播具有较强的交互性，受众不仅可以接受相关资讯，也可以自主选择所接受的信息内容并及时地作出回应和反馈，从而使互动交流变得更加迅速简捷。同样，大学生在接受思想政治教育内容后也可以自主地进行交流互动，这使得高校思想政治教育工作获得了更加理想的教育效果。

综上所述，利用新媒体开展思想政治教育是高校不断探索和实践后的经验结晶，也是新媒体时代高校思想政治教育工作发展的必然趋势。高校思想政治教育工作与新媒体传播的有机结合，既极大地拓展了高校思想政治教育的理论研究领域，也使高校思想政治教育工作实践取得了更好的成效。

二、问题的提出

高校思想政治教育本质上属于一种特定信息内容的动态传播过程。② 具

① 《习近平在全国高校思想政治工作会议上强调　把思想政治工作贯穿教育教学全过程　开创我国高等教育事业发展新局面》，《人民日报》2016 年 12 月 9 日。

② 于丽荣、孙浩峰：《微媒体对高校思想政治教育的挑战及应对》，《传媒》2017 年第 9 期。

体来说，是以提高大学生的思想政治素养为特定目的的信息传播或获取过程，[①] 极大地影响着大学生群体的价值观念与思想意识。随着新媒体技术的高速发展以及全球化步伐的加快，传播方式逐渐变得愈加多元，使思想政治教育不再局限于传统的传播方式，思想政治教育研究即随之深化、研究范围也逐渐扩展，网络思想政治教育因此走进了人们的视野。高校思想政治教育是高校教育教学工作体系中最重要的构成部分，尤其是在新媒体时代背景下，对大学生群体开展思想政治教育意义重大。随着通信技术与数字化技术的不断改革和创新，新媒体发展成为一种全新的媒体业态。一方面，新媒体技术使高校思想政治教育的传播方式得以不断实现改革和创新；另一方面，高校借助新媒体平台的力量开展思想政治教育工作，极大地增强了高校思想政治教育的影响力与辐射力。

然而，新媒体技术在给高校思想政治教育传播带来颠覆性的影响和变革的同时，其固有的局限性和复杂性也不容忽视，高校网络思想政治教育在教育内容的创新、实践方式的选择和教育效果的达成等方面也必将面临诸多挑战。一方面，经济社会的持续发展使高校网络思想政治教育面临新的挑战；另一方面，高校对新媒体平台及其建设的关注度不足，高校借助新媒体平台传播的思想政治教育内容存在“知识界限明显”“更新常常不够及时”“内容千篇一律”“与日常生活的距离过于遥远”“理论晦涩难懂”等问题，[②] 并且部分高校教师的数据素养、信息技术水平以及技术操作能力也较为低下。同时，大学生在学习过程中，往往习惯于被动接受来自家庭、学校以及社会“灌输”式的单向输入，主观省略了自发的主动学习的过程，缺乏问题意识和批判性的独立思考能力。

---

① 刘强、刘红芹：《新媒体实践与高校思想政治教育传播体系建设》，《学校党建与思想教育》2018 年第 20 期。

② 徐稳、葛世林：《论思想政治教育亲和力提升的四重维度》，《思想政治教育研究》2021 年第 1 期。

总体而言，传播主体碎片化、传播内容创新不足、传播受众缺乏互动、传播渠道扁平化、传播效果表层化等问题屡见不鲜。这一系列问题的存在，使高校思想政治教育传播工作面临诸多困难和阻碍。由此，强化高校思想政治教育网络传播效果，提升高校思想政治教育网络传播力，解决高校思想政治教育网络传播过程中存在的诸多实际问题，都离不开对高校思想政治教育网络传播力展开深入的评价研究。面向新时代高等教育转型的需求、新媒体时代高校思想政治教育面临的挑战以及思想政治教育自身发展的诉求，本研究提出了新媒体时代高校思想政治教育网络传播力评价的命题。针对高校思想政治教育网络传播力展开深入探究，有助于建立一套科学的高校思想政治教育网络传播力评价指标体系，在此基础上，运用深度学习方法构建高校思想政治教育网络传播力评价模型并利用这一模型开展评价研究。这一系列研究一方面丰富和拓展了高校思想政治教育的学科体系；另一方面，通过对高校思想政治教育网络传播力评价结论的应用，有助于提升高校思想政治教育网络传播力水平。

结合开展高校思想政治教育网络传播力评价研究的时代背景以及面临的现实问题与挑战，进行的具体研究主要包括以下内容。

第一部分：新媒体时代，高校网络思想政治教育的重要性和必要性日益凸显。伴随着互联网技术的快速发展，新媒体传播成为高校网络思想政治教育的新形式。结合高校网络思想政治教育传播的研究背景与现实问题，对国内外相关文献进行了全面梳理、系统性回顾与反思，为研究提供了理论指导和实践支撑。

第二部分：深入把握高校思想政治教育网络传播力的概念、内涵及其特征是进行高校思想政治教育网络传播力评价研究的前提和基础。研究把传播学经典理论创造性地融入高校思想政治教育网络传播力的研究中，首先界定了包括传播、传播力、网络传播力、高校思想政治教育网络化以及高校思想政治教育网络传播力等与高校思想政治教育网络传播力相关的概念，进而展开了高校网络思想政治教育的传播学特征分析以及高校思想政治教育网络传播的特征分析。

第三部分：结合开展科学评价研究的目标与原则，利用拉斯韦尔“5W”传播理论和噪音理论等，建立高校思想政治教育网络传播力评价研究的理论框架，并把高校思想政治教育的网络传播主体、网络传播受众、网络传播内容、网络传播媒介、网络传播效果和网络传播风险六个维度作为高校思想政治教育网络传播力的构成要素进行了探究。同时，进一步分析探究了高校思想政治教育网络传播力评价研究的研究思路、研究方法以及研究的重难点和创新点。

第四部分：为创造性地开展高校思想政治教育网络传播力的评价研究，研究借鉴“5W”经典传播模式，探索性地展开了高校思想政治教育网络传播主体的网络结构、网络传播受众的传播意愿、网络传播受众的安全素养、网络传播效果的影响因素等方面的研究，为进行高校思想政治教育网络传播力的评价研究开拓了新的视野，提供了新的思路。

第五部分：结合已有的文献，在充分考虑科学性、系统性、显著性和可操作性等原则的基础之上，运用 Python 的数据爬虫功能和文本分析技术，以及德尔菲法和专家会议法，科学选取高校思想政治教育网络传播力的评价指标，并构建了较为系统全面的高校思想政治教育网络传播力评价指标体系。

第六部分：在对深度学习的概念、特征、分类及其应用现状进行分析的基础上，探究了把深度学习方法引入高校思想政治教育网络传播力评价研究中的可行性。同时，对高校网络思想政治教育大数据进行搜集、挖掘、清洗和整理，并运用深度学习的研究方法对这些大数据样本进行了训练与模拟，构建了一个较为科学合理的高校思想政治教育网络传播力评价模型。

第七部分：结合软科中国大学排名，科学地选取了全国 832 所高校的思想政治教育微信公众号，并运用后羿采集器等网络爬虫工具对这些微信公众号平台的数据进行了爬取。同时，运用高校思想政治教育网络传播力评价模型对高校思想政治教育网络传播力进行了科学评价，并通过皮尔逊相关性分析测度了高校思想政治教育网络传播力各项评价指标与网络综合传播力之间的相关系数，筛选出了衡量高校思想政治教育网络传播力的关键性指标。

第八部分：结合高校思想政治教育网络传播力的评价结果和研究结论，从高校思想政治教育的网络传播主体、网络传播受众、网络传播内容、网络传播媒介、网络传播效果和网络传播风险六个方面深入分析和探讨了提升高校思想政治教育网络传播力、防范高校思想政治教育网络传播风险的对策建议。

第九部分：在对高校思想政治教育网络传播力评价研究的结论进行归纳和总结的基础上，探讨了高校思想政治教育网络传播力评价研究的不足，并针对不足之处，对未来可能的研究领域和具体研究内容进行了展望。

第二节　高校思想政治教育网络传播力评价研究的回顾

开展高校思想政治教育网络传播力评价研究的回顾工作对高校思想政治教育的理论研究与实践有着积极的促进作用，对学界的相关研究也将提供有益借鉴。本研究从高校思想政治教育网络传播力研究、高校思想政治教育网络传播力评价研究与高校思想政治教育网络传播力提升策略研究等方面深入展开了对高校思想政治教育网络传播力评价研究的回顾工作。

一、高校思想政治教育网络传播力的研究回顾

本研究从高校思想政治教育、高校网络思想政治教育、高校思想政治教育网络传播以及高校思想政治教育网络传播力等四个方面展开文献回顾。

（一）高校思想政治教育的相关研究

1. 思想政治教育

思想政治教育的历史底蕴深厚，其广泛存在于东西方多个国家。在不同历史时期，各朝各代都有对国民进行思想政治教育的传统。思想政治教育怎么发挥教育的作用，是任何一个国家都会面对和研究的问题，只不过由于国情不同，国内外对思想政治教育的研究角度、现实实践都有极大的差异。我国古代的道德教育受到传统社会儒家哲学的深刻影响，致力于教育人们自觉地执守大道、按大道办事，达到“天人合一”的至高境界，并形成了文化传统。在教育目标上，追求培养带有理想化色彩的“圣人”或“君子”①；在教育内容上，强调以“忠”和“孝”为基本内容的“三纲五常”②；在教育方法论上，注重“克己复礼”的“内省”和“自律”③。先哲们主要从个体层面研究了思想政治教育的价值，并提出各种人性观念，明确思想政治教育在社会与人层面的价值。

思想政治教育的时代内涵较为丰富，主要包括思想教育、政治教育、道德教育以及心理教育。国内学者在合理地保留和继承传统概念的基础上，结合时代主题变换和思想政治教育现实发展的需要，拓展了思想政治教育概念的空间，④并从不同角度对思想政治教育的概念进行了阐释。邱伟光等认为，思想政治教育是指社会或社会群体用一定的思想观念、政治观点、道德规范，对其成员施加有目的、有计划、有组织的影响，使他们形成符合一定社会所要求的思想品德的社会实践活动。⑤陈秉公认为，思想政治教育是一定

---

① 顾明远：《中国教育的文化基础》，山西教育出版社 2004 年版，第 135 页。

② 孙培青主编：《中国教育史》，华东师范大学出版社 2009 年版，第 119 页。

③ 李国娟：《高校加强中华优秀传统文化教育的理论思考与实践逻辑》，《思想理论教育》2015 年第 4 期。

④ 张耀灿等：《现代思想政治教育学》，人民出版社 2006 年版，第 51 页。

⑤ 邱伟光、张耀灿主编：《思想政治教育学原理》，高等教育出版社 1999 年版，第 4 页。

阶级或政治集团，为了实现其政治目标和任务而进行的，以政治思想教育为核心与重点的，思想、道德和心理综合教育实践。[①] 平章起等认为，思想政治教育是按照社会发展的要求和人自身全面发展的需要，依据社会思潮和个人思想品德变化发展的规律，由社会组织与广大人民群众共同参与进行的，提高社会整体文明程度和个人思想道德素质的教育实践活动。[②]

国外关于思想政治教育类的文献聚焦于对学生价值观的引导，比如美国的品格教育、英国的价值观教育、德国学校政治教育、新加坡的公民教育、日本的道德教育、俄罗斯的思想政治教育、港台地区中小学的生命教育等，[③] 教育者将这些教育内容融入专业课程教育之中，或是将不同学科坚持的价值或伦理理念融入通识课程教育之中。此外，国外学者也对传统道德教育中存在的缺陷与不足进行了深入探究。比如杜威认为，传统的道德教育是死板地将知识、技能等输送给学生，学生只能被动地接受教育。学生们在这一过程中并没有正确、深刻地理解其中的内涵，也没有学会如何将这些思想观念应用到现实生活当中去。可以说，这种生硬的、灌输式的道德教育极大地削弱了学生的自主性。由于只能够被动地接受道德教育，学生们并不会主动地进行自我教育，甚至还会对他人施行的教育产生抵触、反抗的心理，最后产生的教育效果也往往并不理想。

2. 高校思想政治教育

高校思想政治教育是以习近平新时代中国特色社会主义思想为指导，以社会主义核心价值观为引领，以立德树人为根本任务，根据一定社会要求和时代要求，针对当代大学生的思想实际，将经教育者选择设计后形成的思想

① 陈秉公主编：《思想政治教育学基础理论研究》，吉林大学出版社 2007 年版，第 5 页。

② 平章起、王迎新：《科学发展观指导下的思想政治教育学科建设》，《国家教育行政学院学报》2010 年第 9 期。

③ 上官莉娜、王晓霞：《比较思想政治教育研究：历程、议题与发展》，《思想理论教育》2014 年第 8 期。

意识、价值观念和道德规范等信息有目的、有步骤地输送给当代大学生的实践活动。高校思想政治教育的内容主要包括马克思列宁主义、毛泽东思想、邓小平理论、“三个代表”重要思想、科学发展观、习近平新时代中国特色社会主义思想等。同时，高校思想政治教育在形式上应契合当代大学生的思维方式和认知习惯，提升当代大学生的接受度。此外，高校思想政治教育还应结合时代发展的特征，以社会主流价值观为主导，有计划、有组织、有目的地影响大学生的思想观念，帮助大学生形成正确的、符合社会主义核心价值观的思想和行为，不断提升其道德修养与政治素养。

国外高校的思想政治教育活动呈现出多样化的特征。美国高校的思想政治教育方式不同于我国，既没有为思想政治教育独立设置一门课程，也没有提出相关的理念促进思想政治教育发展，而是在通识教育课程中凸显思想政治教育的内容，其最突出的特点就是思想政治教育的协同化，具体表现在通识教育的发展研究上，让学生直面在成长中会遇到的关乎哲学、人性、政治、世界观和方法论等根本性的问题；俄罗斯高校设置了“道德课”“起源课”“俄罗斯民族精神道德文化基础”等课程，通过对俄罗斯历史、文化、宗教、民族等内容的教授，让学生习得文化及其世代相传的价值观；① 日本高校从 1961 年起在人才培养上始终坚持德育为先的理念，将人才的道德教育放在首位，注重培养大学生对工作的严谨、专注、精益求精、努力向上的职业精神以及追求至善至美的工作作风，为社会培养了一大批具有广泛知识储备、具备专业技术开发和问题解决能力的技术骨干，为产业发展提供了可靠的人才支撑；② 新加坡高校在对大学生进行道德教育的过程中也有意识地将国家信仰、民主主义、民族精神等融入其中。

---

① 戚静：《高校课程思政协同创新研究》，上海师范大学博士学位论文，2020 年，第 22—24 页。

② 董媛媛、邓宏宝：《日本高等专门学校工匠精神培育研究》，《职业技术教育》2020 年第 5 期。

（二）高校网络思想政治教育的相关研究

1. 网络思想政治教育

学界围绕网络思想政治教育的内涵和本质展开了探讨。第一种观点认为，网络是思想政治教育的工具性载体。刘梅认为，网络是思想政治教育的工具和手段，并将网络思想政治教育界定为根据传播学原理和思想宣传的理论，利用计算机网络所进行的思想政治教育。① 第二种观点从价值性和发展性的理念、模式和形态定义网络思想政治教育。杨立英从人类生存、行为和交往方式变革的角度来界定网络思想政治教育，并强调从价值性与工具性统一结合的视角来认识网络，她认为网络思想政治教育绝不是传统思想政治教育在教育形式与手段上的简单替换和发展，而是在全新的生存方式、全新的生活世界和全新的精神价值生态中一种全新的价值教育形式。② 第三种观点是从时间、平台和环境角度来定义网络思想政治教育。赵路认为，网络是一种需要保护和利用的环境和平台，而网络思想政治教育就是利用网络的快捷性、交互性和多媒体等特性，使思想政治教育网络化，也即通过建立因特网平台，让上网的学生或更多的互联网用户了解思想政治、认识思想政治、学习思想政治，并通过学习能在现实生活中合理地运用思想政治。③ 第四种观点是从社会关系，即从人与网络的本质关系来界定网络思想政治教育。韦吉锋提出，只从工具角度来认识网络思想政治教育是远远不够的，而应从人与网络、网络与思想政治教育、思想政治教育与人的内在关系角度来研究和把握网络思想政治教育的本质特征，他认为网络思想政治教育是指抓住网络本质，针对

---

① 刘梅：《思想政治教育的现代方式——论网络思想政治教育建设》，《河南师范大学学报（哲学社会科学版）》2000 年第 2 期。

② 杨立英：《论网络思想政治教育的主客体关系特性与教育创新》，《思想理论教育导刊》2005 年第 11 期。

③ 赵路：《网络思想政治教育的内涵及其运用》，《江西行政学院学报》2004 年第 S2 期。

网络影响，利用网络有目的、有计划、有组织地对网民施加思想观念、政治观点、道德规范和信息素养教育方面的影响，使他们形成符合一定社会发展所需要的思想政治品德和信息素养的网上双向互动的虚拟实践活动。①

结合网络思想政治教育的概念界定，学者们围绕网络化条件下思想政治教育的工作方法及其创新展开了广泛深入的研究。曾令辉等提出了网络思想政治教育需要注重相互沟通、积极引导和主动服务的方法。② 杨立英提出了使用“堵、防、建、疏、变”等五种方法开展网络思想政治教育。③ 周飞等提出，网络思想政治教育方法体系构建应坚持包括引导与监督相结合、教育与服务相结合、“网上”与“网下”相结合等原则，使用网络课堂法、网络对话法、网络情景教育法、网络自我教育法等具体方法。④ 此外，网络思想政治教育工作方法的创新问题也受到了学者们的广泛关注。万美容认为，要努力将信息技术应用到思想政治教育，通过不断创新思想政治教育的网络载体，创造与现代传媒相适应的协调教育方法。⑤ 刘新庚提出了通过虚拟情景式、平等交互式、现代开放式等基本方式开展网络思想政治教育工作。⑥ 徐建军提出，要结合互联网的特点创新理论教育法、情理渗透法、典型教育法、隐性教育法和自我教育法等网络思想政治教育方法。⑦

---

① 韦吉锋：《关于网络思想政治教育界定的科学审视》，《学校党建与思想教育》2003 年第 2 期。

② 曾令辉等编著：《网络思想政治教育概论》，广西民族出版社 2002 年版，第 227—235 页。

③ 杨立英：《网络思想政治教育论》，人民出版社 2003 年版，第 277 页。

④ 周飞、孙群：《试论网络思想政治工作方法体系的构建》，《安徽大学学报（哲学社会科学版）》2005 年第 2 期。

⑤ 万美容：《思想政治教育方法发展研究》，中国社会科学出版社 2007 年版，第 249 页。

⑥ 刘新庚：《现代思想政治教育方法论》，人民出版社 2008 年版，第 205—222 页。

⑦ 徐建军：《大学生网络思想政治教育理论与方法》，人民出版社 2010 年版，第 86—89 页。

国外的同类研究聚焦于“网络教育”和“网络伦理教育”等方面。美国学者沃恩·沃勒和吉姆·威尔逊在网络技术应用于教育实践后，率先提出了网络教育的概念，认为网络教育的本质就是数字化传递的内容同学习支持与服务结合在一起而建立起来的有效的学习过程。① 在网络伦理教育方面，以美国为代表的西方国家在网络伦理教育上具有成熟的研究成果和实践。比如，在网络伦理教育的实践方面，以美国为代表的西方国家具有完备的教育途径，通过建立网络伦理项目，采用案例教学法、情境教育法等多种方式将伦理教育元素渗透到网络伦理课程之中。

2. 高校网络思想政治教育

高校网络思想政治教育作为网络思想政治教育的一个分支，是网络思想政治教育在高校范围内的延伸。目前学术界对高校网络思想政治教育内涵的阐释没有清晰界定。胡恒钊认为，高校网络思想政治教育是网络传播与高校思想政治教育的有机结合，网络思想政治教育的过程是思想政治教育信息的输入、传播、获取与反馈的过程，包括传播者、媒介、讯息、受众、效果、反馈等基本要素。② 田树学认为，新时代高校网络思想政治教育是在新时代背景下，高校在网络技术与现实社会高度融合的环境下，一定个人或群体基于网络思维、运用网络技术对受众在价值观念、思想道德等方面进行有计划、有组织的教育，使之形成符合特定社会、特定阶级所需的思想政治素质的社会实践活动。③

近年来，学界从高校网络思想政治教育的发展阶段，教育者的思维，以及教育的内容、载体和方法等方面展开了深入探究。高校网络思想政治教育

① 王龙华主编：《金融企业 E-Learning 理论与实务》，中国金融出版社 2010 年版，第 4 页。

② 胡恒钊：《高校网络思想政治教育实施方法研究》，中国矿业大学（北京）博士学位论文，2012 年，第 24 页。

③ 田树学：《新时代高校网络思想政治教育质量评价研究》，东北师范大学博士学位论文，2022 年，第 32 页。

研究在多年的发展中实现了从无到有、从点到面、从弱到强的快速发展。学者们对高校网络思想政治教育研究的发展阶段进行了归纳与划分。张瑜根据研究水平的发展将高校网络思想政治教育的发展历程分为三个阶段：一是发生期，揭示了互联网革命带来的新挑战，并提出了高校网络思想政治教育这一研究问题；二是全面启动期，高校网络思想政治教育理论研究与实践探索进入同步发展阶段；三是学科化建设期，网络思想政治教育研究进入更为系统而深入的基本原理和方法理论研究阶段，力争实现以学科体系化建设为目标的基础理论研究和以解决重大实践问题为目标的实践研究的有效突破。① 唐登芸等根据研究侧重点的不同将高校网络思想政治教育的发展历程归纳为四个阶段：一是网外关注阶段，聚焦于互联网对高校思想政治教育的冲击和挑战；二是走进网络阶段，聚焦于互联网对高校思想政治教育的工具价值；三是主导网络阶段，聚焦于高校网络思想政治教育的方法创新与模式创新；四是自觉深入阶段，讨论了高校网络思想政治教育的体系建设与系统构架。②

从对高校网络思想政治教育者的思维研究来看，学者们普遍认为网络思想政治教育的载体是互联网，意味着传统的思想政治教育者的思维必须发生深刻转变才能适应其发展规律。谢海光探讨了互联网时代背景下高校思想政治教育工作所面临的重大危机，并从思想政治教育的角度明确提出互联网具有“双刃剑”的作用，在信息网络知识教育过程中，教育者应当引导受教育者树立正确的网络观。③ 檀江林等认为，高校思想政治教育工作者在大数据时代背景下要树立大数据思维，提高自身信息化水平，强化以大数据手段开

① 张瑜：《网络思想政治教育研究：发展历程、问题与方法》，《思想理论教育导刊》2016年第10期。

② 唐登芸、吴满意：《网络思想政治教育研究：历程、问题与转向》，《思想理论教育》2017年第1期。

③ 谢海光主编：《互联网与思想政治工作概论》，复旦大学出版社2000年版，第160页。

展网络思想政治教育的有效性。① 谢继华研究了大数据思维、大数据技术在高校网络思想政治教育机制、载体等方面的创新运用，认为需要构建多种碰撞思维的聚合与集成，形成立体多面化的思维模式，为网络思想政治教育提供有益支撑。② 陈华栋认为，互联网思维具有“崇尚跨界”“创新性”“开放性”“系统性”等特点，可以通过加快话语方式的转变，使网络思想政治教育话语的表达更加“网络化”，最终达成网络思想政治教育主体与教育对象在话语方式、思维逻辑上的同步性。③

从对高校网络思想政治教育的内容研究来看，朱小娟认为网民在网络空间的关注点反映了其内在需要，高校应提高网络思想政治教育内容与学生需要的契合度。④ 张凤寒等认为坚持“内容为王”是网络思想政治教育提质增效的重要保障，并论述了网络思想政治教育的内核取向、特点取向、价值取向，提出了科学化构建、艺术化构建、信息化构建网络思想政治教育内容的新思路。⑤

从对高校网络思想政治教育的载体研究来看，随着互联网技术的不断发展，网络交流工具不断推陈出新，网络思想政治教育的载体从早期的网站、交流群，到各种即时通信软件、新媒体平台，始终处于快速更迭的态势，对高校网络思想政治教育载体的研究也逐步成为学界的研究热点。张明明以微博和微信为例，分析了“微时代”对大学生的影响，提出高校要科学有效

① 檀江林、吴玉梅：《大数据时代大学生思想政治教育路径探究》，《思想理论教育》2016年第3期。

② 谢继华：《大数据视阈下高校网络思想政治教育创新研究》，电子科技大学博士学位论文，2018年，第95—115页。

③ 陈华栋：《互联网思维模式下高校网络思想政治教育的思考》，《思想理论教育导刊》2016年第8期。

④ 朱小娟：《从网民关注点谈网络思想政治教育内容的优化》，《思想教育研究》2016年第2期。

⑤ 张凤寒、钱云光、张琼：《新时代高校大学生网络思想政治教育内容构建》，《思想政治教育研究》2021年第6期。

地利用新媒体平台创新网络思想政治教育。[①] 刘辉等认为，App 已成为大学生学习生活必不可少的部分，其融合性、精准性、交互性的优越特点赋予了网络思想政治教育强劲动力。[②] 王维等从理论角度剖析了微信的载体功能和工具属性，基于社会学、管理学、政治学探究了新媒体平台的形成机制、实践价值和建设盲区。[③] 随着短视频逐渐成为大学生的流量新宠，一些学者也论证了微博、抖音、B 站、快手等 App 对于网络思想政治教育的促进作用。骆郁廷等认为，抖音 App“视频 + 社交”的新形式深受大学生的青睐，高校应主动抢占抖音阵地，传递正能量，有利于网络思想政治教育的目标实现。[④] 同时，微课和慕课等新媒体平台的快速发展也为高校网络思想政治教育发展提供了新土壤。

从对高校网络思想政治教育的方法研究来看，刘显忠等认为由于人们对互联网的认识远远滞后于互联网自身的快速发展，致使目前高校网络思想政治教育方法迫切需要结合构建和谐校园实际，在网络虚拟群体、网络舆情监控、网络手段与传统手段结合以及网络心理咨询与教育等方面寻求突破，促进网络思想政治教育实践的理论化和系统化，推动网络思想政治教育方法的科学化。[⑤] 李德才等提出在网络环境下，高校需要突破传统的思想政治教育工作观念和模式。高校可以通过主动占领网络阵地、优化思想教育内容、综合运用多种新媒体手段、积极引导网络舆情等多种方法，努力提高网络环境

① 张明明：《微博、微信网络环境下高校思想政治教育研究》，《思想理论教育导刊》2014 年第 4 期。

② 刘辉、宇文利：《APP：大学生思想政治教育的新兴载体》，《思想教育研究》2016 年第 1 期。

③ 王维、张越：《微信作为思政新媒体平台的生成机制与赋权价值》，《高教探索》2018 年第 2 期。

④ 骆郁廷、李勇图：《抖出正能量：抖音在大学生思想政治教育中的运用》，《思想理论教育》2019 年第 3 期。

⑤ 刘显忠、代金平：《论高校网络思想政治教育方法的创新》，《探索》2009 年第 1 期。

下思想政治教育工作的时代性、针对性和实效性。[①] 曾令辉提出，网络思想政治教育的方法必须适应巩固国家网络意识形态安全和科学化发展的要求，高校必须根据网络特点和规律创新教育方法。[②]

此外，还有一些学者着眼网络思想政治教育的影响因素、应对策略、媒体环境等方面开展研究。例如，王贺认为，网络时代大学生思想政治教育受到了教育主体地位动摇、教育载体选择滞后、教育内容缺乏实效等因素的影响，并提出通过建立网络思想政治教育信息收集制度、畅通网络思想政治教育信息反馈渠道、优化网络思想政治教育队伍结构来增强大学生网络思想政治教育实效性。[③] 陈华巍等从消除新媒体环境给思想政治教育带来的负面影响的角度，强调要充分利用新媒体的积极效能和资源优势，在教育主体、教育客体、教育介体和教育环体等方面积极探寻有效路径，切实增强大学生思想政治教育的实效性。[④]

（三）高校思想政治教育网络传播的相关研究

1. 网络传播

拉斯韦尔“5W”传播理论是传播理论的基础，涵盖传播主体、传播内容、传播媒介、传播对象和传播效果。[⑤] 随着互联网技术的发展与进步，一些学者基于拉斯韦尔“5W”传播理论拓展了传播理论的研究视角。

进入21世纪以来，学者们开始关注网络传播这个话题。张允若认为，

---

① 李德才、李凡：《网络环境下思想政治教育理论和方法创新》，《思想理论教育导刊》2011年第8期。

② 曾令辉：《论网络思想政治教育方法的创新发展》，《学校党建与思想教育》2018年第19期。

③ 王贺：《网络时代大学生思想政治教育实效性探析》，《思想教育研究》2012年第5期。

④ 陈华巍、王贵新、刘国军：《新媒体视域下大学生思想政治教育有效路径论析》，《思想教育研究》2016年第3期。

⑤ 郭庆光：《传播学教程（第二版）》，中国人民大学出版社2011年版，第50—51页。

网络出现以后，传播规律呈现出新的特点，传播理论面临新的挑战，网络传播并不是人们所说的“第四媒介”，而是人类传播和精神交往的第二世界(网络世界)。① 邓新民认为，目前发展迅速应用日广的新媒体都具有自媒体的特征，也就是基于普通市民对于信息的自主提供与分享，从而成为新的应用广泛的重要信息传播渠道。自媒体的进入门槛低，具有自主性越来越强、发展越来越快、应用越来越广、作用越来越大、管理越来越难等特点，应当引起重视。② 杨清波等认为，网络传播具有即时性、互动性、匿名性等特点。即时性是指在互联网里，网民可以随时随地收发讯息，只要有网络及其终端，登录互联网下载和上传信息都可以瞬间完成；互动性是指网民随时可以对网络信息进行评论，传播主体和传播受众的角色也可以互换，甚至无法区分谁是传统意义上的传播主体和传播受众；匿名性是指网民只需注册一个 ID，就可发帖跟帖，于是网络民主澎湃，相伴而生的网络暴力也时有发生。③ 于潇等认为，现代科技孕育出强大的网络传播效率，正是由于数字技术、互联网技术、计算机应用等新技术的快速发展，才推动了新媒体的不断演化进步。④ 方兴东等认为，网络传播是指组织化、专业化的网站编辑依托文本编辑和网络传播技术向以网民为代表的大众群体进行的无差别信息生产、聚合与传播、反馈的活动。⑤ 王楠认为，从网民来说，网络传播中的高点击量舆情事件登上热搜是基于网民的心理作用，与心理学知识相关。⑥

国外的网络传播研究基本上是从政治学、社会学、传播学三个视角来展

① 张允若：《关于网络传播的一些理论思考》，《国际新闻界》2002 年第 1 期。

② 邓新民：《自媒体：新媒体发展的最新阶段及其特点》，《探索》2006 年第 2 期。

③ 杨清波、张莉萍：《网络问政的传播特征与引导艺术》，《新闻爱好者》2010 年第 24 期。

④ 于潇、张高华、张彦龙：《媒介融合环境下体育新闻的变化与发展》，《新闻战线》2016 年第 6 期。

⑤ 方兴东、严峰、钟祥鸣：《大众传播的终结与数字传播的崛起——从大教堂到大集市的传播范式转变历程考察》，《现代传播（中国传媒大学学报）》2020 年第 7 期。

⑥ 王楠：《网络舆情群体极化的形成机理与传播路径研究》，《思想教育研究》2021 年第 9 期。

开，但这三个视角并不是完全割裂的，而是相互联系的。比如，霍华德·莱因戈德是较早把网络交流与沟通作为独立研究对象的学者之一，他认为网络社会中的交流与沟通会对现实社会中的民主政治产生重要的影响，网络社会中民众的交流与沟通不仅挑战着权力集团对传播媒介的垄断地位，而且能够有效推动广泛的民众政治参与。① 凯斯·桑斯坦在《网络共和国》一书中深入探讨了网络传播所带来的民主困境，他通过对60个政治网站的随机研究发现，大部分网站都不提供与自己意见相左网站的链接，且网络上的圈内传播确实容易造成群体意见极端化倾向。② 坦勒研究发现，网上论坛具有与公共领域理论相关的四个特点，即可接近性、自由交流、协商结构和公众理性，因而构成公共空间，论坛参与者的争论不仅形成了一致舆论，而且产生了对过去时代的集体记忆，网上论坛由此而成为人们重新和解进程中的一个组成部分。③ 桑等的研究发现，网络的使用时间与人们对公共活动和公民志愿活动的参与程度呈正相关关系，他们检测了网络使用频度与非正式社会交往、公共事务参与、公民志愿活动参与等三种社区行为的关系，没有证据表明时间被从后者转移到了前者的使用上。④ 此外，研究也涉及对经典传播模型的改进以及应用等方面。比如，周等研究者通过构建自媒体网络中公众传播的能量模型，模拟了自媒体网络中公众传播的演化过程，认为自媒体关键用户在热点话题的演变中发挥着关键作用，推动了自媒体公众传播的演变，

① 陈红梅：《网络表达及其对社会的影响——近十年来国外网络传播研究述略》，《新闻记者》2004年第9期。

② [美] 凯斯·桑斯坦：《网络共和国》，黄维明译，上海人民出版社2003年版，第50—51页。

③ Eliza Tanner，“Chilean Conversations: Internet Forum Participants Debate Augusto Pinochet's Detention”，*Journal of Communication*，Vol.51，No.2（June 2001），pp.383-403.

④ Dhavan Shah，“Michael Schmierbach，Joshua Hawkins，Rodolfo Espino，Janet Donavan，Nonrecursive Models of Internet Use and Community Engagement: Questioning Whether Time Spent Online Erodes Social Capital”，*Journalism and Mass Communication Quarterly*，Vol.79，No.4（December 2002），pp.964-987.

并且自媒体共识传播的峰值受热点话题的初始热度和传播概率的影响。①

2. 高校思想政治教育网络传播

20世纪90年代，伴随着互联网技术的快速发展，学界逐步将如何把网络与思想政治教育更好地结合在一起作为学术研究热点。在中国知网平台上以“网络传播”“思想政治教育”为关键词进行文献检索（2023年9月），相关文献记录数量高达21.48万条，最早的公开文献资料发表于1950年。研究发现，大量学者开展了网络传播与思想政治教育的关系的研究，并已取得了较为丰富的研究成果。

于洪卿在《论传播学视野下的思想政治教育》一文中将思想政治教育的教育者等同于传播学中的传者，把思想政治教育传播内容归为传播信息，把思想政治教育方法、手段、途径、载体定为传播信道，并把教育对象等同于受者。② 段海超等从传播学视角对思想政治教育受众的心理特征、人格特征和行为特征作了深刻分析，认为受众是思想政治教育网络传播的重要构成要素，研究受众接受动机是提高思想政治教育网络传播效果的关键。思想政治教育的受众具有求知、交流、宣泄、求实和自我实现的动机，因而尊重受众的知情权、增强互动式设置、提供适当的宣泄平台、加强网站的服务性功能、提高可供受众发挥创造力的平台是提高思想政治教育网络传播效果的基本对策。③ 元林等在《思想政治教育网络传播过程管理的困境与破解研究》一文中提出思想政治教育网络传播由于信息传播的过量化和受众具有的对信息的一定控制权，以及多媒体技术带来的多样化信息形式等新的多重变化，使思想政治教育网络传播过程管理面临严峻的挑战，并提出建立健全思想政

---

① Zhou Hui Zi，Li Xue Wei，“Research on Small-World Network Communication of Public Sentiment by Self-Media Based on Energy Model”，*Advances in Science and Technology*，Vol.105，No.4（April 2021），pp.249-262.

② 于洪卿：《论传播学视野下的思想政治教育》，《湖湘论坛》2008年第2期。

③ 段海超、元林：《思想政治教育网络传播受众动机特征及对策分析》，《北京工业大学学报（社会科学版）》2010年第2期。

治教育网络传播过程管理规程，明确过程管理的基本目标和职责，主动根据受众选择性接受心理和认知水平进行过程管理，构建适合过程管理实施的良好舆论氛围，积极利用网络传播技术进行过程管理等对策以破解思想政治教育网络传播过程管理困境。① 吴勇以媒介素养为研究视角，深入剖析了国内高校思想政治教育过程中存在的问题及其产生的根源，认为只有不断提高高校学生自身的媒介素养，才能够更好地提升高校思想政治教育效果。② 李基礼认为，思想政治教育的实质可简化为传者通过信道将信息传送给受者，以期发生相应变化的过程。③ 刘晓琳等认为，网络思想政治教育内容特殊性由内容生产、内容传播和内容影响所决定，具体表现在内容需求流变性、内容传授精准性以及内容影响归一性三个方面，并基于网络思想政治教育内容特殊性提出需打造"内容工厂"，提升网络思想政治教育内容的孵化力；组建"内容矩阵"，增强网络思想政治教育内容的对接力；凝聚"内容共识"，提升网络思想政治教育内容的引领力等对策，④ 以增强网络思想政治教育的传播效果。

（四）高校思想政治教育网络传播力的相关研究

1. 网络传播力

传播力的实质是实现有效传播的能力。⑤ 张春华认为，对于大众传媒而

---

① 元林、李美清：《思想政治教育网络传播过程管理的困境与破解研究》，《思想理论教育导刊》2010 年第 6 期。

② 吴勇：《网络传播下的媒介素养教育——当代大学生思想政治教育的新领域》，《学术论坛》2011 年第 3 期。

③ 李基礼：《"微时代"思想政治教育控制问题与方法协同创新》，《学校党建与思想教育》2018 年第 15 期。

④ 刘晓琳、曹银忠：《网络思想政治教育内容特殊性及其传播策略》，《学校党建与思想教育》2023 年第 2 期。

⑤ 北京大学新闻网：《陈刚：传播力是个很有价值的概念》，2006 年 9 月 7 日，见 https://news.pku.edu.cn/wyyd/dslt/139-109250.htm。

言，传播力是其本质职能的彰显，是一种能力，一种到达受众、影响社会、充分发挥大众传媒社会功能的能力；对于社会组织而言，传播力更强调的是传播效果，即社会组织通过各种传播手段组合构建的形象是否与自身定位或期望相符的问题。① 孙伟等提出，作为传播能力和传播效力的结合，传播力是指媒介提升受众获取信息时效性，扩大信息覆盖面以及产生一定影响力的技术手段和方式方法的总和。② 谢湖伟等认为，传播力是传播的能力和传播的效力相结合的有机统一体，即传播主体充分利用各种载体实现有效传播的能力。③ 张波等认为传播力概念的主要内涵容纳了传播主体的传播能力与传播效果，传播能力与传播效果是传播力内涵的一体两面。④ 通过对已往学者对传播力的界定研究发现，只有将“能力”与“效果”二者有机地结合在一起，才能对“传播力”的概念进行准确界定，并对“传播力”进行科学评价。

在对传播力进行概念界定的基础上，学者们进一步对网络传播力的概念、构成要素和评价维度展开了深入研究。张宇等认为，网络媒体传播力是网络媒体到达受众、影响社会、引领公众的能力，网络媒体传播力水平可以从网络媒体的传播规模（广度）、传播流量（深度）、传播效果（强度和精度）、传播媒体先进性和传播生态等维度进行衡量。⑤ 苏如娟认为，网络传播力的构成要素主要包括传播主体的能力、传播内容的吸引力、传播方式的整合力、传播技术的更新力和传播对象的主体动力。⑥

---

① 张春华：《传播力：一个概念的界定与解析》，《求索》2011 年第 11 期。

② 孙伟、梁赛平：《精准传播：高职高专期刊品牌塑造》，《中国出版》2018 年第 21 期。

③ 谢湖伟、朱单利、黎铠垚：《“四全媒体”传播效果评估体系研究》，《传媒》2020 年第 19 期。

④ 张波、陈伟：《我国科普期刊的短视频传播力与提升策略》，《中国科技期刊研究》2022 年第 7 期。

⑤ 张宇、任福兵：《基于 AHP－熵权法的智库网络传播力评价研究》，《情报科学》2017 年第 3 期。

⑥ 苏如娟：《高校思想政治教育网络传播力提升策略探讨》，《学校党建与思想教育》2019 年第 2 期。

2. 高校思想政治教育网络传播力

思想政治教育网络传播力的研究聚焦于如何借助网络传播优势进一步扩大思想政治教育的覆盖面，有效提升思想政治教育的影响力展开。比如，苏如娟认为，要实现高校思想政治教育的创新与发展，就要从各视角协同提升高校思想政治教育的网络传播力，具体而言就是要通过“五力协同”，即高校思想政治教育网络传播者的主体能力、教育内容的吸引力、传播方式的整合力、网络技术与时俱进的更新力、调动传播受众的主体动力，真正地提升高校思想政治教育的网络传播力和影响力。① 王虹认为，面对互联网给思想政治教育工作带来的全方位影响，高校管理者和理论教育工作者既要在思想上虔诚而执着、至信而深厚，又要主动直面新形势、学习新技术，以昂扬的姿态牢牢占领网络思想政治教育高地，提升思想政治教育的网络影响力，推出有深度、有力度、有温度的网络文化教育，为新一代青年学生营造风清气正的校园思想氛围。②

随着互联网技术与现代传播方式的快速发展，高校思想政治教育也出现了更多的传播方式。比如新浪微博平台，2023 年 3 月，月活跃用户达到 5.93 亿，同比净增约 1100 万，平均日活跃用户达到 2.55 亿，同比净增约 300 万。高校官方微博成为深受大学生青睐的网络传播平台，学者们也逐步对相关高校网络传播平台的影响力展开了深入研究。比如，苏光鸿认为，高校的官方微博普遍存在议题设置偏离导向、突发问题处置不当、网络舆情引导失控、学生诉求应对无力等突出问题，致使自身的价值引领功能弱化甚至缺失，并提出高校官方微博应通过设置优质议题，把握正确导向；组建应急团队，提升处置效能；培养“意见领袖”，强化舆情引导；构建微博矩阵，形成应对合

---

① 苏如娟:《高校思想政治教育网络传播力提升策略探讨》,《学校党建与思想教育》2019 年第 2 期。

② 王虹:《新时期占领网络思想政治教育高地的原因和对策》,《教育与职业》2019 年第 9 期。

力等举措解决存在的问题，强化价值引领功能。① 林晶等运用主成分分析方法评估高校官方微博的影响力水平，并结合微博影响力的评价结果，提出了增加与阅览者的交流、关注并提供阅览者需求的信息、追求内容和形式上的多元化、设置每日互动话题等对策来提高微博的影响力水平。②

通过对现有的文献梳理和回顾发现，思想政治教育学与传播学的交叉研究逐渐形成了一个重要的研究领域，且研究视角不断更新，研究内容日渐微观，为思想政治教育传播学理论研究与实践探索奠定了基础。然而，已有研究仍存在研究内容不全面、针对性不足、研究方法单一、实证研究较少、理论研究与实践脱节等问题。同时，随着新媒体技术的快速发展，迫切需要学界就新出现的问题开展深入研究。为此，结合已有研究的不足，运用网络传播学理论以及定性与定量相结合的多元研究方法，校准研究方向，探求思想政治教育与网络传播相结合的科学的研究范式，推动新媒体时代思想政治教育研究的创新发展。

二、高校思想政治教育网络传播力评价的研究回顾

为展开高校思想政治教育网络传播力评价相关研究的历史回顾，本研究从网络传播力评价和高校思想政治教育网络传播力评价两方面进行了文献梳理并展开了进一步研究，为传承与创新高校思想政治教育网络传播力评价研究做好基础性工作。

（一）网络传播力评价

网络传播实现了数字化的信息交流、信息传播和信息共享，使现实社会中人们的互动与联系可以借助网络来实现。国内外学者对网络传播展开了深

① 苏光鸿：《高校官方微博价值引领问题及应对策略》，《出版广角》2018 年第 14 期。

② 林晶、王世强：《高校官方微博影响力评价及对策研究》，《情报科学》2019 年第 4 期。

入的评价研究。20世纪90年代，国外学者将网络传播与绩效评估相结合，对新闻传播系统进行了评估。比如，澳大利亚通信与媒体管理局专门设置了研究与评估科，定期对传播效果进行调查。① 美国联邦通信委员会也设有专门机构对各大网络媒体的传播绩效进行评估和等级划分，并向受众作出权威性推荐。②

国内学者也对相关内容进行了积极的探索和研究。戴维民认为网络媒体的迅速扩张表明其在信息传播中的地位与作用越来越重要，但是这种新媒体也面临着有效传播的问题，要建立网络媒体的公信力，首先要对其进行评价和认定，并提出通过定性和定量的方法，对网络媒体的利用率、网络信息质量、网络影响力等的评价是目前对网络媒体公信力评价的基本方法。③ 袁艳等论述了在新闻传播评价中引用公共组织绩效评估理念的必要性，提出了建立新闻传播绩效评估体系的基本构想，并围绕评估体系的逻辑框架、评估主体、评估结果的发布与使用等问题展开了研究。④ 张宇等从搜索引擎、官方网站、电子报纸、微信公众号、官方微博等几个方面构建了智库网络传播力的评价指标体系，并以民间智库为样本进行了实证研究，研究表明，智库的网络传播力强弱与其综合影响力基本上呈现正相关，我国民间智库存在网络传播建设被动、网络传播力不均衡等问题，需从树立传播意识、组建智库管理传播团队、创新思想产品传播形式、搭建智库文化传播平台等方面加以提升。⑤

---

① 王怡红：《澳大利亚大众传媒管理考察》，《新闻与传播研究》1994年第3期。

② 袁艳：《新闻传播绩效评估研究》，《中南民族大学学报（人文社会科学版）》2004年第6期。

③ 戴维民：《“网络为王”时代的媒体公信力认定——网络媒体评价指标与方法》，《图书情报工作》2004年第1期。

④ 袁艳、申凡：《新闻传播绩效评估研究》，《当代传播》2004年第6期。

⑤ 张宇、任福兵：《基于AHP－熵权法的智库网络传播力评价研究》，《情报科学》2017年第3期。

（二）高校思想政治教育网络传播力评价

学界关于高校思想政治教育网络传播力的评价研究较少，相关研究聚焦于对高校思想政治教育评价、高校网络思想政治教育评价等方面的研究。

思想政治教育评价在思想政治教育中起着导向作用。王茂胜等认为思想政治教育评价是依据一定的评价标准用定性与定量相结合的科学方法，对思想政治教育过程及其结果进行价值判断。① 徐志远等认为思想政治教育评价具有导向性、动态性、对比性、系统性和综合性等特点，把思想政治教育评价提升为现代思想政治教育学的重要范畴，有重要的理论意义和实践意义。② 吴立忠等认为基于社会工作与思想政治教育的契合性，从社会工作视角着力进行高校学生思想政治教育评价变革，有助于转变评价理念、丰富评价理论、扩展评价方法、完善评价指标体系，从而全面促进高校学生思想政治教育评价创新。③ 冯刚认为质量评价是高校思想政治教育的重要环节，也是加强和改进工作的重要手段，高校思想政治教育质量评价的长期发展，要回答好处理好高校思想政治教育质量标准与评价体系如何确定、高校思想政治教育质量评价有哪些内容与如何科学开展评价、高校思想政治教育质量评价在提升人才培养质量中应发挥什么作用与如何定位高校思想政治教育质量评价三组关系。④ 郑宏宇在遵循政治性、专业性、可行性、有效性原则的基

---

① 王茂胜、邵莉莉：《思想政治教育评价的科学内涵及其特征》，《学校党建与思想教育》2002 年第 21 期。

② 徐志远、宾培英、韩冰：《思想政治教育评价：现代思想政治教育学的重要范畴》，《学校党建与思想教育（上半月）》2008 年第 1 期。

③ 吴立忠、王玉香：《论社会工作视角下高校学生思想政治教育评价的创新》，《中国青年研究》2016 年第 7 期。

④ 冯刚：《改革开放以来高校思想政治教育质量评价的回顾与思考》，《教学与研究》2018 年第 3 期。

础上，提出从明确元评价主体、培育元评价文化、创新元评价方法、构建元评价指标、培养元评价人才、发展元评价机构、开展元评价试点、加强元评价交流等方面促进高校思想政治教育评价专业化发展。[①] 谭亚莉等认为思想政治教育增值评价是新时代思想政治教育评价改革理论与实践的创新方向，它依据一定价值尺度和教育培养目标，系统运用多种分析手段和统计方法，对思想政治教育过程中人的思想政治素质的发展情况进行多维度分析、多层次比较和多方位判断。思想政治教育增值评价坚守思想政治教育本质追求和价值表达，有利于发挥教育评价的整体性功能。确定多元化评价主体、把握多样化评价客体、打造系统化评价内容、探赜动态化评价方法、形成科学化评价过程以及引入元评价监督机制是思想政治教育增值评价的基本实践思路。[②]

网络技术的发展为思想政治教育发展提供了难得的契机，也对思想政治教育评价的观念产生了深远的影响，网络作为思想政治教育评价活动工具和载体的作用越来越突出。[③] 学者们围绕高校网络思想政治教育评价展开了深度探究。张宇明提出在网络技术广泛普及、网络道德规范形成的基础上，思想政治教育评价主体必须树立和培养网络评价的新观念，努力掌握网络评价的必备技术，形成较强的网络评价能力，最大限度地发挥网络作为思想政治教育评价新型载体的积极作用。[④] 李伟东等认为网络思想政治教育评价由于其运作方式、载体、环境等的不同而显示出与传统思想政治教育评价和其他

---

① 郑宏宇：《高校思想政治教育元评价的理论探讨与实践路径》，《黑龙江高教研究》2022年第12期。

② 谭亚莉、李影：《思想政治教育增值评价的内涵审视、价值检视与实践透视》，《思想教育研究》2023年第4期。

③ 张宇明：《论思想政治教育评价的新形式：网络评价》，《学校党建与思想教育》2003年第7期。

④ 张宇明：《论思想政治教育评价的新形式：网络评价》，《学校党建与思想教育》2003年第7期。

教育评价不同的特性，这些特性主要包括网络思想政治教育评价主体的多元性与专业性、评价客体的虚拟性与现实性、评价方法的智能性与自主性、评价内容的全面性与针对性、评价标准的客观性与政策性，把握网络思想政治教育的特性能够为有效开展网络思想政治教育评价、促进网络思想政治教育发展奠定基础。① 姜晓丽通过对大学生网络思想政治教育实效性影响因素的分析，建立了大学生网络思想政治教育实效性评价体系，其中，一级指标体系表示大学生网络思想政治教育工作的总体状态，代表实施大学生网络思想政治教育的总体态势和总体效果；二级指标体系将内部的逻辑关系和构成关系分别表示为教育者、受教育者、教育内容、教育方法、管理机制和教育环境共六个指标；三级指标体系则采用可测的、可比的、可以获得的指标及指标群，对大学生网络思想政治教育的实效性给予直接测量。②

综上所述，学界对高校思想政治教育网络传播力评价研究的相关文献较为丰富，但缺乏结合新媒体时代背景，通过构建全面系统的评价模型对高校思想政治教育网络传播力展开的科学评价研究。为此，针对现有研究的不足，结合新媒体时代信息传播的特点，本研究运用定性与定量相结合的多元研究方法，构建科学系统的评价模型对高校思想政治教育网络传播力展开评价研究，推动新媒体时代高校网络思想政治教育评价研究的创新发展。

三、高校思想政治教育网络传播力提升策略的研究回顾

本研究通过查阅已有文献中有关网络传播力的提升策略和高校思想政治教育网络传播力的提升策略，并进行梳理和归纳，为开展进一步研究提供参考借鉴。

---

① 李伟东、刘敏姬：《论网络思想政治教育评价的特性》，《湖北社会科学》2010 年第 3 期。

② 姜晓丽：《大学生网络思想政治教育实效性评价体系研究》，《思想教育研究》2010 年第 6 期。

（一）网络传播力的提升策略

近年来，学界对网络传播力的提升策略展开了深入探究。张文明认为，提升传播力是媒体自身在面对科技革命冲击、传播环境变化、传统受众流失和市场竞争加剧的时候作出的必然选择，更是党和国家对新型主流媒体建设提出的明确要求。① 张莉通过调查了解大学生对网络视频的使用行为以及对网络视频广告的态度，提出可以通过改善节目内容，提高用户的参与程度和专注度；提高播放质量，为用户提供清晰流畅的观看体验；从广告编排、形式、内容和创意等方面改进广告效果来提升网络视频的实际传播效果，以促进网络视频未来的健康发展。② 马贵侠等认为，网络信息技术的发展增加了公众利用网络媒介的公益参与度，也对民间公益组织的网络传播能力提出了更高的要求，民间公益组织应强化其自身的能力建设，提升其网络传播的公信力和网络传播内容的可信度，增强网络信息技术的应用能力，优化网络传播的流程，以增强网络传播力。③ 师喆等通过选取舆情热点事件对网络舆情环境下政府公信力的影响作出深入剖析，提出政府若意图在网络舆论战中树立公信力，一方面，要努力研究舆情传播规律，正确把握民意脉搏，及时发现基层社会矛盾，提前提出解决对策；另一方面，还应当努力让官方的声音走进民意表达平台，促进政府与网民顺畅沟通和良性对话。④ 罗雪认为面对社交网络中老牌全球媒体的竞争，我国媒体亟须摸清新媒体传播规律，提升国际传播能力。为提升社交网络中我国媒体的国际传播效果，首先是扩大新

---

① 张文明：《南方报业媒体融合转型的“南方特色”分析》，《传媒》2022 年第 15 期。

② 张莉：《网络视频的传播效果及提升策略——基于大学生网络视频使用行为的调查》，《电视研究》2010 年第 10 期。

③ 马贵侠、谢栋：《新媒体时代民间公益组织网络传播进路及拓展策略》，《新闻界》2014 年第 7 期。

④ 师喆、兰月新：《网络舆情环境下政府公信力提升策略研究》，《电子政务》2015 年第 6 期。

闻聚焦范围，提升国际传播力；其次是培育全球性核心受众群体，打造国际传播影响力；再次是增强新闻议题社交特征，提升国际传播引导力。[①] 马凯认为网络场域下虚拟与现实交织、时间与空间交错的内在张力在为黄河文化传播提供新场域新生态的同时，也对黄河文化传播的效能、动力和水平即“传播力”提出了新要求。网络场域下黄河文化传播力提升应坚持守正创新，激扬思想伟力；汇聚融合，激发载体活力；与时俱进，提升方法魅力；多措并举，营造环境实力；破立结合，发挥制度保障；协同联动，增强主体合力。[②]

（二）高校思想政治教育网络传播力的提升策略

目前关于高校思想政治教育网络传播力提升策略的文献研究较少，相关研究聚焦于对高校思想政治教育与高校网络思想政治教育提升策略等方面的研究。

从高校思想政治教育提升策略方面来看，任艳妮等在分析当代大学生价值观现状的基础上，阐述了社会主义核心价值观对引领大学生的价值观教育的重要性，提出在大众传媒环境下应采取创新大学生价值观教育的模式，提升社会主义核心价值观的传播与宣传，营造健康正向的传媒环境等措施，积极引导和培育大学生的社会主义核心价值观。[③] 林洁等认为新时代思想政治教育话语发展，必须要解决“谁来说”这个问题。既要重视和发挥学生这个话语主体的主体性，更要突出教育者这个话语主体的主导性。高校思想政治教育质量提升需要树立教育者和教育对象的话语自觉和自信，强化两个主体的话语能力，凸显教育者的话语地位，不断提升话语的传播力和影响力。[④]

---

① 罗雪：《社交网络中全球媒体的国际传播效果提升策略研究——基于 CGTN 和 BBC 推特账户的比较分析》，《电视研究》2018 年第 2 期。

② 马凯：《网络场域下黄河文化传播力提升策略研究》，《新闻爱好者》2022 年第 12 期。

③ 任艳妮、秦燕：《大众传媒环境下大学生社会主义核心价值观的引导与培育》，《西安交通大学学报（社会科学版）》2014 年第 2 期。

④ 林洁、马建青：《新时代高校思想政治教育话语发展的着力点》，《思想教育研究》2020 年第 3 期。

吕春宇等认为提高新时代高校思想政治教育实效性应特别注重坚持渗透性原则、个性化原则、生活化原则。增强实效性也需要多维发力，特别是要坚持以提升教育者立德树人的能力为着力点，以创新发展教育内容为关键点，以丰富教育载体形式为突破点等做好相关工作，才能共同助力于民族复兴大任时代新人的培育工作。① 杨季兵等认为高校思想政治教育能力是高校为思想政治教育顺利开展及完成创造条件的能动力量。提升高校思想政治教育能力，对于国家治理现代化、高校人才培养能力提升以及大学生的全面发展具有十分重要的意义。在新形势下，可以通过提升高校思想政治教育主体队伍建设能力、高校思想政治教育内容体系构建能力、高校思想政治教育质量监控能力来提升高校思想政治教育能力。② 孙巍等认为社交媒体技术的不断迭代更新和应用范围的不断扩大，对大学生思想政治教育产生了重要影响，包括思想政治教育内容的"草根式"生产、主客体关系的双向化以及信息传播方式的碎片化。大学生思想政治教育应从内容、主客体关系和传播方式上入手，推进传播内容生活化、传播信息故事化，不断提升思想政治教育传播力、引导力和影响力。③

从高校网络思想政治教育提升策略方面来看，蒲伟等通过对高校思想政治教育网站的影响力进行研究，提出要充分认识和利用网络媒体的特征，坚持贯穿渗透力、亲和力原则，体系内容要多层次、全方位，加强网上宣传及舆论引导，构建统一协调的校园信息发布体系，注重运用新的信息技术手段，加强网络教育队伍建设等对策，以增强高校网络思想政治教育的实效

① 吕春宇、吴林龙:《新时代高校思想政治教育实效性提升策略》,《学校党建与思想教育》2020 年第 23 期。

② 杨季兵、汪建华:《提升高校思想政治教育能力的三重维度：价值意义、基本内容与现实路径》,《黑龙江高教研究》2022 年第 9 期。

③ 孙巍、韦桂娥:《社交媒体环境下大学生思想政治教育的创新》,《学校党建与思想教育》2023 年第 6 期。

性。[①] 魏晓文等认为大学生思想政治教育的网络话语权具有引导、调控和控制功能，对于提高大学生思想政治教育的说服力和实效性具有至关重要的作用。应通过建设一支训练有素的队伍进入网络思想政治教育场域，设计大量隐含主导意识形态的多样化网络文化产品，积极开展与大学生群体的话题互动与引导，以大学生群体为对象建构具有归属感的共同信念，依法管理网络空间、优化网络环境等策略，以建构和提升大学生思想政治教育的网络话语权。[②] 钱敏等在梳理民族地区价值观形成逻辑变迁和摸透社会主义核心价值观在网络场域内传播机制的基础上，阐述了民族地区社会主义核心价值观网络话语传播力的提升策略，首先要充分利用民族文化与社会主义核心价值观的耦合点；其次要充分理解、把握和利用网络媒体在提供精神产品和传递价值形态的优势；再次要使用通俗易懂、接地气的方式对社会主义核心价值观进行解读；最后民族地区在培养社会主义核心价值观时要注意网络这一开放媒体对价值引导目标实现所带来的噪音。[③] 毛娜等认为网络思想政治教育对分众传播的运用存在着对受众信息需要匹配度不高、对推荐算法驾驭力不强、对大众传播补充性不足等问题，需要以定制化服务为基本导向，坚持内容为王，推进媒体深度融合，用主流价值导向驾驭算法等策略提升网络思想政治教育的传播影响力。[④] 商丹等认为社会网络要素与思想政治教育要素存在内在契合性，激发以教育者、教育对象作为节点，人际交往关系作为连接的人际网络效用，有助于提升思想政治教育要素有效性。其策

① 蒲伟、许佳辉：《增强高校网络思想政治教育实效性研究》，《思想教育研究》2008 年第 6 期。

② 魏晓文、李晓虹：《大学生思想政治教育网络话语权建构的策略探讨》，《思想理论教育》2014 年第 10 期。

③ 钱敏、邬盛根：《民族地区社会主义核心价值观网络话语传播力提升的策略研究》，《贵州民族研究》2019 年第 3 期。

④ 毛娜、胡树祥：《善用分众传播方式提升网络思想政治教育的传播影响力》，《思想教育研究》2020 年第 6 期。

略主要包括：一是通过建立节点的职业支持系统，提升教育者要素有效性；二是通过激发节点的交往主体意识，提升教育对象要素有效性；三是增强与社会交往的贴近性，提升教育目标要素有效性；四是依托社会网络科学化供给信息，提升教育内容要素有效性；五是着力建立关键的社会网络连接，提升教育方法要素有效性；六是调动网络结构力量，提升思想政治教育情境有效性。①

综上所述，学界对高校思想政治教育和高校网络思想政治教育提升策略的研究文献较为丰富，但其尚未对高校思想政治教育网络传播力提升策略展开深入研究。为此，通过构建科学的高校思想政治教育网络传播力评价模型，从网络传播主体、网络传播受众、网络传播内容、网络传播媒介、网络传播效果和网络传播风险六个维度，提出高校思想政治教育网络传播力的提升策略，为推动新媒体时代高校网络思想政治教育的理论研究与实践工作提供参考。

第三节　高校思想政治教育网络传播力评价研究的反思

2013 年 8 月 19 日，习近平总书记在全国宣传思想工作会议上强调，宣传思想工作创新，重点要抓好理念创新、手段创新、基层工作创新。理念创新，就是要保持思想的敏锐性和开放度，打破传统思维定势，努力以思想认识新飞跃打开工作新局面。手段创新，就是要积极探索有利于破解工作难题的新举措新办法，特别是要适应社会信息化持续推进的新情况，加快传统媒体和新兴媒体融合发展，充分运用新技术新应用创新媒体传播方式，占领信

① 商丹、董亚超：《社会网络视角下提升高校思想政治教育要素有效性的策略》，《思想理论教育导刊》2020 年第 11 期。

息传播制高点。基层工作创新，就是要把创新的重心放在基层一线，扎实做好抓基层、打基础的工作。[①] 历经多年的创新与发展，高校思想政治教育领域亟须开展面向新媒体时代的高校思想政治教育网络传播工作质量的科学评价。

开展高校思想政治教育网络传播力评价研究是一项有着鲜明中国特色的研究工作，是对高校培养社会主义合格建设者和可靠接班人整体状况的衡量，这一特色体现在高校思想政治教育网络传播力评价体系建设的方方面面。近年来，学界开展了大量高校网络思想政治教育评价的研究和探索，为构建高校思想政治教育网络传播力评价体系和开展高校思想政治教育网络传播力评价工作提供了丰富的经验和深厚的积累。此外，高校思想政治教育工作能否顺利展开，实践探索是一项重要的影响因素，只有不断地进行尝试和探索，才能使高校思想政治教育学科得以成长和突破，高校思想政治教育工作得以改进和优化。此外，开展高校思想政治教育网络传播力评价研究工作需要与时俱进、直面问题、开拓进取、不断完善。回顾高校思想政治教育网络传播力评价研究的已有成果，反思和改进今后的评价研究工作，需要回答好三个方面的核心问题。

一是高校思想政治教育网络传播力的评价标准是什么。高校思想政治教育网络传播力评价是一个复杂的系统工程，明确评价标准是开展好高校思想政治教育网络传播力评价研究的关键。高校思想政治教育网络传播力的评价标准总体上仍然相对笼统，存在评价标准缺乏统一准则、评价标准与评价政策不匹配、评价标准设置固化、评价标准教条实施等问题，高校思想政治教育网络传播力的评价标准亟须厘清界定。作为传播学的经典理论，“5W”传播理论和噪音理论既可以作为开展高校思想政治教育网络传播力评价研究的理论基础，也可以作为研究的评价标准。由此，本研究基于传播学的

① 《习近平关于社会主义文化建设论述摘编》，中央文献出版社 2017 年版，第 31 页。

"5W"传播理论和噪音理论，从网络传播主体、网络传播受众、网络传播内容、网络传播媒介、网络传播效果和网络传播风险六个维度开展了高校思想政治教育网络传播力的评价研究。其中，网络传播主体评价维度强调发挥"引领力"，把握网络思想政治教育主导性；网络传播受众强调发挥"主体性"，提高网络思想政治教育参与度；网络传播内容强调注重"原创性和丰富性"，增强网络思想政治教育吸引力；网络传播媒介强调"推广性与服务性"，适应网络思想政治教育传播的发展需求；网络传播效果强调"传播方式多样性"，提升网络思想政治教育有效性；网络传播风险强调透析"网络空间复杂性"，实现积极预防与有效应对。

二是高校思想政治教育网络传播力评价研究包含哪些内容。本研究在开展高校思想政治教育网络传播力的评价过程中发现，高校思想政治教育网络传播力评价研究的内容主要包括事实、效果和风险三个部分。其中，对于事实部分包括网络传播主体、网络传播受众、网络传播内容、网络传播媒介等的评价相对容易，这些维度在一定程度上都能够可见可查，具备较好的观测基础，而对于效果部分即网络传播效果和网络传播风险如何考察、如何测量却是学者们普遍认为的难点问题。基于传播学的经典理论和定性与定量相结合的研究方法，构建科学系统的高校思想政治教育网络传播力评价指标体系与评价模型，开展高校思想政治教育网络传播力评价研究成为一种创新评价模式。高校思想政治教育网络传播力评价研究的内容主要包括评价指标体系的构建、评价模型的构建、评价模型的应用。评价指标体系的构建，要在确保评价指标选取的科学性、合理性和可操作性的基础上，构建一个能够科学系统地反映高校思想政治教育网络传播力全部性能特征的评价指标体系；评价模型的构建，可以结合具有自主学习能力的深度学习算法，坚持科学性、先进性和有效性的原则，构建能够开展精准评价的高校思想政治教育网络传播力评价模型；评价模型的应用，可以借助评价指标体系与评价模型对全国高校的思想政治教育网络传播力展开科学评价，并对思想政治教育网络传播力的综合评价结果和各具体维度的评价结果进行分析解读。

三是高校思想政治教育网络传播力的评价在提升人才培养质量中发挥什么作用。在高校人才培养评价过程中，网络思想政治教育工作评价已经成为不可缺少的核心环节。高校网络思想政治教育工作评价既反映了工作现状，更着眼于通过评价总结经验、反思不足、反馈建议、不断改进，以形成高质量的工作闭环和良性循环的工作机制。开展高校思想政治教育工作评价已经成为一项常规制度，有关落实高校思想政治教育的中央会议精神的政府文件和实践活动也越来越丰富。2016 年，习近平总书记在全国高校思想政治工作会议上强调要坚持把立德树人作为中心环节，把思想政治工作贯穿教育教学全过程，实现全程育人、全方位育人，努力开创我国高等教育事业发展新局面；[①]2017 年，中共教育部党组发布了《高校思想政治工作质量提升工程实施纲要》，提出要充分发挥课程、科研、实践、文化、网络、心理、管理、服务、资助、组织等方面工作的育人功能，挖掘育人要素，完善育人机制，优化评价激励，强化实施保障，切实构建“十大”育人体系，[②]廓清了高校思想政治工作开展的范围与界限；2020 年，教育部等八部门发布《关于加快构建高校思想政治工作体系的意见》，将高校思想政治工作体系划分为理论武装体系、学科教学体系、日常教育体系、管理服务体系、安全稳定体系、队伍建设体系、评估督导体系等体系，[③]进一步为新时代加快构建高校思想政治工作体系提供了行动指南。近年来，为进一步贯彻落实中央精神，教育

① 新华社：《全国高校思想政治工作会议 12 月 7 日至 8 日在北京召开》，2016 年 12 月 8 日，见 https://www.gov.cn/xinwen/2016-12/08/content_5145253.htm#1。

② 中华人民共和国教育部：《中共教育部党组关于印发〈高校思想政治工作质量提升工程实施纲要〉的通知》，2017 年 12 月 6 日，见 http://www.moe.gov.cn/srcsite/A12/s7060/201712/t20171206_320698.html。

③ 中华人民共和国教育部：《教育部等八部门关于加快构建高校思想政治工作体系的意见》，2020 年 5 月 12 日，见 http://www.moe.gov.cn/srcsite/A12/moe_1407/s253/202005/t20200511_452697.html。

部也组织开展了大量网络思想政治教育创新实践活动，以中国大学生在线、易班网、全国高校思想政治工作网为牵引，建设网络宣传引导矩阵，加强校级新媒体平台和资源建设专项指导，开展高校思政类网络公众号建设成效评估，举办“全国大学生网络文化节”和“全国高校网络教育优秀作品推选展示活动”等。[①] 各高校纷纷出台网络思想政治教育工作体系、网络育人体系实施方案，不断探索高校网络思想政治教育新路径和新格局。学界也结合互联网时代特征，对高校网络思想政治教育评价工作展开了大量研究，研究的范围越来越宽泛，研究内容也越来越深入，不仅包括了对高校网络思想政治教育工作的整体评价研究，也包括对各个具体维度的评价研究。这些研究推进了高校网络思想政治教育工作评价的内涵与外延，也形成了一定的学术共同体。随着研究的不断深入和多学科的引入，高校网络思想政治教育评价工作将形成一个新的学科发展方向，不仅有利于这一研究领域走向专业化，也有利于为培养德智体美劳全面发展的社会主义建设者和接班人与担当民族复兴大任的时代新人贡献力量。

① 中华人民共和国教育部思政司：《教育部思想政治工作司 2022 年工作要点》，2022 年 3 月 3 日，见 http://www.moe.gov.cn/s78/A12/gongzuo/yaodian/202203/t20220303_604031.html。

第二章　高校思想政治教育网络传播力评价研究的概述

深入把握高校思想政治教育网络传播力的概念、内涵和特征，是进行高校思想政治教育网络传播力评价研究的前提和基础。本研究把传播学经典理论创造性地融入高校思想政治教育网络传播力的研究中，首先界定与高校思想政治教育网络传播力相关的概念，进而展开高校网络思想政治教育的传播学特征分析和高校思想政治教育网络传播的特征分析。

第一节　高校思想政治教育网络传播力相关概念的界定

随着互联网的发展，社会意识呈现出复杂多样的特征，高校思想政治教育工作进入了机遇与挑战并存的发展期。如何通过构建科学的高校思想政治教育网络传播力评价体系，评价高校网络思想政治教育工作，提升高校思想政治教育网络传播力是值得我们深入思考的一个重要课题。要全面剖析和深刻理解高校思想政治教育网络传播力的内涵、构建评价指标体系和评价模型、开展高校思想政治教育网络传播力评价研究，首先要厘清传播、传播力、网络传播力、高校思想政治教育网络化、高校思想政治教育网络传播力等核心概念。

一、传播

“传播”一词由来已久，《北史·突厥传》中便有“宜传播天下，咸使知闻”①。传播的概念可以通过不同的人类社会历史发展阶段、特定的社会环境背景加以界定。传播的发展可以划分为语言阶段、文字阶段、电讯阶段和互动阶段。

（一）语言阶段

安东尼·玛纳克认为，在12万—20万年前人类开始了说话的行为。②恩格斯认为共同劳动是人类从动物状态中脱离出来的根本原因，人类祖先通过进行简单劳动等行为，实际动手能力和大脑得以不断进化，当简单劳动难以满足生存需求以及制造工具的需求增加时，经验与知识的累积和发展就需要无数个体间进行密集且持续性的信息传递与交流，语言便由此产生。③语言是人与动物最基本的区别，语言的存在是人类传播思想的起源。语言能够适应传播的需要，扩展传播的范围。在语言阶段，传播更多地被定义为借助语言媒介，使信息（知识）得以保存并留传的手段。

（二）文字阶段

在文字产生之前，语言传播是通过人与人之间的“心记脑存”“口耳相传”实现的，信息传播过程中不免出现信息扭曲、错漏和重组等负面情况。为解决语言传播的局限性，文字的产生化解了语言传播导致信息扭曲等窘境，也为传播开拓了时间与空间的传播渠道，在语言传播的基础上进一步提高了传播的质量、广度和深度。文字阶段主要可分为文字的诞生与发展、记载物的

---

① （唐）李延寿:《北史》，中华书局1974年版，第3294页。

② 朝戈金:《口头·无形·非物质遗产漫议》，《读书》2003年第10期。

③ 《马克思恩格斯选集》第3卷，人民出版社2012年版，第989—991页。

简化两个阶段。① 我国文字产生最早可追溯至仓颉时期，文字通过“象形文字”等方式记载生活事件，而后逐步演化为“甲骨文”和“大小篆”等诸多文字形态。②③ 演变的文字反映着一个民族发展的历史底蕴、民族气节、人民风格和时代特色。

文字载体经历了从石头、青铜器向木板、竹简到羊皮、绢帛、纸张等逐步演化的进程。其中起到关键作用的是印刷术。从唐代雕版印刷术的发明开始，到宋代活字印刷术的发明和应用，印刷术的发明与传播破解了以往由于记载物笨重、价值昂贵、传播困难等造成的传播壁垒。标准化的文字、逐渐轻便的记载物为人们记载语言、描绘事件、传播信息、保存历史、还原经典提供了可能性，同时也冲破了知识的垄断，冲击了传播的特权，给整个世界带来了文明的曙光，人类传播由此真正进入大众传播时代。文字阶段，传播开始强调信息可通过文字等媒介做到时间上的永存、空间上的广布，形成纵横格局下的信息流动。大众传播时代的到来也意味着传播速度加快、传播范围广布、传播影响力持续加大。

（三）电讯阶段

1844 年莫尔斯发明电报，1876 年贝尔发明电话，1877 年爱迪生发明留声机，1882 年马瑞发明摄影机，这一系列发明标志着电讯时代的来临。随后广播、电视等新传播形式相继诞生。通过广播、电视作为媒介的电讯传播方式，直接扫清了时间、空间上对传播造成的障碍，传播真正开始不受地域、时间的限制，挣脱了传统纸媒在运输、印刷等环节中产生的束缚，开辟了新型、高速、便捷的传播方式。广播、电视通过转播的方式，以较短的时

① 邵培仁：《传播学（第三版）》，高等教育出版社 2015 年版，第 67—68 页。

② 罗筠筠、庄谦之：《“仓颉造字”说的形成与汉字内涵的演变》，《开放时代》2021 年第 3 期。

③ 陈五云：《汉字的起源和形成》，《上海师范大学学报（哲学社会科学版）》1996 年第 3 期。

间传播至各家各户，此时传播不再是通常意义上的大众传播，而是初步带有跨国特色的、无处不在的、无时不有的全球性传播。进入电讯阶段后，传播愈发受到各国重视。彼时，各国投入大量资金、人力发展信息传播科技，抢占信息传播市场。以电讯为媒介的信息传播领域被视为继“武器火拼时代”之后和平年代的“新型争霸领域”。同时，广播、电视媒介以语音、图像的方式传播信息，解决了文字传播中的“识字困境”，传播由“被动传播”向“主动传播”转变，传播领域形成了报纸、广播、电视“三足鼎立”的格局。① 在电讯阶段，传播以广播、电视等快速传播媒介为依托，形成了超越时空局限，跨越知识障碍，无国界式的信息传递方式。

（四）互动阶段

互动传播告别了大众传播时代的传统单方向传播形式，将信息供给主体和信息受众二者结合，实现双向互动。互动传播是指在信息传播过程中人类通过电脑等终端，综合多种媒体的优势丰富交流方式、增强信息传播的互动性，实现信息的识别、获取、交换、利用等多种功能的传播活动。自 1946 年世界上第一台电子计算机诞生，到 1957 年苏联成功发射第一颗人造地球卫星，再到 1969 年美国实现电脑对接并于 1980 年结成互联网络，1994 年世界各国纷纷提出“信息高速公路计划”，电脑技术发展速度加快，电脑进入千家万户。人们综合处理人际传播、组织传播和大众传播的主要媒介也转化为配合有各种软件及多媒体使用的电脑。

电脑的广泛应用不仅标志着人类进入了信息社会，也为后续进入综合传播时代打下基础。世界上第一部商业化手机诞生于 1973 年的美国，由当时的摩托罗拉工程师马丁·库帕主导发明。手机等移动通信设备的快速发展、普及，将信息化、综合传播化推向顶峰。1G —5G 移动通信设备的发展，也

① 杨保军：《扬弃：新闻媒介形态演变的基本规律》，《新闻大学》2019 年第 1 期。

预示着传播由大众传播向网络传播的转变。互动传播是在高度网络化的基础上演变形成的，除具有一般性的传播特点外，还具有独特的个性，如主动性、参与性、交谈性和操作性等，[①] 人们从以往只能被动接受其“不厌恶”的信息向主动追寻、索要信息和参与信息传播转变，人们逐步成为传播中重要且必不可缺的一环。互动传播真正做到“国界零距离”、“时间零误差”、“双向传导”和“连接紧密”。在互动阶段，传播是一种借助高度发达的电脑、手机等电子设备，在联系紧密的计算机网络中，将大量信息进行迅速传递、交流和使用的过程。

“传播”一词在新华词典中被解释为散布开来。随着现代通信设备的快速发展，信息可迅速、广泛地传播，传播学学者邵培仁将传播定义为人类通过某些符号和媒介交流信息以期发生相应变化的活动。[②] 学者查尔斯·库利站在社会学的视角下将传播定义为人与人之间赖以成立和发展的机制，包括表情、声调、语言等一切可在空间上得到传播、时间上得到保存的手段。[③]

通过梳理传播的四个发展阶段中国内外学者对传播的定义可以发现，各个阶段关于传播的概念均带有时代特色且各不相同，但总体而言都强调了信息传递和信息流动。人类社会正处于高度发达的信息传输互动时代，传播的数字化、互动性、快捷性、综合性、开放性、选择性赋予了传播不同的时代意义。

二、传播力

曼纽尔·卡斯特在《传播力》一书中指出，权力的本质来源于影响力，

① 梁广成：《互动传播在新媒体时代的嬗变》，《出版广角》2022 年第 3 期。

② 邵培仁：《传播学（第三版）》，高等教育出版社 2015 年版，第 59 页。

③ ［美］威尔伯·施拉姆、威廉·波特：《传播学概论》，陈亮、周立方、李启译，新华出版社 1984 年版，第 3 页。

而影响力意味着对他人的说服，这种说服通常需要利用带有策略性的传播方式。在此过程中，传播的权力也随之产生。社会秩序的合理维护、变更和每一次转变均依赖于有效地传播，传播力成为社会中一切权力运作的关键作用力。传播活动早已融入了日常生活中，而这种活动前所未有地依赖于技术平台所构建的日常生活场域。曼纽尔·卡斯特认为传播力在某种程度上即是权力，用传播树立和维护各种政治、经济、文化权力是极为重要的。①

“传播力”常被挂于口中，既像是畅游于大众传媒的流行词汇，又像是某种商业词汇。基于传播学界相关研究的立足点和出发点的差异，对传播力概念的认识有以下几种观点：一是以大众传媒为研究主体的“能力观”；一是以社会组织为研究主体的“力量观”或“效果观”；“综合观”则是嫁接二者的产物。②

（一）“能力观”

“能力观”着重强调将传播力视为一种能力。其中最具有代表性的是美国学者格雷厄姆·威廉姆森，他提出传播力是传播者或受众对信息成功地编码和解码的行为，为了有效实现传播，传播者或受众必须表现出某种特定的能力。③与格雷厄姆·威廉姆森的“能力观”观点相似的学者中，有学者认为传播力是传播方式的集合，是将信息传播效果发挥至最好的能力；也有学者认为传播力是信息到达受众从而产生效果的能力；还有学者认为传播力是媒体实现社会信息共享价值最大化的能力。④持“能力观”的学者强调传播

① ［美］曼纽尔·卡斯特：《传播力》，汤景泰、星辰译，社会科学文献出版社 2018 年版，第Ⅷ页。

② 张春华：《传播力：一个概念的界定与解析》，《求索》2011 年第 11 期。

③ Graham Williamson，*Communication Capacity*，2014-01-10，https://www.sltinfo.com/communication-capacity/.

④ 高金萍：《全球化视域下的中国电影海外传播力研究——基于 2000—2018 年中国电影的国际舆论分析》，《学术界》2020 年第 7 期。

力是在传播的过程中实现“到达受众”、“实现传播”和“信息价值最大化”的程度以及能力，实现程度越高，传播力越强，反之越弱。

（二）“力量观”

持“力量观”的学者更倾向于将传播力归因于某种“力量”，这种“力量”并非普遍意义上的“力”，而是一种软实力，是引导人们获得情感认同、价值认同等的重要力量。① 也有学者指出，仅仅单纯认为传播力是一种软实力的视野是狭隘的，传播力在某种程度上也是一种硬实力，主要表现在引导力，可以转化为生产力。传播力如果运用得当，其效用能够充分发挥，必将促进经济增长、社会再发展。② 持“力量观”的学者更多关注了传播力中促文化认同和促生产力两个优势层面，着重强调了“传播的力量”而非“传播力”，这显然忽视了对传播力本体概念的辨析，具有局限性。

（三）“效果观”

持“效果观”学者们的观点主要包括两个方面，即：传播效果优劣的关键取决于传播内容质量的好坏，以及传播影响和作用的简单总和即是传播效果。一方面，有学者认为传播力的根本来源在于传播内容，具有高度新颖性、内在价值的传播内容才能有好的传播效果，从而产生传播力；③ 另一方面，有学者认为传播效果是一种可在现实生活中产生影响的能力，且传播效果是由传播行为所触发的“合作用”，由此传播效果可与传播力画等号。④ 持“效果观”的学者强调传播过程中所产生的效果，传播效果愈佳即传播力

---

① 张春华、温卢：《重构关系：媒介融合背景下传播力提升的核心路径》，《新闻战线》2018 年第 13 期。

② 张春华：《传播力：一个概念的界定与解析》，《求索》2011 年第 11 期。

③ 谢锦添：《新时代高校校报助力“双一流”建设的路径》，《青年记者》2018 年第 20 期。

④ 沈正赋：《新媒体时代新闻舆论传播力、引导力、影响力和公信力的重构》，《现代传播（中国传媒大学学报）》2016 年第 5 期。

愈强。这种观点遭到其他学者的质疑，他们指出，要界定传播力，传播效果确实是一个需要着重考量的方面，但是单纯将传播效果等同于传播力是不科学不客观的。传播效果仅能衡量传播力的某些方面，二者之间仍然存在着本质的差异。

（四）“综合观”

有学者在将上述各种观点进行分析后，提出了“综合观”，认为传播力的概念并非一言即可概之，传播力是多维度、多层次的，是传播效果、媒体能力等的集合。“综合观”站在宏观视角上，综合全面地界定传播力，认为传播力的概念界定，会依据主体所处情境、立场的不同衍生出不同含义。持“综合观”的学者，强调传播力概念界定的可变性，概念界定难以一言以概之。

传播学界对传播力的认识，一是以大众媒体为重点的“能力观”，二是以社会组织为重点的“力量观”或“效果观”，其他观点则可归为上述观点交汇的产物。基于大众媒体的视角，传播力可界定为一种传达受众、影响社会、发挥媒体功能的能力；基于社会组织的视角，传播力界定更倾向于传播所能达到的效果，社会组织借助各类传播手段是否能成功地塑造符合其预期定位的自我形象。同时，关于传播力的核心价值具有差异性，例如对大众媒体而言，传播是其基本职能，因而其传播力的核心价值在于社会功能而非商业效应；对社会组织而言，传播仅是社会组织为达成某种目的的手段，传播力对其而言更多在于自身效益及形象塑造。通过对以上观点和论断的辨析，“综合观”更为全面，它将传播力界定为大众媒体及新兴媒体的力量，是大众媒体及新兴媒体通过某种特定的途径传达到受众并产生潜在影响的能力。

三、网络传播力

随着网络技术的快速发展，大众媒体呈现出百花齐放的局面。利用计算机网络、无线通信网，以计算机终端、移动终端为载体的新媒体横空出世。网络传播是20世纪90年代出现于传播学领域中的一个新型学术名词，区别于传统三大传媒（报纸、广播、电视），其主要强调将多媒体、数字技术纳入核心要素的带有一定国际性的互联网络传播。诗兰认为网络传播是以全球海量信息为背景、以海量参与者为对象，参与者同时又是信息接收与发布者并随时可以对信息作出反馈，它的文本形成与阅读是在各种文本之间随意链接，并以文化程度不同而形成各种意义的超文本中完成的。① 网络传播以互联网为载体，速度快、范围广、交互性强，具有大众传播的单向传播和人际传播的双向传播的特征。② 它不再单一依赖于纸质形式，而是通过网络，以数字形式将传播内容储存在某一介质上，并依托电子设备向网民进行无差别的信息生产、聚合、传播和反馈。

随着网络传播深入人们的生活，网络传播呈现出以下区别于现有传统传播媒介的特征。一是非线性的信息结构。③ 新媒体时代，传播通过计算机的控制并以多种媒体的方式进行，综合运用图像、文字、声音、动画、视频等形式生动直接地反映出所传播的信息，受众接受程度大大提高，信息壁垒得到破除。通过使用具有网络化的多媒体传播手段，受众接受的信息表现出非线性、结构化的特征。④ 二是传播类型的兼容性。⑤ 网络传播将原有各自割裂的人际传播、团体传播、大众传播等整合成具有独特特征的融合型传播模式，网络传播既可以像广播、电视等媒介实现由点及面的信息传播，也能实现点对点的个体间信息传播。网络传播类型的兼容性，使得综合性、融合

---

① 方兴东、严峰、钟祥铭：《大众传播的终结与数字传播的崛起——从大教堂到大集市的传播范式转变历程考察》，《现代传播（中国传媒大学学报）》2020年第7期。

② 张宇、任福兵：《基于AHP－熵权法的智库网络传播力评价研究》，《情报科学》2017年第3期。

③ 匡文波：《论网络传播学》，《国际新闻界》2001年第2期。

④ 张歌东、申家宁：《数字化时代的大众传播》，《现代传播》1999年第2期。

⑤ 张德育：《网络传播的个性化与现代人格的重塑》，《南京政治学院学报》2003年第1期。

性、多样化成为网络传播的特色。三是传播方式的交互性。[①]“交互”在分析各个传播阶段时均有涉及，网络传播将传播者和受众两种角色融合成一体，网络传播往往难以界定出谁是传播者、谁是受众，两种角色转换的契机仅是靠点击“转发”便可实现。四是传播主体的平等性。[②]专业的传播机构拥有专业的传播设备、固定空间、专业人员等，开启了传播的多样化、平等化，无论是何种职业，无论是处于何地，只要拥有可连接网络的设备便可实现传播。

通过对网络传播的概念梳理、特征分析，结合传播、传播力的概念，可更好剖析网络传播力的具体含义。首先，有学者在研究智库网络传播力时，将网络传播力界定为一种能力。区别于传统大众传播力，网络传播力是到达受众、产生影响、引领观点的一种能力，体现在传播广度、传播深度、传播强度和精度等方面。[③]随着社交媒体的崛起与发展，网络传播力开始逐步细化成新媒体平台传播力、搜索引擎传播力等微观层面的传播力。其次，也有学者指出网络传播力实际上可视为某种信息传播力，即通过某种渠道将信息内容传递给受众的能力以及该类传播活动可对受众产生的潜在影响力。[④]对网络传播力的衡量包含多个维度，即网络传播主体的能力、到达网络传播受众的效力，以及网络传播信息的内容特性等方面。综合已有的研究成果，网络传播力可以界定为网络传播主体通过多样化的网络媒体传播途径，将既定的信息精准地传递给受众，以快速实现有效传播的能力。

---

① 汤力峰、王学川：《自媒体环境下高校思想政治工作的创新》，《中国青年研究》2012年第3期。

② 骆郁廷、余杰：《疫情防控背景下网络舆论的特点及其引导》，《学校党建与思想教育》2020年第9期。

③ 张宇、任福兵：《基于AHP－熵权法的智库网络传播力评价研究》，《情报科学》2017年第3期。

④ 张莉曼、张向先、李中梅、卢恒：《基于BP神经网络的智库微信公众平台信息传播力评价研究》，《情报理论与实践》2018年第10期。

四、高校思想政治教育网络化

界定高校思想政治教育网络化的概念之前首先要明确网络化的具体含义。网络化是指利用通信技术和计算机技术，联结不同地点的计算机及各种电子终端设备，并按照规定的网络协议相互通信，从而实现用户间无阻碍的数据共享。① 高校思想政治教育网络化是指利用互联网联结成的空间广泛开展有目的、有计划、有组织的高校思想政治教育活动。

网络化发展创造了新兴的互动环境和交流空间，人们可通过网络方式实现全世界范围“零距离”交流，这样便捷的信息传播方式使得社会思想意识形态变得纷繁复杂。同时，信息传播方式的深刻变革也为高校思想政治教育注入了新的生命力。互联网作为现代社会全新的传播技术，影响和改变着人们的社会生活，互联网的普及不仅为高校思想政治教育提供了充足的教育资源，也拓展了高校思想政治教育工作的空间。此外，借助互联网特有的交互特征，网络思想政治教育工作区别于传统的课堂教育，其亲和力得到一定提升。因此，高校思想政治教育网络化是高校思想政治教育在新时代新技术条件下的必由之路。

（一）高校思想政治教育

习近平总书记指出，我们对高等教育的需要比以往任何时候都更加迫切，对科学知识和卓越人才的渴求比以往任何时候都更加强烈。高等教育要为人民服务，为中国共产党治国理政服务，为巩固和发展中国特色社会主义制度服务，为改革开放和社会主义现代化建设服务。要教育引导广大学生正确认识世界和中国发展大势，正确认识中国特色和国际比较，正确认识时代

① 李岩、曾维伦：《网络阅读对传播社会主义核心价值体系的影响与对策研究》，《河海大学学报（哲学社会科学版）》2012 年第 3 期。

责任和历史使命，正确认识远大抱负和脚踏实地。① 高等教育承担着立德树人的根本性任务，大学生的思想政治教育工作事关国家前途与民族命运，办好中国的大学，必须有中国特色，这个特色中最大的一点，就是要坚持社会主义办学方向。② 伴随中国特色社会主义进入新时代，高校思想政治教育也迈入了新征程，需因时而进、因势而新，不断肩负起新时代赋予的新使命。高校思想政治教育的首要使命就是用习近平新时代中国特色社会主义思想武装全体师生，培养出具有共产主义远大理想和中国特色社会主义共同理想的坚定信仰者和忠实实践者。③

一方面，无论是历史或是现实，均有力地证明了有效整合社会意识、保障社会秩序的公正有序、维持社会系统的正常运作离不开社会核心价值观的培育和弘扬，④ 核心价值观具有强大生命力、共鸣性、凝聚力，培养和践行社会主义核心价值观是新时代赋予高校思想政治教育的价值使命。另一方面，致力于培养出能够担当起民族复兴大任的时代新人是高校思想政治教育的重要目标之一。全面开展高校思想政治教育，有助于大学生了解中国的历史与现实，认识到中国正处于并将长期处于社会主义初级阶段的基本国情，国家仍有诸多现实矛盾亟待解决，身为青年一代要树立远大抱负以及脚踏实地的实干精神；认识到只有牢记历史经验、历史教训、历史警示，才能更好地面对现在的局面，为迎接更好的明天做准备；体会到“天下之本在国，国之本在家”⑤、家国命运紧紧相连的意识，将爱国精神内化

① 怀进鹏：《不断推动高校思想政治工作高质量发展》，2021 年 12 月 10 日，见 http://www.qstheory.cn/qshyjx/2021-12/10/c_1128149907.htm。

② 张汉静：《高校须坚持社会主义办学方向》，2016 年 12 月 22 日，见 http://theory.people.com.cn/n1/2016/1222/c40531-28968239.html。

③ 李芳：《习近平新时代中国特色社会主义思想融入高校思想政治教育研究》，《学校党建与思想教育》2018 年第 8 期。

④ 黄蓉生、崔健：《论新时代思想政治教育的学科使命》，《马克思主义理论学科研究》2018 年第 2 期。

⑤ 方勇译注：《孟子》，中华书局 2015 年版，第 132 页。

于心，外化于行。因此，要塑造师生坚定的理想信念，引导学生树立正确的历史观、民族观、国家观和文化观，打造文明、健康、有序、和谐的校园人文环境，为建设中国特色社会主义精神文明贡献力量。

（二）网络化的高校思想政治教育

目前的思想政治教育正处于全球化、信息化、文化多样化三大现实情境中，尤其是以网络为代表的现代传播技术将人类带向了生存和交流的新媒体时代。网络逐步成为各类思想交锋的主要阵地，网络舆论的发展、传播速度的加快，所产生的影响也呈倍数式增长。高校作为新思想、新理念发展的"天然沃土"，大学生群体常依托网络发表对于热点事件的看法，高校的网络空间由此也逐渐成为重要的舆论场之一。开展高校网络思想政治教育能够有效培养大学生辨别繁杂网络信息的能力，帮助他们树立成熟的世界观、人生观、价值观，并在复杂的网络环境中守住本心。

互联网在给高校思想政治教育带来挑战的同时，也孕育了思想政治教育创新发展的新契机，思想政治教育借助网络焕发出崭新的活力。网络与思想政治教育的融合突破了两者原有的边界，产生了区别于传统思想政治教育的新功能。一是思想政治教育网络化的导向与引领功能。主要包括理想信念导向、奋斗目标导向、行为规范导向三个方面，即通过正面宣传与教育引导受教育者树立起远大的理想信念、正确的奋斗目标和规范的行为准则。二是思想政治教育网络化的覆盖与渗透功能。网络载体通过覆盖无限空间，实现全面性、零距离、全天候、广范围的传播，形成"一对多""多对一""多对多"的网络思想政治教育格局。同时，思想政治教育者能够利用网络营造出平等、和谐、友善的沟通与交流氛围，使思想政治知识能够以潜移默化、润物无声的方式深入大学生的头脑和内心。三是思想政治教育网络化的改革与创新功能。网络思想政治教育是一种完全不同于传统思想政治教育的、带有鲜明时代特征的新兴教育模式。网络思想政治教育突破了传统思想政治教育模式的缺陷，使先进、有效的教育经验与方法得到迅速推广，极大地提升了思想政治教育的传播效果。四是思想政治教育网络化的教育与培养功能。思想政治教育传播过程中的诸多要素已然发生了极大的变化，比如思想政治教育传播工具与传播渠道的变革等，使思想政治教育依托网络媒介跨越了传统思想政治教育传播方式的局限性，更好地发挥了教育与培养功能。

总体来看，高校思想政治教育手段需应时而变，才能满足新媒体时代高等教育发展的要求。网络是最具创造力的媒介，高校思想政治教育网络化是时代的必然选择。

五、高校思想政治教育网络传播力

综观现有文献，学界尚未对高校思想政治教育网络传播力的概念与内涵展开深入研究。结合传播力、网络传播力与高校思想政治教育网络化等的概念、内涵和特征，本研究进一步将高校思想政治教育网络传播力的概念界定为高校以习近平新时代中国特色社会主义思想为指导，以社会主义核心价值观为引领，以立德树人为根本任务，将根据一定社会要求和时代要求形成的思想意识、价值观念和道德规范等内容，借助网络传播渠道有步骤地输送给大学生的能力和效力。结合高校思想政治教育网络传播力的概念，研究运用“5W”传播理论从网络传播主体、网络传播受众、网络传播内容、网络传播媒介、网络传播效果和网络传播风险六个方面开展了高校思想政治教育网络传播力评价研究。

第二节　高校网络思想政治教育的传播学特征分析

传播与高校网络思想政治教育分别归属为传播学和思想政治教育学两个学科领域，从学科归属来看似乎关联性不明显，但随着网络传播技术的快速发展，学者们纷纷将网络传播与自身的研究领域结合起来，利用网络这种新型渠道突破传统思想政治教育的传播瓶颈，显著提升了思想政治教育的传播效果。高校网络思想政治教育与传播在学术渊源、活动目的、构成要素、运行机制等方面具有高度的可通约性。本书从传播学的要素、类型、功能、过程、目的等方面出发，探究高校思想政治教育网络传播具有的传播学特征，深入理解高校思想政治教育网络传播的概念与内涵以及实现网络化传播的现实意义，从而助力高校思想政治教育网络传播力评价研究的开展。

一、高校网络思想政治教育具有传播学要素、类型上的特征

从要素上看，高校网络思想政治教育是一个系统，是由诸多要素相互作用、相互关联而共同构成的系统。高校网络思想政治教育的要素可以概括为教育者、受教育者、教育内容、教育方法四个方面。教育者是指高校网络思想政治教育活动的组织者、实施者和调控者，是影响和制约高校网络思想政治教育效果的主导因素；受教育者即大学生是高校网络思想政治教育的主要对象和主要接受者，是影响和制约高校网络思想政治教育效果的内在因素；教育内容是高校网络思想政治教育活动中教育者传递给受教育者的有效信息，是连接教育者与受教育者的信息纽带，是影响和制约高校网络思想政治教育效果的重要因素；教育方法是指为达到高校网络思想政治教育的目的所采取的手段、方式和技巧，是影响和制约教育效果的策略因素。① 在对高校网络思想政治教育的要素进行分析的过程中，可以发现高校网络思想政治教育活动中的上述要素与“5W”传播理论中组成传播活动的相关要素具有高度的相似性。比如，传播活动中的传播主体、传播受众即为高校网络思想政治教育中的教育者、受教育者；传播活动中的传播内容、传播媒介即为高校

① 姜晓丽：《大学生网络思想政治教育实效性评价体系研究》，《思想教育研究》2010 年第 6 期。

网络思想政治教育中的内容、载体。同时，传播过程中的编码、解码、反应和反馈等环节在高校网络思想政治教育中也有所体现。比如，编码可视为教育者将信息符号化的过程；解码可视为受教育者接受、加工、利用教育内容的过程；反应即为受教育者在经历思想政治教育后所作出的态度、行为等方面的变化；反馈可视为受教育者的态度、思想等变化对教育者的反向作用和影响。

从类型上看，传播是人类社会发展进程中一种信息交流活动，按照主体数量和类型可以分为个体传播、群体传播、组织传播和大众传播。与传播类似，高校网络思想政治教育按教育传播主体的不同也可细分为以下四种类型：① 一是以自我为传播本体的高校网络思想政治教育，此类传播类型通常表现为教育主体的自我思考、自我反思、自我教化等；二是人际间的高校网络思想政治教育，此类型是借助网络传播媒介来进行的两人或者两人以上的间接沟通与交流；三是高校组织内外的网络思想政治教育，此类型是指高校组织成员之间、组织内部机构之间、组织与更大的社会环境之间的信息交流；四是大众网络思想政治教育，此类型是以特定的多数人为传播对象而进行的大规模的信息生产和传播。其中，高校组织内外的网络思想政治教育和大众网络思想政治教育的主要区别在于开展网络思想政治教育的范围和规模的不同。

二、高校网络思想政治教育具有传播学功能上的特征

在传播学研究中，不同的学派对传播功能作出了不同界定。1948 年，哈罗德·拉斯韦尔在《社会传播的结构与功能》一书中对传播的功能进行了详细的阐述，他提出的“三功能说”认为传播主要包括环境监控功能、社会

① 张雷：《基于传播理论的大学生思想政治教育有效接受研究》，广西师范大学博士学位论文，2014 年，第 27—28 页。

协调功能和社会遗产传承功能；① 美国学者赖特进一步完善了“三功能说”，并在 1959 年发表的《大众传播：功能的探讨》一书中提出了“四功能说”，即传播具有环境监视、解释与规定、社会化、提供娱乐四种功能；②“传播学之父”——威尔伯·施拉姆从政治功能、经济功能、一般社会功能三个方向总结了传播的功能。③ 学者们所提出的各种传播功能实际上具有一定的共通性，即承认传播的社会功能或政治功能，而高校网络思想政治教育同样具有此类功能，具体而言就是具有传播学意义上的宣传功能、议程设置功能、道德教养功能和示范功能。

从宣传功能来看，高校网络思想政治教育者利用各种新媒体平台向受教育者传播思想政治知识、阐明党和国家的相关方针政策以及传达相关国家意志。高校网络思想政治教育的这种功能具有典型的传播学意义上的宣传功能，能够促进思想政治教育内容在最大范围内的传播，达到思想政治教育的宣传效果。

从议程设置功能来看，高校网络思想政治教育者运用网络平台反复呈现某类思想政治教育内容，强化该内容在大学生心目中的重要程度，让大学生按其设定的议题进行同步思考，引发大学生的讨论，最终实现转变大学生思想和行为的目的。高校网络思想政治教育的这种议程设置功能具有传播学意义。

从道德教养功能来看，高校网络思想政治教育者以社会主义核心价值体系为指针，利用网络平台对大学生进行理想信念及价值观、人生观教育，并积极拓展大学生网络思想道德教育。同时，运用榜样人物的事迹塑

① ［美］哈罗德·拉斯韦尔：《社会传播的结构与功能》，何道宽译，中国传媒大学出版社 2017 年版，第 37 页。

② 郭庆光：《传播学教程（第二版）》，中国人民大学出版社 2011 年版，第 100—103 页。

③ ［美］威尔伯·施拉姆、威廉·波特：《传播学概论》，陈亮、周立方、李启译，新华出版社 1984 年版，第 19 页。

造大学生的社会道德标尺，并利用网络传播这些事迹，以提升高校道德教育的效果。高校网络思想政治教育的道德教养功能同样具有传播学的典型特征。

从示范功能来看，榜样示范是高校网络思想政治教育中常见的教育手段。高校网络思想政治教育依托网络新媒体，通过对军队英雄人物、科技领军人才、优秀志愿者等英雄模范人物进行广泛深入的宣传，提高大学生的思想品质，实现以榜样的精神鼓舞人、以榜样的力量激励人的思想政治教育目标。高校网络思想政治教育的示范功能也同样具有传播学的典型特征。

三、高校网络思想政治教育具有传播学过程、目的上的特征

从过程上来看，高校网络思想政治教育与传播学在运行机制上具有高度的相似性。高校网络思想政治教育过程是思想政治教育者通过网络媒介向受教育者输出教育内容，以引起受教育者思想意识、行为方式等产生变化的过程，而教育环境深刻地影响着高校网络思想政治教育的各个要素及整个运行过程。同时，传播过程是传播主体利用传播媒介对传播受众实施一定内容的传播，传播环境、噪音等会对整个传播过程造成或好或坏的影响。由此可以发现，高校网络思想政治教育与传播活动在运行环节和基本流程上基本一致。

从目的上来看，高校网络思想政治教育是一种以培育大学生思想观念为主要目的，具有鲜明导向性的价值观教育活动。而传播活动的作用是经由传播媒介传送某些讯息，有目的、有针对性地影响他人，也就是影响传播受众的思想、达成价值观念的共识和实现行为的转变。由此可以发现，无论是高校网络思想政治教育，还是包括语言传播、大众传播、网络传播等在内的传播活动的目的都是为了影响受众的情感、思想和行为，两者在传播目的上具有高度的一致性。

四、高校网络思想政治教育与网络传播的互促共生关系

高校网络思想政治教育与网络传播不仅存在理论层面的关联性，在现实层面也存在着互促共生关系。网络传播使高校网络思想政治教育焕发出崭新的活力，高校网络思想政治教育使得网络传播的内容更加丰富，更加具有思想性和先进性。高校网络思想政治教育与网络传播的互促共生关系主要体现在以下三个方面。

第一，网络传播极大地拓展了高校网络思想政治教育的时空。第一，“四通八达”的网络传播系统能为高校网络思想政治教育的全方位开展提供有力支撑，使得大学生对思想政治教育信息获取的时间和地点不受限制；第二，网络传播能够给受教育者和教育者建立一个平等交互的平台，这种平台催生的新型师生交往模式可以有效地拉近双方的心理距离；第三，网络传播带来的时间上的灵活性使得高校网络思想政治教育有了更多的选择性自由，极大地便利了师生的日常生活；第四，网络传播开辟了高校网络思想政治教育“多维立体式”的新型教育模式，更能迎合大学生群体的特点并有效提升网络思想政治教育效果。

第二，网络传播极大地丰富了高校网络思想政治教育的方法和手段。高校网络思想政治教育是将网络视为一种载体或工具，并加以充分运用来丰富和完善现实的思想政治教育活动。由于网络传播可以通过文、图、声、像等各种手段将信息以集知识性、娱乐性、趣味性和政治性于一体的形式予以呈现，因此，高校网络思想政治教育内容能够做到图文并茂，声像俱全。高校把优质的思想政治教育资源通过这种大学生群体喜闻乐见的形式推送出来，大大提高了大学生主动参与思想政治教育活动的积极性。比如，把爱国主义、集体主义、社会主义等教育内容制成思想政治教育纪录片输入网络，能够起到化抽象为形象、变枯燥为生动的效果，增强高校思想政治教育活动的吸引力和感染力。这些拓展高校思想政治教育的新路径有效提升了思想政治

教育效果。

第三，高校网络思想政治教育能够有效提高大学生面对复杂网络传播内容的甄别能力。网络世界绚丽多彩，网络在为人类社会带来便利和巨大效益的同时，也带来了负面效应和多重考验。其中，网络高度的包容性和隐匿性导致网络呈现出来的价值观念多元、信息良莠不齐，使得大学生的健康成长面临严峻考验。高校思想政治教育起到了“过滤器”的作用，通过教会大学生有选择地汲取有效信息，帮助大学生筛除负面信息，使大学生充分掌握高效率甄别信息的技能，将富有营养的信息符号内化吸收，充分发挥了高校思想政治教育在培育大学生树立正确世界观、人生观和价值观过程中的重要作用。

综上所述，高校网络思想政治教育具有传播学的典型特征。传播学与高校网络思想政治教育的紧密结合，极大地丰富了传播学的理论内涵和实践活动。同时，高校思想政治教育也只有牢牢把握并善于利用传播媒介，尤其是网络传播媒介，才能重新焕发出生生不息的前进动力，实现传播效果的最大化。

第三节　高校思想政治教育网络传播的特征分析

高校思想政治教育网络传播的方向是网络传播学与思想政治教育学的交叉研究，具有显著的综合性、复杂性和独特性。通过对高校思想政治教育网络传播的特征进行分析，有利于进一步把握高校思想政治教育网络传播的本质与内涵，为科学选取高校思想政治教育网络传播力评价指标，全面构建高校思想政治教育网络传播力评价指标体系提供研究参考。具体而言，高校思想政治教育网络传播具有时代性、导向性、开放性、互动性、流变性和累积性。

时代性。随着时代的发展变化，高校思想政治教育网络传播的内容和传播方式必然会随之迭代更新，不断演化出区别于以往并带有鲜明时代特色的思想政治教育内容。时代性表明高校思想政治教育网络传播的内容应始终具有时代感、现实性和针对性，反映具有时代特质的思想内容，实现因事而化、因时而进、因势而新，紧跟社会发展的步伐，响应时代的呼声。

导向性。高校思想政治教育网络传播的目的是培养大学生优良的思想道德品质，引导大学生树立社会主义核心价值观。具体而言，就是高校思想政治教育者运用启发、动员、教育、监督、批评等方式，把大学生的思想和行为引导到社会发展要求的正确方向上来，帮助他们构建符合社会发展需要的思想道德观念和认知系统。因此，高校思想政治教育网络传播具有鲜明的价值导向性。

开放性。高校思想政治教育网络传播空间是一个开放的环境，在这个开放的网络环境中，每个大学生都有平等参与，进行表达、交流的权利和自由。同时，网络技术的发展使思想政治教育信息的传播和交流突破了传统意义上地理疆域的限制，从而使得高校思想政治教育网络传播空间具有了开放性。

互动性。互联网成功拉近了高校思想政治教育者与大学生之间的距离，大学生可以主动选择自身所需要的思想政治教育信息并对其发表自己的看法，实现线上实时互动。高校思想政治教育网络传播不再是单一输送式传播，而是转变为多向互动式传播。高校思想政治教育网络传播的多向互动能力大大增强，不仅能够实现个人与个人的“点对点”式互动，还能够实现个人与群体的“点对面”式互动，甚至是群体与群体的“面对面”式的互动。

流变性。伴随着移动互联技术的快速发展，大学生可以随时随地在网络中获取和发布思想政治教育的相关信息，这些信息的流动、切换和传播越来越快，带来了高校思想政治教育网络传播的流变性。这种流变性主要体现在思想政治教育内容的不断切换与思想政治教育主客体的不断转换。在网络空间中，由于网络思想政治教育传播内容不断更新，大学生交流与互动的内容也不断变换，使教育的主客体关系也随之而发生转换。在网络中传播思想政治教育信息影响他人的就成为教育主体，反之则成为网络思想政治教育的客体。

累积性。网络中所传播的内容能够以数据形式进行海量存储，以网络为信息媒介的各项传播活动具有显著的累积效果。网络传播的这种累积性意味着高校思想政治教育网络传播的内容和传播效果也能够实现有效累积，并呈现“滚雪球”式的增长，从而实现高校思想政治教育网络传播效果的最大化。

第三章 高校思想政治教育网络传播力评价研究的理论框架

高校思想政治教育网络传播力评价研究的理论框架为开展高校思想政治教育网络传播力的评价研究奠定了逻辑理路和思想基础。高校思想政治教育网络传播力评价研究离不开传播学等学科的支撑，因此不仅要从传播学等的经典理论出发开展研究，更要推陈出新，结合新媒体时代特征系统地梳理高校思想政治教育网络传播力评价研究的理论基础。随着信息技术的发展，作为思想政治教育学和传播学以及其他学科的交叉研究，高校思想政治教育网络传播力评价研究的理论框架不仅涵盖思想政治教育学和传播学，也包括信息技术学、管理学和社会学等多个学科的相关理论。这些理论要素之间不是单一的、孤立的、分割的个体，而是构成了统一的、体系自洽的、逻辑连贯的高校思想政治教育网络传播力的理论体系，这一体系随着研究的深入逐步形成了相互关联、相互交织的研究网络。

第一节 高校思想政治教育网络传播力的理论基础

高校思想政治教育网络传播力评价研究的理论基础作为研究的核心内

容，直接影响到评价工作能否顺利开展。研究的理论基础不仅为高校思想政治教育网络传播力评价研究提供了理论支撑，同时也为高校思想政治教育网络传播力评价工作的实施提供了目标和方向。高校思想政治教育网络传播力评价研究的理论基础主要包括思想政治教育接受理论、思想政治教育载体理论、“5W”传播理论、“使用与满足”理论、“把关人”理论、“意见领袖”理论和噪音理论。

一、思想政治教育接受理论

思想政治教育接受理论是思想政治教育研究的重要内容之一，是在借鉴和吸收西方解释学中的理解理论和传播学的受众理论等诸多理论的基础上，实现思想政治教育和接受理论的有效融合而形成的全新理论形式。[①] 思想政治教育接受是指思想政治教育接受主体出于自身需要，在环境作用影响下通过某些中介对接受客体进行反映、选择、整合、内化、外化等多环节构成的、联结的、完整的活动过程。通过有效接受，社会和社会群体一定的思想观念、政治观念、道德规范就可以被内化为接受主体的品德思想，并外化为品德行为。[②]

思想政治教育传播是开展对受教育者传输思想政治教育信息的工作，这就决定了思想政治教育传播工作的初衷和最终落脚点都是受教育者。在整个思想政治教育活动中，思想政治教育接受环节反映了教育者和受教育者彼此之间的关系。这一理论强调思想政治教育的研究视角需要从教育者身上转移到受教育者的接受活动上来，要重视发挥受教育者的主体能动性，把握思想政治教育接受过程的特点和规律，以受教育者为出发点，研究受教育者在思想政治教育中对相关信息内容接受的过程、机制、心理、规律、效果等方面

① 任艳妮：《大众传媒环境下大学生思想政治教育传播有效性研究》，西北工业大学博士学位论文，2015 年，第 58 页。

② 张耀灿等：《现代思想政治教育学》，人民出版社 2006 年版，第 191 页。

的问题。[1]思想政治教育接受理论从接受过程的实效性出发，强调对受教育者和接受环境的研究，从受教育者的角度来分析和研究思想政治教育活动的有效性问题，从而为高校网络思想政治教育传播力评价研究提供了新的理论视域。

二、思想政治教育载体理论

“载体”的基本含义之一泛指能够承载其他事物的事物。[2]“载体”的概念最早出现在科技领域，但随着科学技术和学科的发展，载体这一概念逐渐被广泛运用于多种学科，如思想政治教育学，并得到很好的延伸和发展。对于思想政治教育载体论，学界对其内涵及本质的认识仍然各有己见。

目前，学界对于思想政治教育载体概念的认识有“活动论”、“要素论”和“中介论”等几种具有代表性的观点。“活动论”认为，思想政治教育载体是一种活动或活动形式，是能够使具有思想政治教育因素的事物发挥教育作用的活动及过程；[3]“要素论”认为，思想政治教育载体是思想政治教育的基本要素之一，是连接教育主体与教育客体之间的桥梁和纽带；[4]“中介论”认为，思想政治教育载体是指在思想政治教育过程中承载和传递思想政治教育信息，能为思想政治教育主体所操作并与思想政治教育客体发生联系的一种物质存在方式和外在表现形态。[5]无论是“活动论”“要素论”，还是“中介论”，学者们对于思想政治教育载体必须具备的基本条件已达成共识，即思想政治教育的载体能够承载思想政治教育信息，能够为思想政

---

① 刘建军：《接受理论对思想政治教育的启示》，《教学与研究》2000年第2期。

② 中国社会科学院语言研究所词典编辑室编：《现代汉语词典（第7版）》，商务印书馆2016年版，第1630页。

③ 赵野田：《试论思想政治教育的载体》，《思想教育研究》1999年第2期。

④ 曾令辉、贺才乐、陈敏：《思想政治教育载体研究的回顾与展望》，《思想教育研究》2014年第10期。

⑤ 何海兵：《思想政治教育载体的特征探析》，《理论与改革》2003年第5期。

治教育者所利用，并能够使教育主客体之间发生互动联系的活动形式和物质实体。①

新媒体时代的到来为思想政治教育载体的创新转型提供了技术可能，传统的思想政治教育载体逐渐向现代媒体转变。这种转变丰富了思想政治教育载体的形式，拓展了思想政治教育载体的空间，有效地评估了思想政治教育载体的效度，形成了思想政治教育载体合力。现代传媒载体在大学生群体中具有的影响力越来越大，高校应该更加重视思想政治教育过程中的载体创新，充分发挥思想政治教育载体在高校思想政治教育过程中的服务作用。

三、"5W"传播理论

1948 年，美国学者哈罗德·拉斯韦尔首次提出"5W"传播理论。该理论认为衡量广告传播的效果主要包括五个关键要素，分别为 Who（谁）、Says What（说什么）、In Which Channel（通过什么渠道）、To Whom（对谁说）和 With What Effect（取得什么效果），即传播主体、传播内容、传播媒介、传播受众和传播效果。②"5W"传播理论将传播过程创新性地划分为五大关键要素，并相应分割出五大传播研究领域，以截断式的视角研究了整个传播过程。随着传播学研究领域的不断扩大，以及与其他学科的不断交织，"5W"传播理论被广泛应用于诸多相关学科的研究之中。

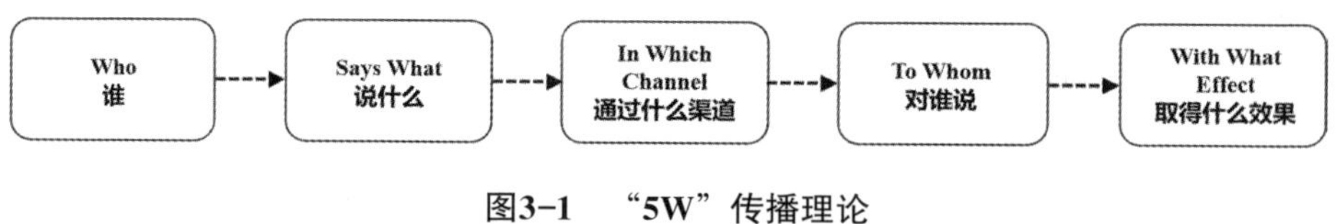

图3-1 "5W"传播理论

① 张耀灿等：《现代思想政治教育学》，人民出版社 2006 年版，第 393 页。

② ［美］哈罗德·拉斯韦尔：《社会传播的结构与功能》，何道宽译，中国传媒大学出版社 2017 年版，第 35 页。

四、“使用与满足”理论

“使用与满足”理论是由卡兹等人首先提出的。卡兹在《个人对大众传播的使用》一书中强调了社会需求、心理需求、个人差异在媒介使用中的重要性。[①]“使用与满足”理论以受众为切入点，在分析受众对媒介的使用动机与需求满足的基础上，分析了大众传播给个人带来的心理或行为上的价值效用。[②]“使用与满足”理论强调关注受众的主观能动性，将个体的媒介接触活动视为满足自身某种特定需求动机的使用行为。

在“使用与满足”理论的发展初期，受众是研究的重点，且因为这一理论强调受众的主观能动性，所以受众的性格特质、社会属性等个体差异也成为这一理论关注的重点内容。伴随着新媒体的产生与发展，传播者与传播受众之间的界限开始模糊起来，他们之间的交互方式以及传播的内容与时空等都发生了巨大改变，这一理论也从最初关注“受众”这一单一主体转向受众的使用动机、使用行为、互动内容等诸多方面。此外，新媒体形式的多样化也使学者们开始关注媒介类型、媒介内容等变量与受众“使用与满足”之间的关联性。

五、“把关人”理论

“把关人”理论主要指在整个传播过程中，传播主体始终不可避免地会站在个人角度与立场来进行传播信息的筛选，这种筛选行为即是“把关”，进行具体行为的个体或群体被称为“把关人”。卢因认为“把关人”

---

① 刘建明：《中国共产党宣传家是传播学主要原理的首创者》，《现代传播（中国传媒大学学报）》2011 年第 10 期。

② Katz E.，Blumler J.G.，Gurevitch，“The Uses of Mass Communications：Current Perspectives on Gratifications Research”，*Sage Annual Reviews of Communication Research Volume III*，Vol.37，No.4（1974），pp.19-32.

布满了整个信息传播网络，仅有与“把关人”价值观念相符合或符合社会群体规范的信息内容才有可能进入传播网络。① 怀特将“把关人”的概念引入传播学领域，他认为各色传媒组织扮演着大众传播中最关键的“把关人”角色，新闻媒体所报道的内容是经历层层筛选与有倾向性地加工后，才能向大众传播。②“把关人”理论强调媒介的大众传播并非是“客观中立”的，而是根据媒介的立场、价值观念、社会文化等对信息进行取舍、选择和加工。③ 此外，“把关”是一个具有系统性、多环节、强组织的传播把控过程，虽然具体把关环节由“把关人”个体操作，并会受到受众需求、媒体经营目的等因素的制约，但总体上把关结果是媒体组织的价值倾向和方针政策的体现，符合主流利益的内容会得以优先传播。

新闻传播学领域中的媒介“把关”主要分为四个阶段：④ 一是信息的收集。这一阶段强调对信息来源进行初筛和监控，在纷繁复杂的信息中寻找具有传播价值、思想深度、警示意义的具体信息。二是信息的过滤。针对传播受众的具体需求和传播所需达成的目的对信息进行层层过滤，这些信息带有较强的目的性和侧重性。三是信息的处理。这一阶段强调把控信息的表现形式，转换加工信息，并制作成可传播的有效符号。四是信息的传播。这一阶段强调严格对信息传播工具进行把关，并依据传播内容的特性选择适当的工具进行传播。

---

① Lewin K.,“Frontiers in Group Dynamics : II. Channels of Group Life; Social Planning and Action Research”, *Human Relations*, Vol.1, No.2 (November 1947), pp.143-153.

② 米华全：《新时代高校网络意识形态建设研究》，电子科技大学博士学位论文，2020 年，第 31 页。

③ 张雷：《基于传播理论的大学生思想政治教育有效接受研究》，广西师范大学博士学位论文，2014 年，第 77 页。

④ Lewin K.,“Frontiers in Group Dynamics : II. Channels of Group Life; Social Planning and Action Research”, *Human Relations*, Vol.1, No.2 (November 1947), pp.143-153.

六、“意见领袖”理论

20 世纪 40 年代，拉扎斯菲尔德在《人民的选择》一书中率先提出了“意见领袖”的概念，他认为“意见领袖”是有能力较大范围地接触到传播媒介并能将信息有效传递给其他成员的中介者，是信息传播的主力军和对他人施加影响的“活跃分子”，在群体中常常起到主导作用。①传播的“意见领袖”并非单一固定的主体，而是随着时空条件、人际关系、社会地位的变化而变化。“意见领袖”均匀分布于社会各个阶层与群体中，绝不是某阶层特定独有的。②

值得关注的是，在大众传播时代“两级传播”理论同“意见领袖”理论相生相伴，提及一个，另一个必然随之牵出。最初的“两级传播”理论表述为信息从广播和印刷媒介流向“意见领袖”，再从“意见领袖”传递给那些不太活跃的人群。③“两级”其中的一级是信息从大众媒介流向“意见领袖”；另一级则是“意见领袖”对大众传播信息吸纳并过滤后再传给一般大众。④“意见领袖”在两级传播中扮演着中介角色，同时暗含着几项重要的功能：首先是加工与解释的功能，“意见领袖”在接受、传播信息时也对信息加以个性化加工，随后再发生二次传播；其次是扩散与传播功能，大众传媒所传播的信息难以实现贯通式传播，面对传播所难以达到的群体，“意见领袖”通常发挥着关键作用；再次是支配与引导功能，“意见领袖”不论是加工还是传

---

① 周葆华、冯钰婷：《新媒体事件中的传播关键节点：基于“两微一端”的跨事件、跨平台计算传播研究》，《新闻与写作》2023 年第 5 期。

② 胡江伟：《微博公共情绪传播及其管理研究》，南昌大学博士学位论文，2019 年，第 51 页。

③ Fisher R. A., “Some Remarks on the Methods Formulated in a Recent Article on ‘The Quantitative Analysis of Plant Growth’”, *Annals of Applied Biology*, Vol.7, No.4 (February 1921), pp.367-372.

④ 周大勇、王秀艳：《互联网信息背景下经典传播理论的弱化与新变》，《图书馆学研究》2016 年第 18 期。

播信息，都是旨在对被追随者和被传播者进行意见引导和思想灌输；最后是协调或干扰功能，传播主体所传播的信息若能得到“意见领袖”的认可且符合“意见领袖”的需要，“意见领袖”将发挥出积极的促进作用，反之可能产生逆反效应，使得传播受阻。① 总之，“意见领袖”的中介性质是复杂、多面的，其影响力具有极大弹性，要辩证地看待传播过程中“意见领袖”的功能。

七、噪音理论

信息噪音是由信息论创始人香农从工程技术视角出发提出的新概念。香农认为信息传播之所以会出现“噪音”，主要是由于技术不完善或产生故障等原因而造成信号收送过程中的信息失真。②

随着信息技术的发展，产生于技术层面的“噪音”问题已大大减少，但是伴随而来的是其他“噪音”的逐渐显现，如各种网络谣言和网络负面信息。网络谣言的肆意蔓延不仅阻隔了受众接受真实信息的渠道，也滋生出社会恐慌、愤怒等负面情绪；不良的网络信息，包括网络暴力、网络色情、网络迷信等信息极易对受众产生负面影响；危害公共安全的信息传播，随着手机等移动设备的大规模使用变得轻而易举；网络病毒信息的传送，也随着网络移动设备使用的便利化而更加快捷，让网民深受其扰。这些类型的信息都被称为网络传播中的绝对噪音，而手机等便捷式传播媒介的产生与快速发展为这些噪音的泛滥提供了可乘之机。此外，网络传播主体的多元化、传播内容来源的无限化、传播途径的隐蔽性、传播过程的交互性等也成为这些信息噪音增多的隐性原因。

总体来看，思想政治教育学和传播学是高校思想政治教育网络传播力评

① 尚俊杰、霍晓丹、孙也程：《高校网络舆论领袖的作用及其引导策略》，《中国青年研究》2010 年第 8 期。

② 王文军：《法治新闻报道的传播学分析》，《法学》2011 年第 9 期。

价研究的理论来源和学科基础，两者虽学科不同源，但理论同质。本研究以网络传播力水平作为切入点，对高校网络思想政治教育有效性问题进行了探讨。传播学是开展高校网络思想政治教育研究中最重要的理论来源之一，开展此项研究就是从传播学的视角来探讨高校网络思想政治教育的有效性问题。具体而言，就是运用“5W”传播理论、“使用与满足”理论、“把关人”理论、“意见领袖”理论以及噪音理论等传播学理论，深入探究高校思想政治教育网络传播过程中网络传播主体、网络传播受众、网络传播内容、网络传播媒介、网络传播效果和网络传播风险的内涵与特征。其中传播学理论的运用对开展高校思想政治教育网络传播力评价研究具有重要的意义。

第二节　高校思想政治教育网络传播力的构成要素

要素与系统相对，是构成系统的基本单元。① 要素是事物存在和发展必不可少的内在条件，不能够离开整体而单独存在，只能作为整体的附属物而得以存在或被表现。要素与要素之间既相互联系又相互制约，相互有物质、能量和信息的交换与流动，它们之间的协同性是系统整体性和最优化的条件。②

通过对传播学经典理论模型的分析，可以将网络传播力的构成要素分为网络传播主体、网络传播受众、网络传播内容、网络传播媒介、网络传播效果和网络传播风险六个维度。通过对这六个维度的分析，可以精准把握网络传播力的发展水平，并深入开展高校思想政治教育网络传播力的评价研究。

---

① 夏征农、陈至立主编：《辞海（第六版彩图本）》，上海辞书出版社 2009 年版，第 2672 页。

② 刘永振：《对系统与要素的哲学思考》，《中州学刊》1985 年第 4 期。

一、网络传播主体

主体在哲学上与客体相对，是指实践活动和认识活动的承担者。① 传播主体是指传播活动的发起人和传播内容的发出者，是位于传播起点的个人、组织、社会的混合体，② 他们在传播过程中承担着包括信息收集、信息加工、信息传递等多重任务。网络传播主体是网络传播活动的传播者，主要包括网络传播活动的策划者、网络传播内容的生产者和网络信息的发布者。

高校思想政治教育网络传播主体是以网络为纽带，传播思想政治理论知识、开展思想政治教育的传播者。具体而言，就是利用多样化信息传播手段将带有显著思想政治教育色彩的信息广泛传递给大众的个体、群体或专业机构，比如高校、教师或者学生以及社会主流媒体等。他们是整个思想政治教育网络传播活动的信源和传播行为的主要引导者，从思想层面、政治层面和道德层面进行网络思想政治教育，着力培养德智体美劳全面发展的社会主义建设者和接班人与勇于担当民族复兴大任的时代新人。此外，在高校思想政治教育网络传播过程中，网络传播主体同时也是信息传播的“把关者”、“引导者” 和 “教育者”，他们是集思想性、政治性、教育性于一体的教育主体，在整个高校思想政治教育网络传播过程中起到了关键性作用。

二、网络传播受众

受众指大众传播过程中信息的接收者，一般包括读者、观众、听众等，

① 夏征农、陈至立主编：《辞海（第六版彩图本）》，上海辞书出版社 2009 年版，第 3028 页。

② 陈乐香：《社会主义核心价值观在农村的传播与践行》，《人民论坛》2021 年第 Z1 期。

具有众多性、混杂性、分散性、流动性和隐匿性等特征。①传播受众也称为“传播客体”，是指各种不同类型的传播活动中的信息接受者，是传播的最终对象和目标受众，②他们既是整个传播过程的最后节点，也是传播主体主要作用和指向的对象。网络传播受众是在以网络为媒介的传播过程中传播主体的作用对象，是网络传播内容的主要接受者，在网络传播学中被称为网民。传统媒体往往是以单向线性的方式向大众传播信息，传播主体对所传播的信息具有绝对的控制权，传播主体和受众之间的关系是不平等的，信息也是不对称的。③现代传媒理论认为，网络传播主体和受众之间是相互吸引、相互反馈、相互交流的关系，并且还有很重要的相互启蒙和教育的关系。④

高校思想政治教育网络传播受众是网络传播主体进行一系列网络传播活动的出发点与落脚点，对网络传播活动的开展起到了至关重要的作用。开展思想政治教育网络传播活动的根本目的在于促进大学生的自由全面发展，满足大学生内心期待与成长发展需要，培养具有共产主义远大理想和中国特色社会主义共同理想的坚定信仰者和忠实实践者。此外，网络传播主体发出的信息通常针对特定群体，不论是传统的“面对面”形式的思想政治教育还是以网络为载体的“非面对面”的形式，网络传播主体在开展传播活动的初期便已经锁定了目标受众。从一定条件来看，用于评价和检验思想政治教育网络传播效果的核心标准就是在网络传播过程中的传播受众接收到网络传播主体所发出的思想政治教育信息时的反应、感悟、反馈、行动，以及其强烈程度。网络传播受众对思想政治教育信息是否印象深刻、评价良好是衡量思想政治教育网络传播质量的重要标准。一旦忽视网络传播受众的重要性或无法

---

① 夏征农、陈至立主编：《辞海（第六版彩图本）》，上海辞书出版社 2009 年版，第 2088 页。

② 马彦蕾、张志庆：《蒋彝〈中国书法〉的传播学解读》，《中国书法》2019 年第 4 期。

③ 李传兵、陆巧玲：《新媒体视域下高校党建工作创新思考》，《学校党建与思想教育》2017 年第 19 期。

④ 李慧芳：《公民生态意识培育应由独白转向对话》，《人民论坛》2019 年第 4 期。

有针对性地依据网络传播受众的实际情况调整传播方式，就必然会发生网络传播受众与网络传播主体信息取向相背离的情况。因此，网络传播受众的信息接受程度决定了思想政治教育网络传播效果的优劣，这也就意味着网络传播受众居于网络传播力构成要素的核心位置，在高校思想政治教育网络传播力的评价指标体系构建中具有重要作用。

三、网络传播内容

内容是构成事物的内在诸要素的总和，包括事物的各种内在矛盾的构成和发展。① 传播内容是流动于传播者和传播受众之间的双方都感兴趣的信息或符号，但这并不是指普遍意义上的全部信息，而是指经过了筛选和过滤之后，通过传播媒介传播到传播受众的那部分有效信息。② 网络传播内容主要是指传播主体借助网络技术和网络平台加工、制作并传递给受众的一切文字、图片、符号、语音、视频等信息的总和。高校思想政治教育网络传播中所涉及的传播内容通常是一种观念形态，主要包括在高校思想政治教育网络传播主体与受众互动中传播的政治观点、思想意识、道德规范等方面的内容。通过高校思想政治教育网络传播的主体与受众之间发生有意义的交换，促进高校思想政治教育网络传播的良性发展。

高校思想政治教育网络传播内容具有四个方面的典型特征：一是公开性。在网络传播过程中发布、传播的信息内容会面向社会所有群体，因此，网络传播内容具有一定的公开性。二是开放性。人们可以不受年龄、性别、财富等的限制，借助网络这一载体自由地访问各种信息，并基于自身的视角提出任何思想、观点。三是海量性。借助网络传播这种新的途径，传播

---

① 夏征农、陈至立主编：《辞海（第六版彩图本）》，上海辞书出版社 2009 年版，第 1650 页。

② 盛敏：《中国茶文化对外传播与茶叶出口贸易发展研究》，湖南农业大学博士学位论文，2017 年，第 14 页。

内容不仅更加丰富，还能突破传统传播途径在信息量上的限制，使信息容量达到无限状态。四是大众性。传播所选取的内容充分考虑到是否适应传播受众的需求和接受度。事实表明，只有符合大众要求的传播内容才能得到广泛传播并形成良好的传播效果。因此，总体来看，只有充分结合网络传播内容的四个特征，牢牢把握网络传播内容的生产、传递、交互和反馈等环节，才能确保高校思想政治教育网络传播的有效性。

四、网络传播媒介

媒介是指连接和沟通主客体，并促使主客体相互联系、相互作用的中介因素。[①] 传播媒介指电磁波、声波、电流等可携载信息并对信息进行传递的物质实体，一般指的是信息传递的渠道、中介物和工具，以及传递的技术手段，通过承载、传递、衍生和扩大信息符号等方式来传递或获取信息，[②] 具有中介性、实体性、扩张性等特征。网络传播媒介是指运用电子计算机网络及多媒体技术传播信息的媒介技术和媒介系统，[③] 这种超越时间和空间的媒介技术已经成为人们及时、广泛地获取信息最快速和最便捷的方式之一。

网络传播媒介已经成为高校思想政治教育网络传播的重要载体和工具，其具有的数字化、交互式、即时性、个性化和超文本链接性等独特优势，为高校思想政治教育网络传播提供了重要的技术手段。数字化优势，相比于纸质媒介，网络传播媒介的数字化特征不仅表现在传输上更迅捷，而且在传播容量上突破了纸质媒介的限制。交互式优势，通过多媒体交互式传

① 王淑娉：《新时代大学生奋斗精神培育机制研究》，东北师范大学博士学位论文，2022年，第45页。

② 胡正荣等：《传播学总论》，清华大学出版社2008年版，第178—179页。

③ 张邦卫：《媒介诗学导论——传媒视野下的文学与文学理论》，浙江大学博士学位论文，2005年，第35页。

递信息，网络传播媒介兼容了文字、图片、声音、影像等多种传播手段保存、表现、发送信息，最大限度地综合了各种传播形式。即时性优势，网络传播媒介的即时性强，网络信息传播的载体是光纤通信线路，光纤传递数字信号的速度为光速，信息可在瞬间到达世界上任何地方，网络传播受众可以在第一时间掌握世界各个角落所发生的最新动态。同时，网络信息的传播可以不受印刷、运输、发行等多种因素的限制，从而实现网络信息的瞬间传输，传播速度快、时效性强。个性化优势，网络传播媒介的个性化特征显著，网络传播受众可以基于个人需求使用各种检索工具，选择信息接收的时间、地点以及网络传播媒介的表现形式等。超文本链接性优势，网络传播媒介的超文本和超链接方式使网络传播的逻辑结构和语义关系在时间性上具备了非线性特征，可以通过点击实现不同文档间、文档内部之间的跳跃式阅读。网络传播媒介这些独特的优势极大地推进了思想政治教育网络传播活动的开展。

五、网络传播效果

效果是指由行为产生的有效的结果或者成果，在哲学上与动机相对，共同构成辩证法的一对范畴。① 传播效果是指受传者接受信息刺激后所产生的不同程度的反应，在思想观念、情感态度和行为方式等各方面所发生的某种变化。② 网络传播效果是指传播主体发出的传播信息，借由社会化媒体等一系列网络媒介平台与技术，对个人、组织及社会所带来的线上及线下的认知、态度或行为的改变。网络传播效果是衡量网络传播力的一项关键性指标。

① 夏征农、陈至立主编：《辞海（第六版彩图本）》，上海辞书出版社 2009 年版，第 2525 页。

② 陆宇正、王凌超：《党的十八大以来职业教育宣传工作的传播效果评估——基于 2012—2022 年网络舆情数据的实证分析》，《教育与职业》2022 年第 20 期。

基于网络传播效果发生的逻辑顺序和网络传播受众对网络传播信息的认知与反馈的区别，可以将网络传播效果划分为三个层次：网络传播受众对网络传播信息的认知、态度和行为。① 第一是认知层面的网络传播效果，强调网络传播的信息到达网络传播受众后，作用于网络传播受众的知觉和记忆系统所引起的知识结构的变化。通常情况下，网络传播受众在通过大众媒介获取信息的同时也在被动地接受相关信息的"洗礼"，他们的感官在经受刺激时会产生选择性记忆，从而对周围世界生成大致的印象及轮廓。第二是心理和态度层面的网络传播效果，强调网络传播的信息触发网络传播受众的价值体系所引起的情感、态度等方面的变化。网络传播主体传递的信息一般会带有一定的主观色彩，比如对某些事件进行报道的同时发表个人对该事件是非对错与道德高低的判断，这些判断对网络传播受众必然会产生或多或少的影响，而且这种影响具有阶段性和可持续性，会导致网络传播受众在心理层面上发生变化，这种变化表现为产生共鸣、接受或排斥。第三是言行层面的网络传播效果，强调当网络传播内容造成网络传播受众的态度变化达到一定程度时，就会促成网络传播受众行为的变化，这是一种由心理层面向实际行为的转变。以上三个层次不一定同时存在，但其传播效果却是逐级累积、深化和不断扩大的。高校思想政治教育网络传播效果也可以划分为上述认知、态度和行为三个层次。

六、网络传播风险

风险是指某种特定的危险事件发生的可能性及其产生的风险损失的组合，具有较强的隐蔽性、复杂性、突发性和危害性。风险传播是指个体、团体、机构之间就风险评估、风险特征和风险管理等议题进行反复的信息交换

① 陈然：《政务社交媒体危机传播效果评价指标体系的构建》，《统计与决策》2019 年第 18 期。

活动，[①] 这种信息交换活动是在风险尚未变成现实的灾难之前，个体、团体和机构之间通过传递与风险有关的信息，表达对风险事件的关注、意见，达到风险信息与意义的传递和共享，从而最大限度地消减风险的活动。网络传播风险是指网络中的威胁源，以及存在风险的网络节点会主动或被动地将风险传播至可达网络节点，比如恶意软件可以通过介质向其他节点进行风险的传播等。[②]

网络传播风险主要表现为以下四种形式：一是技术风险。互联网的快速发展在为网络传播受众提供诸多便利的同时，也带来了网络技术的异化问题。人作为网络技术的操纵者，在设计、调控、监督过程中不可避免地会出现纰漏，这些技术层面上的纰漏是导致网络传播风险形成的重要因素。二是内容风险。互联网的普及使全球化趋势日趋增强，人们相较于以往更彻底地置身于同一文化交流体系之中，这就使得少数国家有机会利用网络文化传播夹带“政治私货”并实现文化侵略的企图，而且一旦这些传播内容得到蔓延与扩散，就会对人们的价值观产生负面的影响。三是网络平台风险。在进入大数据、人工智能、数字经济快速发展的时代后，网络平台快速地嵌入了人们的生产生活之中，为全面解构和透视现代社会的发展提供重要方向，同时诸多风险也伴随而生。网络平台主体利用算法的技术优势以及大数据的特质，实现了权力的无序扩张，这种无序扩张不仅挤压了网络的良性空间，也造成了网络资源的浪费。四是数据安全风险。数字与网络技术的快速发展使数据的价值进一步被发掘，海量的数据伴随着人们的生活并发挥越来越重要的作用。数据安全风险的产生源于技术本身及风险管理，即因采取的安全保障技术水平不足以及数据安全管理措施不到位

---

① McComas K. A.,“Defining Moments in Risk Communication Research : 1996—2005”, *Journal of Health Communication*，Vol.11，No.1（February 2006），pp.75-91.

② 张之刚：《电力监控网络安全态势智能感知方法研究》，战略支援部队信息工程大学博士学位论文，2019 年，第 78 页。

形成的数据安全风险，[①] 这些风险会导致国家和社会等利益相关者的合法权益受到损害。高校思想政治教育网络传播风险也具备以上四个方面的表现形式。

第三节　研究思路与研究方法

为深入开展高校思想政治教育网络传播力评价研究，结合新媒体时代背景和传播学经典理论，从网络传播主体、网络传播受众、网络传播内容、网络传播媒介、网络传播效果和网络传播风险等方面构建了高校思想政治教育网络传播力评价研究的分析框架以及展开具体研究的路径。研究将定性与定量相结合的方法作为解决高校思想政治教育网络传播力评价研究的重要路径，以开展科学的高校思想政治教育网络传播力评价研究。科学严谨的研究方法可以保证高校思想政治教育网络传播力评价研究的准确性与有效性。

一、研究思路

党的十八大以来，以习近平同志为核心的党中央把做好思想政治工作放在突出位置，召开了全国宣传思想工作会议等多个重要会议，提出了构建“大思政”工作格局，形成全社会工作合力等重要论断，为以体系化思维推进思想政治工作提供了学理依据和实践指导。[②] 开展高校思想政治教育网络传播力评价研究的重要价值在于顺应了网络环境下育人工作的时代发展需求和全员全过程全方位的“三全育人”要求，有力地推动了“大思政”格局的构建。高校思想政治教育网络传播力在理论研究和实践探索等方面仍需要得到进一步关注和聚焦，以发挥出各方面开展高校网络思想政治教育传播工作

① 苏成慧：《“计算＋法律”的实现困境与理性考量——基于涉诉信访案件全过程推演的应用场景》，《华东政法大学学报》2023 年第 2 期。

② 冯刚、布超：《新时代思想政治工作体系建构的生成逻辑》，《学校党建与思想教育》2023 年第 1 期。

的最大合力。为创造性推进高校网络思想政治教育传播工作，应从着力提升高校思想政治教育的网络传播力，并通过设计较为系统完整的研究思路，全面开展网络传播力的评价研究。

第一，对国内外高校思想政治教育网络传播力的相关文献进行综合梳理和系统归纳，为研究提供重要参考和有益借鉴。第二，厘清高校思想政治教育网络传播力的相关概念、内涵和特征，展开高校网络思想政治教育的传播学特征分析以及高校思想政治教育网络传播的特征分析。第三，构建高校思想政治教育网络传播力评价研究的理论框架，为研究提供理论指导和学理支撑。第四，探索性研究分析高校思想政治教育网络传播主体的网络结构、网络传播受众的传播意愿、网络传播受众的安全素养、网络传播效果的影响因素，为构建高校思想政治教育网络传播力评价指标体系提供经验指导和技术支撑。第五，结合已有的文献和评价指标的遴选原则，运用 Python 的数据爬虫功能和文本分析技术，筛选出高校思想政治教育网络传播力的初级评价指标，并进一步利用德尔菲法和专家会议法确定了高校思想政治教育网络传播力的最终评价指标，从而构建了科学系统的高校思想政治教育网络传播力评价指标体系。第六，以高校网络思想政治教育大数据为研究样本，运用深度学习的研究方法进行研究样本的训练与模拟，构建了较为科学的高校思想政治教育网络传播力的评价模型。第七，以高校思想政治教育网络传播力评价模型作为评价工具，展开高校思想政治教育网络传播力的科学评价。基于评价结果对高校思想政治教育网络传播力的各项评价指标与网络综合传播力之间的相关性展开测度分析，进一步明确了评价指标中的关键性指标。第八，从高校思想政治教育的网络传播主体、网络传播受众、网络传播内容、网络传播媒介、网络传播效果和网络传播风险等方面提出了高校思想政治教育网络传播力的提升对策。第九，对高校思想政治教育网络传播力评价研究进行了总结，并对高校思想政治教育网络传播力评价的未来研究进行了展望。具体的研究框架图如图 3-2 所示。

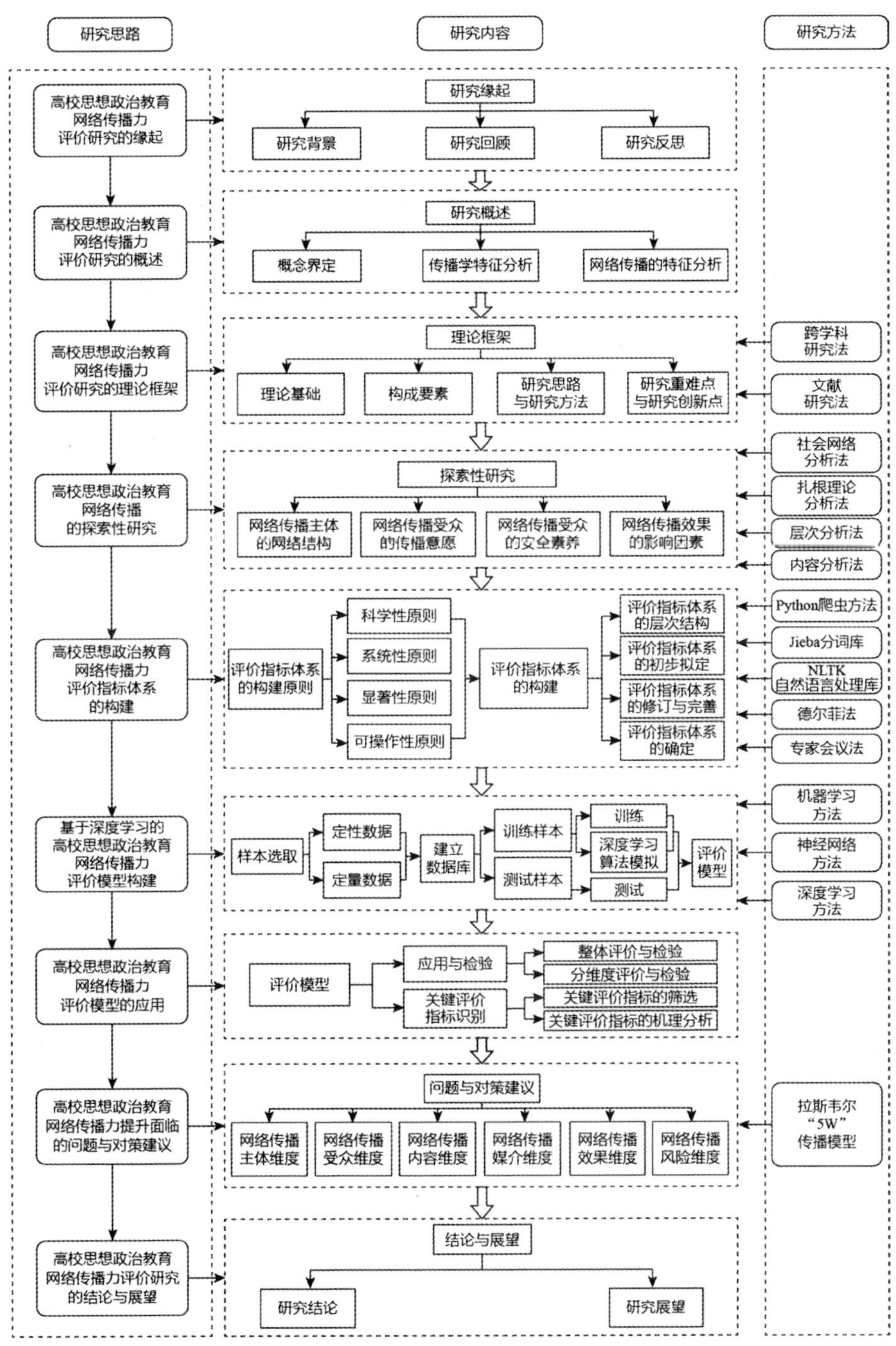

图3-2　高校思想政治教育网络传播力评价研究框架图

二、研究方法

开展高校思想政治教育网络传播力评价研究综合使用定性与定量相结合的研究方法。其中，定性研究方法主要包括文献研究法、跨学科分析法、扎根理论分析法、德尔菲法和专家会议法；定量研究方法主要包括社会网络分析法、层次分析法、内容分析法和深度学习方法。

（一）定性分析法

定性分析法是对研究对象进行质的方面的分析，是认识事物的重要方法，通过分析事物的属性，把握事物与其他事物的区别。定性分析法倾向于揭示行为、态度和动机，指用文字来描述现象，使用非结构化的方法收集数据，运用归纳与演绎、分析与综合以及抽象与概括等方法，进行数据的处理，找到问题的主题和意义，深入探究事物的具体特征及规律。①

1. 文献研究法

文献研究法主要指搜集、鉴别、整理文献，并通过对文献的研究形成对事实的科学认识的方法。② 围绕高校思想政治教育网络传播力这一研究对象，利用中国知网、百度学术、谷歌学术、EBSCO 数据库、科学网（Web of Science）、研究之门（Research Gate）等文献检索工具检索中外相关文献，以把握现有研究成果和研究现状，为高校思想政治教育网络传播力的研究工作奠定基础。

2. 跨学科分析法

跨学科分析法又称为交叉研究法，是指通过对各个学科的相互借鉴与渗

---

① 张宏达：《新时代高职院校学生职业道德教育研究》，中国矿业大学（北京）博士学位论文，2020 年，第 19 页。

② 查先进、王贇芝、严亚兰、曹芬芳：《施引文献视角下国外认知转变研究进展》，《图书情报知识》2021 年第 1 期。

透，为达到知识与技术的复用与创新，实现对问题的整合性研究。[①]本研究运用思想政治教育学理论中的思想政治教育接受理论和思想政治教育载体理论，同时运用传播学理论中的“5W”传播理论、“使用与满足”理论、“把关人”理论、“意见领袖”理论和噪音理论，展开高校思想政治教育网络传播力的评价研究。这些跨学科的理论知识为评价研究工作提供了新的研究视野和研究思路。

3. 扎根理论分析法

扎根理论是由社会学家格拉泽和斯特劳斯提出的，是指在经验资料的基础上建立理论，现在被广泛应用于社会学研究领域。研究者直接从实际观察入手，从原始资料中归纳出经验概括，然后上升到理论，这是一种自下而上将资料不断进行浓缩，逐步形成理论的研究方法。[②]在进行高校思想政治教育网络传播受众的传播意愿的研究过程中，通过半结构化访谈搜集有关新媒体从业者和大学生群体传播意愿的大量数据，将这些数据转化为文本进行分析和编码后，运用 UCINET 等软件工具进行处理，为探寻反映传播意愿的关键要素提供依据。

4. 德尔菲法

德尔菲法是指按照一定的规定程序，通过征询专家的意见，再将征询结果匿名反馈给专家，根据征询结果调整意见，如此若干轮匿名反馈，专家们的意见逐渐集中，最后形成专家的集体判断结果，具有匿名性、信息反馈性、趋同性、统计性、多样性等特征。[③]运用德尔菲专家函询法，对初步形成的评价指标体系的条目设置是否合理、语言表述是否清晰准确以及各项

---

① 石庆新：《当代大学生政党认同研究》，中国地质大学博士学位论文，2017 年，第 16 页。

② Glaser B. G.，Strauss A. L.，“The Discovery of Grounded Theory : Strategies for Qualitative Research”，*Nursing Research*，Vol.3，No.2（January 1967），pp.52-56.

③ 方海光、孔新梅、杜东燕、张铮：《教师教育培训内容演化自组织学习模型研究》，《电化教育研究》2022 年第 3 期。

指标的重要程度等向专家征询多轮意见，可以遴选出科学合理的评价指标体系。

5. 专家会议法

专家会议法也称专家座谈法，是指根据规定的原则选定一定数量的专家，按照一定的方式组织专家会议，发挥专家集体的智慧结构效应，对预测对象未来的发展趋势及状况作出判断的方法。① 这种方法具有操作简单、结论权威等优点，但也存在主观性较强、易服从权威或多数人意见等缺点，因而常用于简单的验证评价或难以量化的评价研究中。② 运用专家会议法研讨高校思想政治教育网络传播力的评价指标体系，专家们通过研讨交换意见，相互间得到启发，形成“思维共振”，可以进一步评估与验证评价指标体系的科学性和完整性。

（二）定量分析法

定量分析法是对研究对象进行量的方面的分析，以数量关系、变化及特征等为研究重点，侧重研究事物之间的数量变化关系，包括因果关系、包含关系、成因关系等。借助定量分析法可以让人们更加精确地理解研究对象，进而更加科学地揭示规律，把握实质，明晰关系，推测事物的发展态势。③

1. 社会网络分析法

社会网络是基于个体或组织之间的复杂联系构成的这些个体和组织的集合，其网络结构、网络规模等能够限制资源的流动和分配。社会网络分析法

---

① 罗晓露、黄艳丽、郝镓萍、马希丹：《家庭医生团队签约服务能力建设评估指标体系构建研究》，《中国全科医学》2019 年第 13 期。

② 李志春、李日辉、包长江：《文创产品相关评价研究综述及展望》，《包装工程》2023 年第 10 期。

③ 方嘉奇：《震后医药应急物流供需动态适配决策问题研究》，北京交通大学博士学位论文，2021 年，第 10 页。

是以计算机技术和统计学原理为支持，以系统数据为基础，以图形语言和技术为表现，对社会网络主体之间形成的特定结构关系进行分析，探究隐藏在复杂的社会系统表面之下的特定网络模式的分析方法。① 运用社会网络分析法把高校思想政治教育网络传播主体的个体属性与社会结构因素结合起来，探究高校思想政治教育网络传播主体之间的关系结构，为理解高校思想政治教育网络传播机理、加强高校思想政治教育网络传播能力建设提供了“关系”视角。

2. 层次分析法

层次分析法是指将难以定量化的多目标决策问题拆成若干个子目标或准则，从而将多指标的若干层次分解，通过定性指标模糊量化方法算出层次单排序（权数）和总排序，最终权重最大者即为最优方案，以进行目标决策。② 层次分析法具有较强的逻辑性、实用性和系统性，能够提高评估的准确度。在进行新媒体时代大学生网络安全素养评价指标体系构建的研究过程中，运用层次分析法，测算了大学生网络安全素养评价指标体系中各项指标的权重。

3. 内容分析法

内容分析法是指一种对具有明确特性的传播内容进行客观、系统和定量描述的研究技术，具有系统性、客观性、定量性的特点。③ 这种方法可用作现状分析、趋势分析、比较分析、效果分析、意向分析等方面，近年来在传播学界得到广泛应用。在开展高校思想政治教育网络传播效果影响因素的研究过程中，本研究运用内容分析法对全国 100 所高校思想政治教

---

① 张佳奇：《互联网语境下的群域话语研究》，哈尔滨师范大学博士学位论文，2021 年，第 18—19 页。

② 李卉、李航敏：《基于 AHP-FCE 模型的末端物流服务质量评价》，《商业经济研究》2022 年第 20 期。

③ 卜卫：《试论内容分析方法》，《国际新闻界》1997 年第 4 期。

育网络平台中的5562条短视频进行分析测度，并从短视频的内容主题和内容质量等维度测算这些网络平台的传播效果，为提升网络传播效果提供了经验和借鉴。

4. 深度学习方法

深度学习方法是指基于卷积神经网络设计的深度分割网络模型。它主要利用含多个隐藏层的神经网络模型进行经验数据的自动拟合，通过得到先验参数实现对新数据的自动处理，构建端到端的深度学习模型。①② 高校思想政治教育网络传播力评价体系是一个复杂的综合系统，为避免在评价过程中可能存在的评价标准不统一、主观性较强等人为因素造成的不利影响以及随机性带来的干扰，本研究运用深度学习的研究方法对开展高校思想政治教育网络传播力评价研究的数据样本进行训练与模拟，构建科学的高校思想政治教育网络传播力的评价模型，为开展高校思想政治教育网络传播力评价研究提供了技术支撑。

第四节　研究的重难点与研究的创新点

2016年12月，习近平总书记在全国高校思想政治工作会议上强调，要扎实办好中国特色社会主义高校。要坚持把立德树人作为中心环节，把思想政治工作贯穿教育教学全过程，实现全程育人、全方位育人，努力开创我国高等教育事业发展新局面。③ 2023年5月，习近平总书记在中共中央政治局第五次集体学习时强调，要提高网络育人能力，扎实做好互联网时代的学

① 徐宏伟、闫培新、吴敏、徐振宇、孙玉宝：《基于残差双注意力U-Net模型的CT图像囊肿肾脏自动分割》，《计算机应用研究》2020年第7期。

② 范大昭、董杨、张永生：《卫星影像匹配的深度卷积神经网络方法》，《测绘学报》2018年第6期。

③ 《习近平在全国高校思想政治工作会议上强调　把思想政治工作贯穿教育教学全过程　开创我国高等教育事业发展新局面》，《人民日报》2016年12月9日。

校思想政治工作和意识形态工作。[①] 习近平总书记的讲话充分体现了高校网络思想政治教育工作的重要性和紧迫性，要努力发展壮大高校网络思想政治教育工作的力量。

一、研究的重难点

高校思想政治教育网络传播力评价研究的重点和难点分别是如何科学构建高校思想政治教育网络传播力评价指标体系和高校思想政治教育网络传播力评价模型。研究将运用定性与定量相结合的方法开展深入分析。

（一）研究的重点

高校思想政治教育网络传播力评价指标体系的构建是研究的重点。高校思想政治教育网络传播力评价指标体系是进行高校思想政治教育网络传播力评价研究数据搜集工作的依据，是应用高校思想政治教育网络传播力评价模型开展评价研究工作的支撑，也是研判高校开展网络思想政治教育工作成效的载体和工具。

（二）研究的难点

高校思想政治教育网络传播力评价模型的构建是研究的难点。第一，大数据是该模型构建的前提和基础。高校思想政治教育网络传播力评价模型的构建需要运用大量高校网络思想政治教育平台的原始数据，但这些基础数据的搜集、挖掘、清洗、整理是一项难度较大的工作。第二，开展高校思想政治教育网络传播力评价工作的研究方法众多，如何在海量的研究方法中选取最具适切性、先进性和科学性的研究方法也是一项极具挑战性

① 《习近平在中共中央政治局第五次集体学习时强调　加快建设教育强国　为中华民族伟大复兴提供有力支撑》，《人民日报》2023 年 5 月 30 日。

的工作。第三，运用现有主流研究方法进行评价研究都可能存在评价标准不统一、主观性较强等人为因素造成的不利影响以及随机性带来的干扰问题，而深度学习研究方法能够有效解决这些问题并能够较好地应用于评价模型构建，因而具有先进性和科学性。但是如何利用深度学习神经网络较强的自学习能力，在模型的训练过程中实现对数据处理的自适应调整，提高评价模型的可靠性、普适性和精准度具有较大的难度。

二、研究的创新点

从高校思想政治教育网络传播力评价研究的视角创新、内容创新和方法创新三个方面可以深入探究高校思想政治教育网络传播力评价研究的创新意义。

（一）研究视角的创新

高校思想政治教育网络传播力评价研究是在新媒体时代这个背景下展开的。研究构建了多学科综合分析框架，借鉴了传播学中的“5W”传播理论等经典理论，深入分析了新媒体的传播特性及其对高校思想政治教育网络传播格局的深刻影响，并从作为网络思想政治教育载体的新媒体空间入手，运用微博、微信公众号、抖音等新媒体平台展开了高校思想政治教育网络传播力评价研究，使得评价研究工作更加贴近生活，更具有时代性与有效性。

（二）研究内容的创新

结合思想政治教育学理论和传播学理论，本研究通过构建高校思想政治教育网络传播力评价指标体系和评价模型，创新性地开展了高校思想政治教育网络传播力的评价研究。第一，研究首创了高校思想政治教育网络传播力的基本概念，并深入探究了其内涵、理论基础和构成要素等内容；第二，在“5W”传播理论等经典理论的基础之上，吸纳网络传播风险为核心指标之一，创新性地构建了高校思想政治教育网络传播力评价指标体系；第三，利用高校思想政治教育网络平台搜集的大数据，构建了高校思想政治教育网络传播力评价模型，为开展科学评价研究提供了有效工具和技术支撑；第四，把高校思想政治教育网络传播力评价模型应用于全国832所高校的思想政治教育网络传播力评价研究中，进行了高校思想政治教育网络传播力评价的实证研究。这些创新不仅深化了以往学界有关高校思想政治教育及其网络传播的研究内容，也拓宽了其研究领域。

（三）研究方法的创新

本研究创新性地运用深度学习方法开展高校思想政治教育网络传播力的评价研究。学界主要采用层次分析法①、熵权法②、模糊集理论-DEA法③开展评价研究工作，但是这些方法在评价过程中往往存在主观赋值的模糊性和主观与客观结合时权重比例分配不够系统完善的问题，而深度学习方法能够充分利用深度学习神经网络较强的自学习能力，在模型的训练过程中实现对数据处理的自适应调整，从而提高评价模型的可靠性和稳定性。选取深度学习方法，从网络传播主体、网络传播受众、网络传播内容、网络传播媒介、网络传播效果和网络传播风险六个维度展开高校思想政治教育网络传播力的评价研究，有效地保障了评价研究工作的科学性和精准性。

---

① 冯刚、史宏月：《建构高校思想政治教育工作质量评价指标体系的方法与路径》，《东北师大学报（哲学社会科学版）》2020年第5期。

② 朱赟：《新媒体形态下非物质文化遗产传播路径认同度研究——以境内外手工纸代表性样式博物馆为例》，中国科学技术大学博士学位论文，2018年，第38—42页。

③ 李中梅：《新媒体环境下智库信息传播机理及效果评价研究》，吉林大学博士学位论文，2018年，第137—139页。

第四章　高校思想政治教育网络传播的探索性研究

2023 年 5 月，习近平总书记在中共中央政治局第五次集体学习时强调，培养什么人、怎样培养人、为谁培养人是教育的根本问题，也是建设教育强国的核心课题。我们建设教育强国的目的，就是培养一代又一代德智体美劳全面发展的社会主义建设者和接班人，培养一代又一代在社会主义现代化建设中可堪大用、能担重任的栋梁之才，确保党的事业和社会主义现代化强国建设后继有人。①

习近平总书记重要讲话为高校思想政治教育工作指明了方向，提出了新的要求，既为开展新媒体时代高校思想政治教育网络传播力评价研究工作提供了根本遵循，也充分体现了这项研究工作的重要性、必要性和紧迫性。高校网络思想政治教育评价工作是高校思想政治教育活动的重要环节，是对高校网络思想政治教育工作全方位的评估和综合考量，具有重要的导向性功能。高校网络思想政治教育工作的评价标准、评价指标及权重作为“指挥棒”“方向盘”“标准尺”，能引导高校朝着既定的目标迈进，发挥“定标导航”

① 《习近平在中共中央政治局第五次集体学习时强调　加快建设教育强国　为中华民族伟大复兴提供有力支撑》，《人民日报》2023 年 5 月 30 日。

的指引作用。

结合传播学经典理论，从网络传播主体、网络传播受众、网络传播内容、网络传播媒介、网络传播效果和网络传播风险等基本要素开展高校思想政治教育网络传播力的评价研究具有重要的时代意义。然而，如何从这六个要素着手构建科学全面且具有可操作性的高校思想政治教育网络传播力评价指标体系，亟须对这六个要素涉及的关键性问题展开探索性研究。具体而言，就是通过探索性研究分析高校思想政治教育网络传播主体的网络结构、网络传播受众的传播意愿、网络传播受众的安全素养、网络传播效果的影响因素等，为高校思想政治教育网络传播力评价指标体系的构建提供理论指导和经验支撑。

第一节　高校思想政治教育网络传播主体的网络结构

在高校思想政治教育网络传播主体中，高校共青团组织是具有代表性的一支重要力量。本研究以高校共青团作为高校思想政治教育网络传播主体，开展高校共青团媒体平台的社会网络结构分析，以探索高校思想政治教育网络传播主体整体的社会网络结构。2017 年 6 月，共青团中央、教育部印发的《关于加强和改进新形势下高校共青团思想政治工作的意见》强调，高校共青团作为高校思想政治工作的生力军，应始终将加强大学生思想政治引领和价值引领作为高校共青团的核心任务。① 新媒体时代，高校共青团思想政治教育传播力量在社交媒体的话语表达空间中重新集结和组合，以自媒体为代表的思想政治教育内容和以官方媒体为代表的思想政治教育内容构成了高

① 中华人民共和国教育部：《共青团中央　教育部关于印发〈关于加强和改进新形势下高校共青团思想政治工作的意见〉的通知》，2017 年 6 月 1 日，见 http://www.moe.gov.cn/jyb_xxgk/moe_1777/moe_1779/201709/t20170914_314466.html。

校共青团思想政治教育传播生态。

高校共青团微博是新媒体时代共青团组织开展青年学生思想引领和主流价值观传播的重要载体。社会网络分析作为一种能将传播主体的个体属性与社会结构因素结合起来的研究方法，强调传播主体之间的关系结构，为理解高校共青团微博网络传播机理、加强高校共青团微博网络传播能力建设提供了“关系”视角。高校共青团基于社交网络的关注关系形成的传播主体协同联动、传播路径相互交织、传播内容丰富多样的关系网络被称为高校共青团思想政治教育传播网络，在微博场域内表现为高校共青团微博传播网络。高校共青团微博之间的网络化关系是研究高校共青团思想政治教育资源传递和流动的重要渠道。

高校共青团微博的社会关系网络研究对优化高校共青团思想政治教育网络传播效果，打造高校共青团思想政治教育网络空间新生态具有关键性作用。高校共青团微博借助关系桥、节点、线、结构洞形成了以中心性为主的舆论生态传播网络，① 而“意见领袖”在高校共青团微博信息传播活动中扮演着重要的角色，利用中心性指标可以发现和甄别其中的“意见领袖”。同时，子群结构不仅会影响子群内部成员之间的信息传受关系，也会影响整体传播网络的运行，② 因而利用凝聚子群分析可以有效识别高校共青团思想政治教育信息传播社群。此外，高校共青团微博信息传播活动的中心节点可以通过网络动员产生舆论聚合效应，加速思想政治教育信息的扩散，促进整体传播合力的提升，进一步实现对高校青年学生思想引领的“再中心化”。

基于上述研究背景，以高校共青团微博作为研究对象，采用社会网络分析方法建构高校共青团微博之间关注关系的社会网络，探索高校共青团思想

① 王君超、郑恩：《“微传播”与表达权——试论微博时代的表达自由》，《现代传播（中国传媒大学学报）》2011 年第 4 期。

② 周翔、吴倩：《场域视角下“一带一路”推特传播网络结构分析与反思》，《中国地质大学学报（社会科学版）》2019 年第 2 期。

政治教育信息的网络传播特征。具体而言，研究聚焦的问题是高校共青团微博构成的整体社交网络的结构特征如何？哪些高校共青团微博位于社交网络的中心位置？哪些高校共青团微博占据了结构洞位置，从而掌控“传播权力”？高校共青团微博构成的整体社交网络是否存在集群效应？在高校共青团微博信息传播活动中，掌握不同“传播权力”的高校共青团微博在信息传播模式上是否存在显著性差异？通过分析高校共青团微博信息传播的总体网络结构特征以及不同子群的网络结构特征，寻求提升高校共青团思想政治教育网络传播效果的科学路径。

一、网络传播主体网络结构的实证分析

高校共青团微博是高校面向青年学生开展思想政治教育重要的内容生产平台，研究以“中国教育政务新媒体联盟”成员中经过微博平台“蓝V机构认证”且处于活跃状态的75个高校共青团微博作为研究对象，借助Python工具爬取了75所高校共青团微博的关注数据及粉丝量、关注量和发文量等反映高校共青团微博信息传播行为的表征数据。研究运用整体网络结构分析、中心性分析、结构洞分析和凝聚子群分析等社会网络分析中常用的测量指标，定量描述了高校共青团微博信息传播的整体结构特征，并利用相关性分析检验了掌握不同“传播权力”的共青团微博在信息传播模式上是否存在显著性差异。

（一）社会网络结构整体分析

在社会网络分析中，网络密度是衡量社会网络中节点紧密程度的关键指标。[①] 网络密度越大，表明网络中各节点间的联系越紧密、信息交流越频繁，

① 魏巍：《学科建设中六大要素间的互动关系——基于71所一流学科高校建设方案的政策文本及社会网络分析》，《江苏高教》2020年第8期。

整个网络的活跃度也相对更高。网络信息可达性的测量指标是平均距离，平均距离是网络中两个节点之间最短路径上节点的平均个数，较短的平均距离，意味着信息经由少量节点的传播就可以实现大范围影响，信息传播速度较快。网络凝聚力的测度指标是聚类系数，系数越大，表明节点形成子团体的可能性越大，整体网络的凝聚性越强。[①] 运用社会网络分析软件测量 75 所高校共青团微博的密度、平均距离和聚类系数，研究发现，由 75 所高校共青团微博组成的信息传播网络的连线数共计 650 条，网络密度为 0.12，平均距离为 2.40，聚类系数为 0.32，如表 4-1 所示。研究结果表明，650 对高校共青团微博之间的信息交流频率、知识共享度和网络活跃度水平均较低。由此可见，高校共青团微博信息传播网络不易实现高效的信息传播和开展有效的网络政治动员。

表 4-1　高校共青团微博信息传播网络结构指标

密度	连接数	平均距离	聚类系数
0.12	650	2.40	0.32

（二）中心性分析

1. 传播影响力：点度中心性

点度中心性刻画了社会关系网络中与某一节点直接相连的节点数量，[②] 节点的点度中心性越大，表明整个网络中该节点的影响范围越广，且处于网络中的核心位置。有向关系网络的点度中心性包括点入度中心性和点出度中心性两个测度指标，用来衡量节点的被关注数量和关注数量。被其他节点关注表示关注者对传播主体所发布信息内容的接受与认同，而信息内容的传播

① 洪小娟、姜楠、洪巍、黄卫东：《媒体信息传播网络研究——以食品安全微博舆情为例》，《管理评论》2016 年第 8 期。

② 刘军：《社会网络分析导论》，社会科学文献出版社 2004 年版，第 116—117 页。

能够通过关注者的转发或者评论来实现，因此，点度中心性主要通过点入度进行衡量，点出度作为参考指标。[①] 研究发现，75 所高校共青团微博点入度的最大值为 41，最小值为 0，点入度低于 10 的微博有 47 个，约占微博总数的 62%，表明 75 所高校共青团微博的传播影响力呈现出显著差异性。

2. 传播控制力：中间中心性

中间中心性衡量的是一个节点在多大程度上位于网络中其他节点的“中间”。若一个节点处于众多传播路径上，就可以认为这个节点作为中介具有对其他节点的控制能力。[②] 研究发现，75 所高校共青团微博相对中间中心性的最大值为 31.71，最小值为 0，均值 1.73，标准差 4.13，表明 75 所高校共青团微博的传播控制力呈现出显著差异性。此外，研究发现共青团微博信息传播网络的中间中心势指数为 30.39%，表明共青团微博信息传播网络整体结构较为松散，凝聚力弱。

3. 传播独立性：接近中心性

接近中心性是某一节点与其他所有节点的捷径距离之和，反映了一个节点独立于其他节点、不受其他节点控制的程度。接近中心性的距离值越小，表明该节点越接近其他节点，其传播信息的依赖性越弱，独立性越强。[③] 有向社会网络图谱的接近中心性分析包含外距离和内距离两个指标，分别是对信息传播独立性和信息接收独立性的量化表征。从高校共青团微博信息传播网络的整体状态来看，外距离和内距离的标准差分别为 983.52 和 1282.81，表明 75 所高校共青团微博在信息传播独立性和传播速度两个维度上呈现出显著差异性。此外，研究发现整体网络的接近中心势指数为 37.74%，表明

---

① 王炎龙、刘叶子：《基于社会网络分析的公益机构微博信息传播网络研究》，《新闻界》2019 年第 8 期。

② 王国华、魏程瑞、钟声扬、王雅蕾、王戈：《微博意见领袖的网络媒介权力之量化解读及特征研究——基于社会网络分析的视角》，《情报杂志》2015 年第 7 期。

③ 刘军编著：《整体网分析讲义：UCINET 软件实用指南》，格致出版社 2009 年版，第 104—105 页。

网络的凝聚力和扩散力不强，大多数微博表现出传播独立性较弱和传播速度较慢的显著特征。

（三）结构洞分析

结构洞刻画了两个节点之间的非冗余关系。①结构洞分析主要包括有效规模和限制度两个测度指标。有效规模刻画了节点在网络中的冗余因素，其值越大，表明网络的重复程度越小，存在结构洞的可能性就越大；限制度刻画了节点之间受限制程度和节点在网络中利用结构洞的能力，限制度越大，表明其存在结构洞的可能性越小。②表 4–2 的数据显示，高校共青团微博信息传播网络中有效规模指标最高的是“青春石大”和“北京大学”，限制度指标最低的是“青春石大”和“共青团复旦大学委员会”。研究结果表明，这些微博占据结构洞的能力较强，有益于搭建衍射型思想政治教育信息传播网络，提升整体传播网络的韧性和稳健性。此外，这些微博在掌控思想政治教育信息传播资源和传播过程中具备了更多的灵活性和话语权，也有益于促进整体传播网络的主导能力和跟随能力。

表 4–2　高校共青团微博结构洞分析指标（前五位）

序号	微博 ID	有效规模	序号	微博 ID	限制度
1	青春石大	40.17	1	青春石大	0.08
2	北京大学	27.30	2	共青团复旦大学委员会	0.11
3	共青团复旦大学委员会	26.31	3	西农团委	0.12
4	西农团委	25.90	4	北京大学	0.13
5	清华大学	25.28	5	清华大学	0.14

① ［美］罗纳德・S. 伯特：《结构洞：竞争的社会结构》，任敏、李璐、林虹译，格致出版社、上海人民出版社 2017 年版，第 18 页。

② 曾润喜、朱迪：《政务短视频平台府际关系结构特征研究——基于公安政务抖音的社会网络分析》，《电子政务》2019 年第 10 期。

（四）凝聚子群分析

凝聚子群分析通常用于探究社会网络中的集群现象，它是同一社会网络中若干关系紧密或者属性相似的网络节点形成的集合。本研究采用 CONCOR 迭代相关收敛算法，展开高校共青团微博凝聚子群的“派系”分析，并以聚类图的形式呈现信息传播活动中微博的集群现象。通过探究信息传播的派系分布状态，研究揭示出目前高校共青团微博信息传播网络凝聚力的整体表征，分析结果如图 4-1 所示。

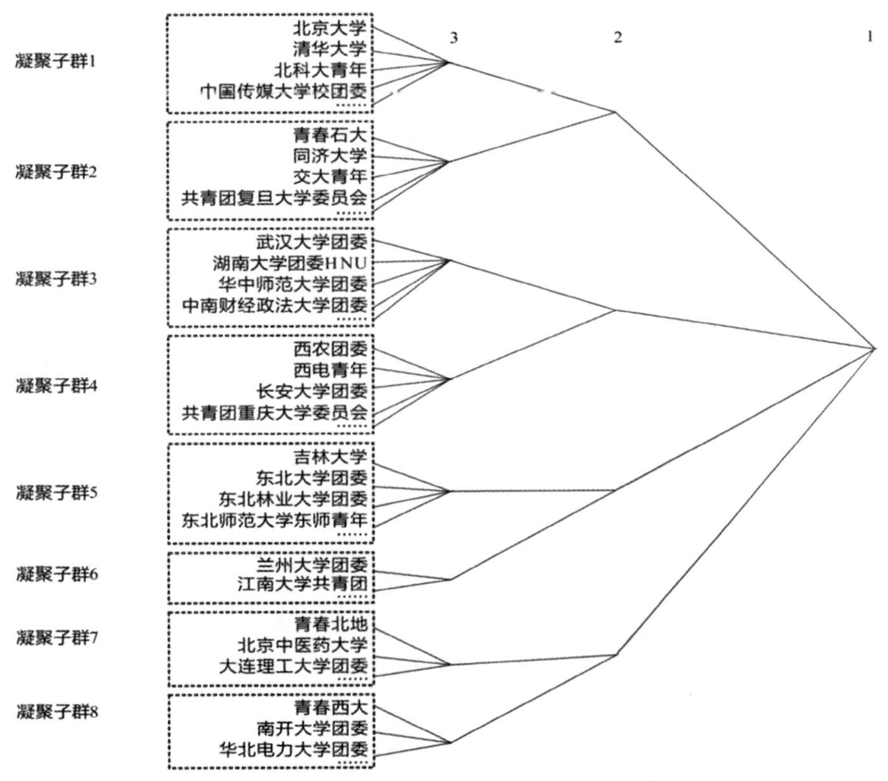

图4-1　高校共青团微博凝聚子群分析

研究发现 75 所高校共青团微博被划分为数量不均且地理区位各异的 8 个子群。这些子群内部高校的关系网络、发文特色和话题属性具有较强的相似性，子群内部的高校之间形成频繁的信息互动，有效吸引了外围其他子群及其内部高校的关注，有益于子群内部高校网络“意见领袖”的培育、形成和联合，并且促进子群内部的高校建构思想政治教育的话语表达空间和信息共通空间。此外，庞大的思想政治教育网络空间的结合形成了更具导向性的信息瀑布流，有利于高校共青团微博网络舆论的控场。研究也发现，高校共青团微博被划分的聚类子群个数较多，这在一定程度上反映出整体传播力有待提升。

表 4-3 高校共青团微博凝聚子群的网络结构指标

子群名称	成员数量	密度	平均距离	聚类系数
凝聚子群 1	20	0.18（+）	1.94（-）	0.36（+）
凝聚子群 2	22	0.24（+）	1.91（-）	0.43（+）
凝聚子群 3	10	0.34（+）	1.32（-）	0.53（+）
凝聚子群 4	10	0.39（+）	1.74（-）	0.49（+）
凝聚子群 5	4	—	—	—

注：+、- 代表子群网络结构指标与整体网络结构指标的数值对比结果。

通过对 75 所高校共青团微博聚类形成的 8 个子群的网络结构特征分析发现，在 8 个子群中凝聚子群 1—4 的成员数量均≥ 10，0.11 ＜网络密度＜ 0.50，平均距离＜ 2.40，聚类系数＞ 0.35。结果表明，与整体网络结构相比，这 4 个子群的网络结构更紧密，信息可达性更优，内部凝聚力更强。但是，这种子群内部显现的“强凝聚力”可能造成它们与其他子群间的传播壁垒和沟通障碍。研究还发现，凝聚子群 1—5 的地理区位聚类特征较为显著。这 5 个凝聚子群被分别命名为北京地区子群、东部地区子群、中部地区子群、西部地区子群和东北地区子群。

（五）相关性分析

微博的粉丝量、关注量和发文量是衡量微博用户信息传播行为的三大核心指标，可用于测度微博用户的信息传播行为和信息传播特征，① 这些都有助于识别某一微博用户在信息交流中的地位。在社交平台的信息互动网络中，处于不同地位微博用户的中心性指标具有差异性。② 因此，通过对共青团微博的传播行为指标和中心性指标进行相关性分析，有助于了解在共青团微博信息传播网络中，掌握不同“传播权力”的微博在信息传播模式上是否存在显著差异。

通过对高校共青团微博的信息传播行为指标与中心性指标的相关性分析发现，点度中心性、接近中心性与粉丝量、关注量、发文量在 0.01 水平上显著相关，中间中心性与关注量在 0.01 水平上显著相关，如表 4–4 所示。研究结果表明：一方面，粉丝量、关注量、发文量多的，表现活跃的高校共青团微博传播影响力更大且传播独立性更强；另一方面，关注量多的高校共青团微博传播控制力更强，主要是因为高校共青团微博的关注用户和粉丝可以通过高校共青团微博的点赞和转发等行为建立起联系，进而增强其微博传播的控制力。因此，高校共青团微博的社会网络分析有效揭示了高校共青团微博信息传播行为的差异，有助于厘清新媒体时代高校共青团微博的信息传播与互动机制。

表 4–4　高校共青团微博相关性分析

	均值	标准差	粉丝量	关注量	发文量	点度中心性	中间中心性	接近中心性
粉丝量	173650.56	742904.28	1					
关注量	396.51	280.64	−0.15	1				
发文量	7511.79	6451.26	0.44**	0.34**	1			
点度中心性	12.72	8.78	0.39**	0.38**	0.46**	1		

① 刘虹：《基于关注视角的高校微博信息交流实证分析》，《情报科学》2017 年第 1 期。

② Akshay Java，Xiaodan Song，Tim Finin，Belle Tseng，*Why We Twitter : Understanding Microblogging Usage and Communities*，New York ：ACM Press，2007，pp.56–65.

续表

	均值	标准差	粉丝量	关注量	发文量	点度中心性	中间中心性	接近中心性
中间中心性	90.07	219.13	0.00	0.46**	0.22	0.65**	1	
接近中心性	50.73	6.54	0.32**	0.31**	0.39**	0.90**	0.52**	1

注：** 和 * 表示在 0.01 级别（双尾）和 0.05 级别（双尾）相关性显著。

二、网络传播主体网络结构的研究结论

通过对“中国教育政务新媒体联盟”成员中 75 个高校共青团微博的研究，运用社会网络分析探索微博信息传播的校际关系网络，得到以下三点结论。

（一）高校共青团微博信息传播中传播权力差异显著

高校共青团微博的社会网络呈现典型的“核心—边缘”结构。“青春石大”“北京大学”“清华大学”“同济大学”“共青团复旦大学委员会”等中心性高的微博位于信息传播的核心位置，在传播影响力、传播控制力和传播独立性三重维度上表现出了较强的传播权力，形成了多中心的差序格局。高校共青团思想政治教育传播多中心差序格局是以业缘关系为核心形成的，而高校的地理区位、院校层次与类型、社会资源与影响力、网络政治动员力等是推动其形成的可能要因。

（二）高校共青团微博信息传播中传播极化现象显著

大多数高校共青团微博处于信息传播的边缘位置。核心位置的高校共青团微博与边缘位置的高校共青团微博在中心性指标测量数据上呈现出显著性差异。高校共青团思想政治教育传播网络的传播效果极化现象可能导致传播生态失衡，而处于传播网络边缘的微博信息可能无法到达最广泛的青年学生群体。研究发现，以“青春石大”“北京大学”“清华大学”“同济大学”为

代表的微博在整体信息传播活动中占据了较强的传播优势，而且受到青年学生注意力稀缺的叠加影响，高校共青团思想政治教育网络传播权力呈现越来越集中的趋势。

（三）高校共青团微博信息传播中地理区隔显著

根据凝聚子群分析发现，高校共青团微博的社会网络中存在多个凝聚子群，这些凝聚子群构成“圈子”式的传播网络。同时，不同地理区位的共青团微博之间形成了较为显著的区隔，“圈子”内部的共青团微博互动关系较为密切。因此，高校共青团微博的思想政治教育信息互动丰富了“圈子”这种存在形式，而网络空间中的联结与传播是现实中校际关系的延伸，地理区位相似的高校更便于进行频繁的线下交流与互动，从而进一步固化了“圈子”式的网络传播结构。

三、构建科学的网络传播主体网络结构的建议

基于高校共青团微博信息传播的校际关系网络研究得出的研究结论，对科学构建高校共青团微博信息网络传播主体的网络结构提出了以下三点建议。

（一）创建“中国高校共青团微博联盟”，开辟传播的新场域

研究表明，高校共青团微博信息传播网络整体结构松散，没有形成信息传播合力，并且少数高校共青团微博还存在“单打独斗”并可能陷入“信息孤岛”的倾向。鉴于此，教育管理部门可以创建“中国高校共青团微博联盟”，通过完善微博平台关注机制打造有机联动的高校共青团微博信息传播网络，实现校际共通与信息共享。此外，可以在传播活动中引入多个传播主体。比如以高校思想政治理论课教师为代表的个人微博、以政府机构为代表的政务微博和以新闻机构为代表的媒体微博，可以融合产生多元传播效应，开辟校

际信息共享和外部信息供给“多源化”的高校共青团微博信息传播新场域，抢占新媒体时代的流量阵地。

（二）加强高校共青团微博的分类管理，构建均衡发展的传播格局

研究表明，高校共青团微博信息传播整体上呈现出典型的“核心—边缘”的结构特征，核心位置的共青团微博拥有强大的信息传播权力，而边缘位置的共青团微博对优质信息的获取与传递存在障碍。因此，应推动高校共青团微博的差异化发展，改善传播生态失衡的格局。首先是充分发挥中介高校的控制作用。作为传播路径的节点，中介高校掌握着丰富的信息资源，以中介高校为桥梁建立核心区域和边缘区域的社会网络连接，为边缘位置的高校共青团微博建构便捷的信息传播双向通道，打造均衡的传播生态。其次是进一步增强边缘位置高校共青团微博的议程设置能力。边缘位置高校共青团微博的运营者应当在充分了解本校学生信息消费习惯和注意力分配的基础上，优化思想政治教育内容供给，并利用正能量热词创新话语体系，提升青年群体对学校微博平台的关注度和参与度。

（三）打破高校共青团微博信息传播壁垒，拓展传播的共通空间

地理区隔是形成高校共青团微博信息传播子群的重要因素，这在一定程度上对思想政治教育信息在整体网络中的传播产生了负向影响。应当打破不同高校共青团子群之间信息的传播壁垒，加强不同区域高校之间线上及线下的交流与沟通，提升高校共青团微博的活跃度和传播合力。此外，占据结构洞位置的高校共青团微博在连接不同类型的微博方面具有独特的优势，可以通过识别并填补社会关系网络中的结构洞，搭建衍射型思想政治教育信息传播网络，为高校共青团思想政治教育信息自由充分地流动打造具有较强韧性和稳健性的共通空间。

第二节　高校思想政治教育网络传播受众的传播意愿

我国数字基础设施建设的进一步加快，数字资源应用的不断丰富，用网环境的持续优化，推动信息通信业高质量发展迈上新的台阶。第 52 次《中国互联网络发展状况统计报告》显示，截至 2023 年 6 月，我国网民规模达 10.79 亿人，较 2022 年 12 月增长 1109 万人，互联网普及率达 76.4%，我国手机网民规模达 10.76 亿人，较 2022 年 12 月增长 1109 万人。① 随着数字环境的快速发展与广泛应用，网民规模和手机用户数量稳步增长，互联网已经成为信息传播的中心。作为网民生力军的大学生群体，具有年轻活跃、参与性强等特点，他们身处新媒体信息接收的前沿，对信息的获取、接收和传播能力较强。因此，大学生信息传播行为的影响力是亟须关注和深入探究的重要问题。

新媒体技术成为驱动高校思想政治教育创新发展的新变量，使高校思想政治教育问题从物理空间延伸到网络空间。教育者要将社交媒体这一“最大变量”变成思想政治教育质量提升的“最大增量”，与时俱进地推动高校思想政治教育的改革与创新。随着新媒体的发展，思想政治教育传播的信道不断扩张，信源主体从传统的教育者逐步扩张到受教育者个体层面，传统的传播格局中泾渭分明的传者与受者、信源与目标的界限逐渐模糊，“传”“受”角色的转换日渐频繁。思想政治教育信息传播格局呈现出“去中心化”的特点，受教育者在思想政治教育领域中的话语权逐渐提升，参与思想政治教育传播活动的广度逐渐增加、程度日益深化，大学生作为受教育者在思想政治教育传播活动中的作用日益凸显。

---

① 中国互联网络信息中心：《第 52 次中国互联网络发展状况统计报告》，2023 年 8 月 28 日，见 https://cnnic.cn/NMediaFile/2023/0908/MAIN1694151810549M3LV0UWOAV.pdf。

大学生作为高校思想政治教育网络传播活动的重要主体，其传播意愿直接影响着高校思想政治教育网络传播活动。开展大学生思想政治教育网络传播意愿及其影响因素的研究，有利于优化高校思想政治教育网络传播效果并实现高校思想政治教育网络信息在大学生群体中的广泛传播，不断拓宽高校思想政治教育传播活动在大学生群体中的影响，为培育德智体美劳全面发展的社会主义建设者和接班人与勇于担当民族复兴大任的时代新人提供有力支撑。

一、网络传播受众传播意愿的理论与实证研究

传播学经典理论中的说服传播理论和媒介丰富度理论是开展大学生思想政治教育网络传播意愿研究的重要理论基础。

1953 年，卡尔·霍夫兰、欧文·贾尼斯和哈罗德·凯利较早阐释了信息在传播过程中对个体态度的说服过程和说服效果，并把使受众态度发生转变的因素归纳为信源变量、信息变量、信道变量和信宿变量。① 龚文庠也认为说服是个人或群体运用一定的战略战术，通过信息符号的传递，以非暴力手段去影响他人或群体的观念、行动，从而达到预期目的。② 大学生思想政治教育网络化的趋势要求尽快实现大学生思想政治教育从说教向说服的转变。说服理论探讨了信息传播如何影响传播对象的习惯、观念、行为等，并通过有效的设计使得信息传播能够收到最佳效果，达到预期的目标。说服理论与大学生思想政治教育有着内在的契合，从说服理论入手，对大学生思想政治教育创新与大学生思想政治教育网络传播意愿进行探索，有助于提高大学生思想政治教育工作的有效性，拓展大学生思想政治教育的理论边界。

1983 年，理查德·达夫特和罗伯特·伦格尔提出了媒介丰富度理论，

---

① ［美］卡尔·霍夫兰、欧文·贾尼斯、哈罗德·凯利：《传播与劝服：关于态度转变的心理学研究》，张建中、李雪晴、曾苑等译，彭增军校，中国人民大学出版社 2015 年版，第 9—10 页。

② 龚文庠：《说服学：攻心的学问》，人民出版社 1998 年版，第 2 页。

认为媒介丰富度是指信息经过媒介传播和处理到达用户后，在一定时间内改变用户对信息理解程度的能力。①② 丰富度高的媒介能够帮助用户克服不同的知识背景和社会阶层，或者能将不清楚的问题阐述明白，使得沟通双方在最短时间内达成一致意见。研究发现，媒介丰富度会影响用户对网络信息的使用意愿及态度，且高媒介丰富度可以消除网络信息的模糊性和不确定性。研究还发现，网络信息越丰富，内容显示越全面，表达方式越多样，代表这些信息的可信度越高，吸引用户阅读、收藏、转发和分享的可能性就越大，即内容丰富度、表达方式丰富度、质量丰富度对网络用户的信息使用意愿产生了正向的影响。媒介丰富度理论科学地阐释了大学生思想政治教育信息的丰富性、完整性及其表达形式的多样性对提升大学生思想政治教育信息网络传播意愿的重要性。

基于说服传播理论和媒介丰富度理论，结合扎根理论研究方法，研究以大学生与高校新媒体从业者为研究对象，科学选取了一定数量的样本进行了半结构化访谈，搜集了这些样本的质性文本资料并进行了三级编码，归纳出了影响网络传播意愿的核心要素，包括信息来源、信息内容、信息媒介、传播动机等。在此基础上，构建了大学生思想政治教育网络传播意愿影响因素作用机制模型，并对模型进行了路径系数显著性检验，验证了模型的可靠性和有效性。

（一）传播意愿影响因素作用机制模型的构建

科学研判和精准探寻大学生思想政治教育网络传播意愿的影响因素是

---

① Richard L. Daft，“Robert H. Lengel，Organizational Information Requirements, Media Richness and Structural Design”，*Management Science*，Vol.32，No.5（May 1986），pp.554-571.

② Richard L. Daft，“Robert H. Lengel，Linda Klebe Trevino，Message Equivocality, Media Selection and Manager Performance : Implications for Information Systems”，*MIS Quarterly*，Vol.11，No.3（September 1987），pp.355-366.

构建大学生思想政治教育网络传播意愿影响因素作用机制模型的前提和关键。影响大学生思想政治教育网络传播的因素究竟有哪些？这些影响因素之间的联系和作用机制如何？如何通过增强大学生思想政治教育网络传播意愿提升大学生网络思想政治教育的传播效果？对这三个问题的回答和厘清是构建大学生思想政治教育网络传播意愿影响因素作用机制模型的基础。

为精准探求大学生思想政治教育网络传播意愿的影响因素，研究首先在说服传播理论的基础上对大学生思想政治教育网络传播意愿的影响因素进行了深入探析，其中说服传播理论中的信源变量可视为思想政治教育的信息来源，信息变量可视为思想政治教育的信息内容，信道变量可视为思想政治教育的信息媒介，信宿变量可视为大学生作为新媒体用户的传播动机。这些变量都会对大学生思想政治教育的网络传播意愿产生影响，具有较强的解释力，可以作为自变量进行讨论。其次，研究进行了大学生样本群体的半结构化访谈，并运用扎根理论研究方法进行了程序化分析，研究发现，可靠性、专业性、关系强度、信息的娱乐性、信息的有用性、信息的流畅性、表达方式多样性、信息描述准确性、信息更新实时性、情感共鸣、自我认同、利他动机、感知风险等 13 个范畴是传播意愿的关键影响因素。这 13 个范畴相对微观和具象，可以作为自变量的一阶维度进行讨论。最后，研究进一步借鉴了媒介丰富度理论，把可靠性、专业性、关系强度作为信息来源的一阶维度引入研究模型；把信息的娱乐性、信息的有用性、信息的流畅性作为信息内容的一阶维度进行分析；把表达方式多样性、信息描述准确性、信息更新实时性引入了研究模型并作为信息媒介的一阶维度；把情感共鸣、自我认同、利他动机作为传播动机的一阶维度。通过上述分类解析，对大学生思想政治教育网络传播意愿影响因素的概念模型进行了构建与完善。大学生思想政治教育网络传播意愿影响因素的研究概念模型如图 4-2 所示。

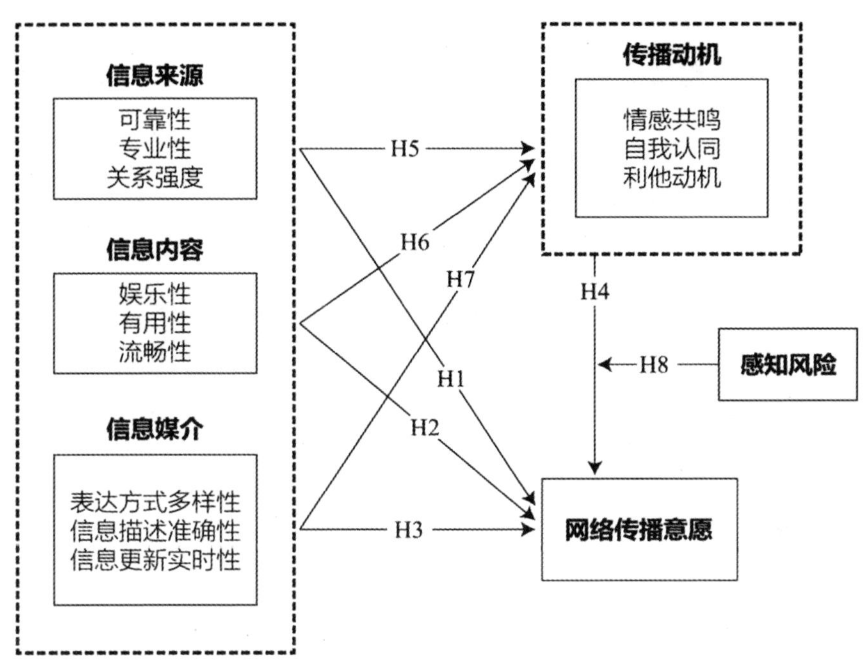

图4-2　大学生思想政治教育网络传播意愿影响因素的研究概念模型

为进一步探究大学生思想政治教育网络传播意愿影响因素的作用机制，通过设立研究假设，展开了各影响因素对网络传播意愿的关系分析，以及各影响因素之间的关系分析，并进行了研究假设的检验。具体研究假设如下。

H1：信息来源对大学生思想政治教育网络传播意愿具有正向影响；

H2：信息内容对大学生思想政治教育网络传播意愿具有正向影响；

H3：信息媒介对大学生思想政治教育网络传播意愿具有正向影响；

H4：传播动机对大学生思想政治教育网络传播意愿具有正向影响；

H5：信息来源对大学生思想政治教育传播动机具有正向影响；

H6：信息内容对大学生思想政治教育传播动机具有正向影响；

H7：信息媒介对大学生思想政治教育传播动机具有正向影响；

H8：感知风险对大学生传播动机和网络传播意愿的关系具有调节作用。

（二）传播意愿影响因素作用机制检验

研究通过问卷星平台发放网络问卷的形式进行数据的搜集。问卷调查的时间从 2021 年 5 月到 2021 年 9 月，共回收问卷 5933 份，删除填答不完整和逻辑不符的问卷后得到有效问卷 5458 份，问卷的有效回收率为 91.99%。在调查问卷的统计过程中发现，调查问卷对象从性别结构来看，男性人数为 2783 人，女性人数为 2675，男女比例约为 51∶49；从学历结构来看，大专学历占比 18.82%，本科占比 57.36%，硕士研究生占比 19.71%，博士研究生占比 4.11%；从政治面貌的结构来看，群众占比 6.72%，共青团员占比 56.85%，中共党员（含预备党员）占比 36.43%。总体来看，样本数量分布均匀，样本具有较好的代表性。

研究利用 AMOS 26.0 软件构建了大学生思想政治教育网络传播意愿影响因素作用机制的结构方程模型，如图 4-3 所示。通过验证信息来源、信息内容、信息媒介、传播动机与网络传播意愿之间的假设关系，对大学生思想政治教育网络传播意愿影响因素的作用机制模型进行评估。

通过进一步对大学生思想政治教育网络传播意愿影响因素作用机制的结构方程模型进行拟合度检验，研究发现各拟合指标良好。研究还对模型进行了路径分析，并验证了信息来源、信息内容、信息媒介、传播动机和网络传播意愿之间的相互关系。研究通过整体模型的路径分析和双变量路径分析验证了信息来源、信息内容、信息媒介、传播动机等四个维度及其包含的一阶维度对网络传播意愿的影响，以及信息来源、信息内容、信息媒介等三个维度及其包含的一阶维度对传播动机的影响。通过研究检验发现，信息来源、信息内容、信息媒介、传播动机对网络传播意愿的标准化路径系数分别为 0.22、0.33、0.69、0.63，且均在 $P<0.01$ 水平上达到显著。信息来源、信息内容、信息媒介对传播动机的标准化路径系数分别为 0.35、0.17、0.54，且均在 $P<0.01$ 水平上达到显著。

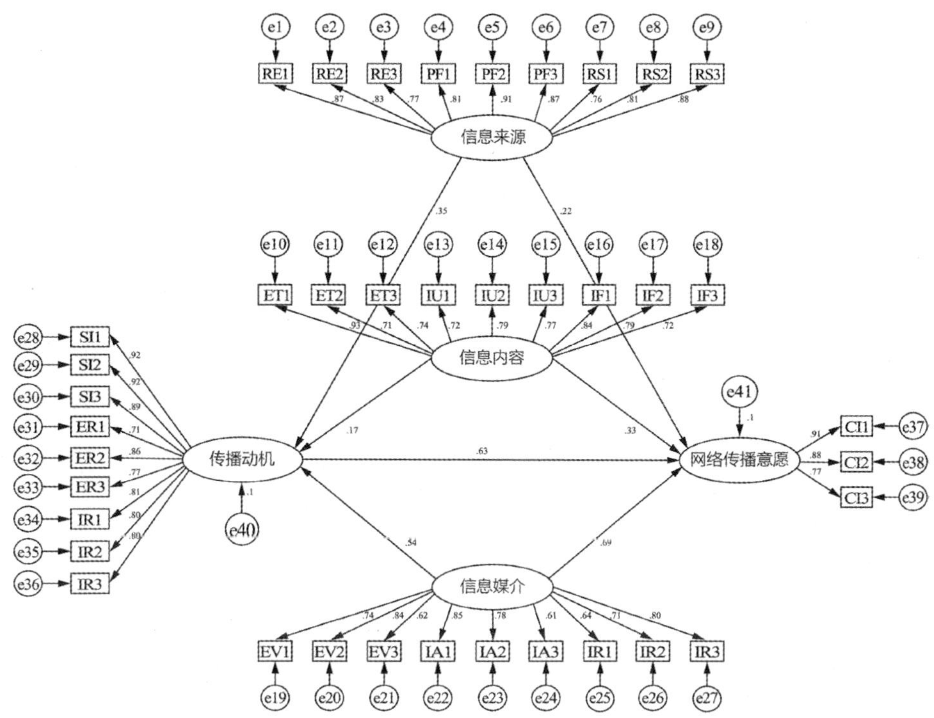

图4-3　大学生思想政治教育网络传播意愿影响因素的结构方程模型图

具体而言，在信息来源对网络传播意愿的影响过程中有三条路径呈现显著性，包括信息来源的可靠性、信息来源的专业性和信息来源的关系强度均可显著影响网络传播意愿。其中，信息来源可靠性的路径系数为 0.36，其对网络传播意愿的影响高于信息来源的专业性和信息来源的关系强度，信息来源的专业性和信息来源的关系强度对网络传播意愿影响的路径系数分别为 0.25、0.11；信息内容对网络传播意愿的影响过程中仅有两条路径呈现显著性，信息内容的有用性和信息内容的流畅性对网络传播意愿有显著影响，其路径系数分别为 0.46、0.28，信息内容的有用性对网络传播意愿的影响高于信息内容的流畅性，信息内容的娱乐性对网络传播意愿的影响不显著；信息媒介对网络传播意愿的影响过程中有两条路径呈现显著性，信息描述准确性和信息更新实时性对网络传播意愿有显著影响，其路径系数分别为 0.16、

0.15，信息描述准确性对网络传播意愿的影响高于信息更新实时性，表达方式多样性对网络传播意愿的影响不显著；在传播动机对网络传播意愿的影响过程中有三条路径显现显著性，其中情感共鸣对网络传播意愿的影响在P<0.001水平下显著，路径系数为0.58，高于自我认同和利他动机，自我认同对网络传播意愿影响的路径系数为0.23，利他动机对网络传播意愿影响的路径系数为0.37。

在信息来源对传播动机的影响过程中有两条路径呈现显著性，即可靠性和专业性对传播动机有显著影响，可靠性对传播动机影响的路径系数为0.37，专业性对传播动机影响的路径系数为0.21，信息来源可靠性的路径系数高于信息来源专业性，但关系强度对传播动机的影响不显著；在信息内容对传播动机的影响过程中有两条路径呈现显著性，有用性和流畅性对传播动机的影响在P<0.001水平下显著，其路径系数分别为0.37、0.21，有用性对传播动机的影响高于流畅性，娱乐性对传播动机没有显著性影响；在信息媒介对传播动机的影响中也仅有两条路径呈现显著性，信息描述准确性和信息更新实时性对传播动机的影响在P<0.001水平下显著，其路径系数分别为0.48、0.26，信息描述准确性对传播动机的影响高于信息更新实时性，而表达方式多样性对传播动机没有显著性影响。总体而言，信息来源、信息内容、信息媒介、传播动机均对网络传播意愿产生了不同程度的影响。

通过进一步分析感知风险在传播动机对网络传播意愿的影响过程中的调节作用，研究发现在不同感知风险的作用下，大学生的传播动机对其网络传播意愿的影响具有差异性。运用多层回归分析，把传播动机，即情感共鸣、自我认同、利他动机作为自变量，网络传播意愿作为因变量，感知风险作为调节变量，对感知风险的调节作用进行研究验证：首先，研究验证了情感共鸣、自我认同、利他动机对网络传播意愿的主效应，结果显示这三个一阶维度对网络传播意愿的影响显著；其次，验证了感知风险作为调节变量的主效应，验证结果为显著；最后，通过情感共鸣、自我认同、利他动机与感知风险的乘积项来验证交互关系。通过观察交互项的检验结果发现，交互项情感共鸣与感知风险、自我认同与感知风险、利他动机与感知风险的回归系数显著且为负，交互效应分别为 β=−0.18，P<0.01；β=−0.12，P<0.01、β=−0.24，P<0.01，结果表明，感知风险在传播动机与网络传播意愿的关系中具有调节作用。通过对调研数据的分析，得出研究假设的验证结果，如表 4–5 所示。

表 4–5　大学生思想政治教育网络传播意愿影响因素作用机制模型的假设验证结果

编号	研究假设	验证结果
H1	信息来源对大学生思想政治教育网络传播意愿具有正向影响。	成立
H1a	可靠性对大学生思想政治教育网络传播意愿具有正向影响。	成立
H1b	专业性对大学生思想政治教育网络传播意愿具有正向影响。	成立
H1c	关系强度对大学生思想政治教育网络传播意愿具有正向影响。	成立
H2	信息内容对大学生思想政治教育网络传播意愿具有正向影响。	成立
H2a	娱乐性对大学生思想政治教育网络传播意愿具有正向影响。	不成立
H2b	有用性对大学生思想政治教育网络传播意愿具有正向影响。	成立
H2c	流畅性对大学生思想政治教育网络传播意愿具有正向影响。	成立
H3	信息媒介对大学生思想政治教育网络传播意愿具有正向影响。	成立
H3a	表达方式多样性对大学生思想政治教育网络传播意愿具有正向影响。	不成立
H3b	信息描述准确性对大学生思想政治教育网络传播意愿具有正向影响。	成立
H3c	信息更新实时性对大学生思想政治教育网络传播意愿具有正向影响。	成立
H4	传播动机对大学生思想政治教育网络传播意愿具有正向影响。	成立
H4a	情感共鸣对大学生思想政治教育网络传播意愿具有正向影响。	成立
H4b	自我认同对大学生思想政治教育网络传播意愿具有正向影响。	成立
H4c	利他动机对大学生思想政治教育网络传播意愿具有正向影响。	成立
H5	信息来源对大学生思想政治教育传播动机具有正向影响。	成立
H5a	可靠性对大学生思想政治教育传播动机具有正向影响。	成立
H5b	专业性对大学生思想政治教育传播动机具有正向影响。	成立
H5c	关系强度对大学生思想政治教育传播动机具有正向影响。	不成立

续表

编号	研究假设	验证结果
H6	信息内容对大学生思想政治教育传播动机具有正向影响。	成立
H6a	娱乐性对大学生思想政治教育传播动机具有正向影响。	不成立
H6b	有用性对大学生思想政治教育传播动机具有正向影响。	成立
H6c	流畅性对大学生思想政治教育传播动机具有正向影响。	成立
H7	信息媒介对大学生思想政治教育传播动机具有正向影响。	成立
H7a	表达方式多样性对大学生思想政治教育传播动机具有正向影响。	不成立
H7b	信息描述准确性对大学生思想政治教育传播动机具有正向影响。	成立
H7c	信息更新实时性对大学生思想政治教育传播动机具有正向影响。	成立
H8	感知风险对大学生传播动机和网络传播意愿的关系具有调节作用。	成立
H8a	感知风险对大学生情感共鸣和网络传播意愿的关系具有调节作用。	成立
H8b	感知风险对大学生自我认同和网络传播意愿的关系具有调节作用。	成立
H8c	感知风险对大学生利他动机和网络传播意愿的关系具有调节作用。	成立

二、网络传播受众传播意愿的研究结论

基于上述对网络传播意愿影响因素作用机制的研究结果，信息来源、信息内容、信息媒介、传播动机对网络传播意愿均具有显著影响，感知风险在传播动机对大学生网络传播意愿的影响过程中具有调节作用。

（一）信息来源对网络传播意愿的影响

信息来源的可靠性、专业性和关系强度对网络传播意愿均具有显著的影响。通过对大学生展开的半结构化访谈研究发现，由高校或政府部门背书的官方媒体发布的信息以及由与自己具有强社会关系的用户发布的信息，更容易得到大学生群体的认可并被分享或者转发。大学生认为这种信息的来源更为可靠，并且大学生党员对思想政治教育信息的传播更加谨慎，更注重信息来源的可靠性和准确性。同时，由专业人士背书的具有较强专业性的信息也更容易受到大学生的认可与分享。通过访谈研究得到的结论也证实了实证研究的结论。

（二）信息内容对网络传播意愿的影响

信息内容及其一阶维度，即有用性和流畅性对大学生网络传播意愿具有显著影响。为进一步对实证研究结论进行验证，通过研究对大学生开展的半结构化访谈发现，大学生对于那些他们认为能够提高自身工作、学习、生活、社交等方面效率的思想政治教育信息，会产生传播意愿，愿意将这些信息进行分享和转发。同时，受访大学生表示他们更愿意浏览那些易于获取或者回忆的信息，对于那些标题简洁、图文结合并且理解起来较为简易的思想政治教育内容，才会去点赞、评论或转发。而信息内容的娱乐性并不会激发他们去分享或者转发的意愿。

（三）信息媒介对网络传播意愿的影响

信息媒介对大学生的网络传播意愿具有显著影响。在对大学生进行半结构化访谈研究的过程中发现，对来源于可靠渠道且能够客观反映事实真相、真实反映事物本来面目的信息，大学生的传播意愿更强。同时，对于那些能够及时更新并且根据自身学习、工作和生活中的实际需要及时提供的思想政治教育信息，更具有传播意愿。大学生虽然也乐于见到新媒体平台以多样化的形式来呈现思想政治教育信息，但这种形式上的多样化并没有对他们的传播意愿产生影响。

（四）传播动机对网络传播意愿的影响

大学生的传播动机对网络传播意愿具有显著影响。在访谈研究过程中发现，大学生在与他人进行对话、沟通和交往的过程中，对他人的价值理念、伦理道德、行为规范达到价值融合、视域契合而引发彼此在心理层面的共通感时，就会激发出较为强烈的传播意愿。比如，习近平总书记在庆祝中国共产党成立100周年大会上的讲话、袁隆平院士对解决人类粮食安全问题的伟大贡献、北斗导航卫星成功发射等信息，能够使大学生产生强烈共鸣，正是这种情感共鸣引发了大量网络点赞、评论、分享、转发与收藏。同时，大学生对那些与自身现况、工作状态、社会期待、以往经验、现实情境、未来希望等层面的知觉相契合的信息，具有更强的传播意愿。此外，大学生作为新时代富有生活激情的青年群体，往往有一种以增加他人福利和关注他人利益为目标的心理动机，也会因为自身的社会责任感和使命感而愿意与他人共享信息。

（五）信息来源、信息内容、信息媒介对传播动机的影响

信息来源、信息内容和信息媒介对大学生思想政治教育传播动机均具有显著性影响。接受访谈的大学生表示，信息来源的可靠性和专业性能够有效影响他们的传播动机，但是关系强度对他们传播动机的影响较小；信息内容的有用性和流畅性能显著影响大学生对思想政治教育信息的传播动机，而信息内容的娱乐性对传播动机的影响不显著；只有经过准确描述的信息和能够实时更新的信息能显著影响大学生的传播动机，但是表达方式多样性对传播动机的影响较小。访谈研究得到的这些结论与上述实证研究结论呈现出一致性。

（六）感知风险对传播动机与网络传播意愿关系的调节作用

感知风险在传播动机与网络传播意愿的关系中起到了调节作用。接受访谈的大学生表示，如果他们意识到自己的信息披露行为可能会对自身的隐私信息或者隐私社交造成威胁或者伤害时，就会显著降低信息的传播意愿，反之，就不会影响他们的传播意愿。同时，当大学生感知到存在较高的传播风险时就会显著降低他们的情感共鸣、自我认同、利他动机对网络传播意愿的影响作用。

三、提升网络传播受众传播意愿的对策建议

加强大学生群体思想政治教育信息网络传播意愿，有利于推进大学生主流价值观的自我教育，提升高校思想政治教育网络传播效果。本研究从信息

来源、信息内容、信息媒介、传播氛围和对高校新媒体平台的监管等方面，为提高大学生思想政治教育网络传播意愿，加强高校网络思想政治教育提出对策建议。

（一）把控好信息来源，提升大学生的信任感

研究发现，大学生群体对由高校或政府部门背书的官方媒体发布的信息以及由与自己具有强社会关系的用户发布的信息具有更强的信任感，也更愿意传播他们发布的信息。比如，共青团中央或者高校的微博账号、微信公众号、抖音账号等，以及“中国政府网”“微言教育”等政府部门官方微信公众号。因此，高校应把控好信息的发布源，加强信息可靠性的管理。第一，应从内容详尽度、数据准确度、平台可信度等多个方面对信息来源进行可靠性筛选，向大学生推荐来源可靠性与权威性高、专业性强的账号以及那些更贴近大学生学习、工作和生活实际的优质账号发布的思想政治教育信息，提升大学生对这些账号及其发布信息的信任感；第二，高校应培养大学生对不能确定来源的信息始终保持谨慎、负责任的态度，提高他们对信息来源进行评价与反馈的意识；第三，应提高高校媒体平台的专业度及责任意识，控制好信息发布者的门槛，加大传播途径的监管力度，全面提高高校媒体平台发布信息的可靠性。

（二）甄选信息传播内容，满足大学生现实需求

信息内容及其有用性和流畅性能够有效激发大学生传播思想政治教育信息。因此，高校应增加高质量思想政治教育信息内容的产出，不断完善科学化、正面性、权威性思想政治教育信息内容的生产。首先，优化算法对思想政治教育信息内容的推荐机制，通过完善个性化的推荐服务机制、优化大学生与媒体平台之间的交互功能等方式，为大学生群体提供优质的算法体验，以增强他们对高校媒体平台的感知有用性，满足他们的学习、工作与生活需求；其次，还可以考虑以邀请一些国内外知名专业人士进驻高校媒体平台，

提供专业化知识的方式，提高大学生对平台的认可度；最后，还需要精心考虑思想政治教育信息的内容元素与呈现形式之间的平衡，以求恰到好处地将最值得推荐的思想政治教育信息内容清晰、流畅地传递给大学生，以激发他们传播这些信息的意愿。

（三）优化信息媒介，提升信息载体吸引力

信息媒介及其信息描述准确性和信息更新实时性对大学生进行思想政治教育信息传播活动有促进作用。高校要优化传播媒介，就要实现对新旧媒体的统筹布局，既要通过优化思想政治教育信息资源利用形成各类传播媒介的特色，又要形成一体化传播的优势；既要有功能的分工，又要有传播的合力。具体而言，高校既要充分发挥新旧媒体各自的优势，又要善于综合利用传统媒体与新媒体之间以及不同类型的新媒体之间的集合优势，比如整合校园广播、校刊校报等与微博账号、微信公众号、抖音账号等新旧媒体资源，合力打造一个综合性强、互补性高的思想政治教育平台，并将整合后的媒介平台进行有效的、有针对性的运用，对主流政策观点、价值观念、思想理念进行阐释，对国内外事件积极发言发声，提升主流话语在大学生中的影响力、到达率以及接触效果。此外，高校媒体平台还应充分发挥思想政治教育信息传播的准确性、完整性、实时性，实现以更快的速度在更广范围内的传播，提升高校媒体平台对大学生的吸引力。

（四）营造传播氛围，提升大学生传播动机

良好的信息传播氛围是高校开展思想政治教育传播活动的重要保障。高校思想政治教育信息传播所存在的场合与气氛对信息传播有着极其重要的作用，有时甚至是决定性作用。有效的思想政治教育信息传播之所以实现，一定是有包括传播所依存的时间、地点、场合、气氛等重要因素的辅助，即传播环境，它包括物质环境和社会环境以及特定的心理环

境。①② 因此，高校在进行思想政治教育信息传播的过程中应刻意研究传播的人气、传播的时间、传播的地点以及其他社会因素，不断营造良好的思想政治教育信息传播氛围，更好地影响大学生信息传播动机。

高校应借助营造富于正能量的校园网络文化环境，唱响网络红色主旋律，并积极探索高校校园网络文化建设与网络红色文化的最佳契合点。红色文化蕴含着信仰的磅礴力量，有着丰富的感召力和极强的生命力，并且随着网络化传播这种感召力和生命力得到了充分彰显。发挥网络红色文化的思想政治教育成效，传承红色基因，更能营造与时俱进、积极向上的校园文化氛围，提升大学生对红色文化的情感认同，继而升华为思想认同和行为认同。高校还应借助举办大型文化娱乐线下活动同步线上转播的机会，将红色文化通过多种新媒体平台融入校园的网络文化之中，让大学生将马克思主义理论和红色精神内化于心、外化于行，营造红色校园网络文化环境，提升大学生传播思想政治教育信息的动机。

（五）加强信息监管，防范大学生信息传播风险

相比传统媒体，新媒体传播的信息数量庞大、内容繁杂、形式多样，并具有隐蔽性高、传播速度快、影响面广等特点。公众通过网络发布的各种信息，都能在极短的时间内获得海量的关注、转发、评论，但是由于信息的发布者、传播者、接收者的素质参差不齐且多为匿名，很容易出现不负责任的、非理性的甚至极端的传播行为。此外，新媒体特有的技术特征和运作方式有时反而为虚假信息的传播提供了便利条件，成为引起“蝴蝶效应”的诱发因素，极大地降低了网络媒体的公信力。因此，加强对传播信息的必要监管已经成为社会的广泛共识。

① 王鹏飞：《高校思想政治工作中情境要素的选择和利用》，《西南民族学院学报（哲学社会科学版）》2001 年第 S1 期。

② 陈寿祺：《论文献信息传播理论的几个问题》，《图书与情报》1998 年第 1 期。

增强高校新媒体平台思想政治教育信息传播的监管，高校应采取硬性控制手段。一方面，通过加强新媒体平台的制度建设，对在网络平台上传播消极信息的行为给予制止和惩罚；另一方面，借助数据和技术优势，在思想政治教育信息搜索和辨别方面，采用“大数据技术＋人工智能”实现即时监管，及时对不良信息进行识别，把关网络空间“流动性”入口，捕捉风险源头和风险隐患，采取多种技术对不良信息进行及时屏蔽和删除，并保障优质思想政治教育信息内容的生产与传播，为大学生创建一个绿色的校园网络环境。此外，高校还应通过加强大学生数字媒体伦理道德规范的培育等软性控制手段，提升大学生对不良网络信息的判别能力和抗干扰能力，防范思想政治教育信息的网络传播风险。

第三节　高校思想政治教育网络传播受众的安全素养

2016 年，习近平总书记在网络安全和信息化工作座谈会上明确指出，网络安全和信息化是相辅相成的。安全是发展的前提，发展是安全的保障，安全和发展要同步推进。从世界范围看，网络安全威胁和风险日益突出，并向政治、经济、文化、社会、生态、国防等领域传导渗透。面对复杂严峻的网络安全形势，要保持清醒头脑，各方面齐抓共管，切实维护网络安全。维护网络安全，首先要知道风险在哪里，是什么样的风险，什么时候发生风险，正所谓“聪者听于无声，明者见于未形”。感知网络安全态势是最基本最基础的工作。①

互联网以其强大的信息覆盖力，拥有着涉及人们生活方方面面的信息，成为信息的中转中心。然而，在海量信息的背后是复杂的网络结构、垃圾信息、

① 新华社：《习近平：在网络安全和信息化工作座谈会上的讲话》，2016 年 4 月 25 日，见 https://www.gov.cn/xinwen/2016-04/25/content_5067705.htm。

网络病毒、网络黑客等，这些干扰造成了网络空间的无序和不安全。此外，网络用户的隐私安全也正面临着巨大的挑战，互联网在采集、存储、分析、交易和弃用用户信息的每一个环节都存在一定的风险，这使得用户信息随时随地可能暴露于极不安全的网络空间之中，导致用户面临前所未有的隐私与安全威胁。随着网络空间作为社会基础作用的日益加深和网络安全风险的不断显现，如何打造安全、可靠的网络空间已成为世界各国共同关注的问题。

高校是社会新生力量云集的场所，大学生是网络用户的活跃群体。在互联网浪潮的影响下，网络已经成为大学生社交、学习、工作、娱乐的重要空间，大学生的生活方式、学习方式、社交方式、表达习惯、关系结构和生活轨迹也发生了改变。然而，大学生的网络安全意识普遍比较淡薄，网络安全基础知识和网络安全技术薄弱，网络安全素养较低。这不仅会影响他们在面对相关事件时的思考与行动能力以及自身个人价值的实现，同时也会影响他们对他人合法信息安全权益的态度以及未来科技社会的健康与可持续发展。此外，高校网络安全管理也存在诸多漏洞，导致高校校园网络安全漏洞百出。由此，大学生的网络信息安全问题越来越引发学界和社会的广泛关注。面向纷繁复杂的网络空间，开展大学生网络安全素养的评价研究及其提升策略研究具有重要的现实意义。

本研究遵循科学性、动态开放性、可操作性和导向性的评价指标选取原则，构建较为科学全面的大学生网络安全素养评价指标体系。通过开展全国35所高校大学生网络安全素养测评，从网络安全意识、网络安全知识、网络安全技能和网络伦理四个维度展开大学生网络安全素养的评价研究。在此基础之上，探究大学生网络安全素养存在的问题与不足、导致大学生网络安全素养不足的成因，并提出如何提升大学生网络安全素养的建议。

一、网络传播受众安全素养评价的实证分析

本研究通过梳理和总结国内外与网络安全素养相关的研究文献，厘清素

养、网络素养、网络安全等的概念、内涵和特征。素养是指大学生在特定情境中综合运用知识、技能和态度解决问题的高级能力与人性能力。① 素养作为一种解决真实问题的能力，具有整体性、综合性、实践性的特征。一个有素养的人是建立在强调其作为完整的人的立场上，经过长期且足够广泛的自知识开始的学习及与之相伴随的思维训练，形成了成熟的思维习惯及思维发展能力，具有丰富美好、稳定内蕴且自然显露的价值观或世界观，适应终身发展和社会发展需要的全面发展的人。② 网络素养是指人们在网络实践中所应具备的素质和修养，包括对网络的理解运用能力、对网络信息的辨别批判能力、有效利用网络进行创造革新的能力、正确处理网络不良信息和不端行为的安全防卫能力以及在网络中恪守道德规范、锤炼道德品质的自律能力。③ 大学生的网络素养是指大学生正确地、积极地利用网络资源的能力。网络安全问题是随着信息和网络技术与各行业的结合而产生衍化出来的，因而具有明显的差异性和个性化特征。根据需求不同、应用场景不同、服务面向不同，有不同的描述和表达。根据《中华人民共和国网络安全法》第 76 条的规定，网络安全是指通过必要措施，防范对网络的攻击、侵入、干扰、破坏和非法使用以及意外事故，使网络处于稳定可靠运行的状态，以及保障网络数据的完整性、保密性、可用性的能力。④ 不确定性和复杂性是高校网络安全最突出的特征。结合对素养、网络素养、网络安全等的概念、内涵和特征以及相关文献的梳理，大学生网络安全素养是指大学生在利用网络资源

① 李健、宋乃庆、王诗梦、孙小坚：《一项工具开发：如何才能测评学生美术素养?》，《华东师范大学学报（教育科学版）》2023 年第 6 期。

② 陈羽洁、张义兵、李艺：《素养是什么？——基于皮亚杰发生认识论知识观的演绎》，《电化教育研究》2021 年第 1 期。

③ 梁丽：《大学生网络素养教育的融合式课程探索》，《学校党建与思想教育》2021 年第 1 期。

④ 《中华人民共和国网络安全法》，2016 年 11 月 7 日，第十二届全国人民代表大会常务委员会第二十四次会议通过。

时应具备的网络安全意识、网络安全知识、网络伦理规范以及判别与处理网络安全问题的技能。

结合对大学生网络安全素养概念的界定，本研究构建了以大学生网络安全意识、网络安全知识、网络安全技能、网络伦理为一级指标的大学生网络安全素养评价指标体系，运用 YAAHP 软件对评价指标的权重进行了测算，并应用大学生网络安全素养评价指标体系对全国 35 所高校开展大学生网络安全素养评价研究。

（一）网络安全素养评价指标体系构建及权重的确定

结合科学性、动态开放性、可操作性和导向性等评价指标体系的构建原则以及大学生网络安全素养的概念，在梳理大学生网络安全素养相关文献的基础之上，选取了大学生网络安全素养的评价指标，包括大学生网络安全意识、大学生网络安全知识、大学生网络安全技能、大学生网络伦理等一级指标，并初步拟定了网络安全感、防范能力自我评价、安全软件使用习惯、账号密码设置习惯等 43 个观测点。采用专家调查法，在计算机科学与技术、网络空间安全、信息安全和高等教育学等学科领域邀请 32 位专家对评价指标进行进一步的修订与完善，从原来的 43 个观测点中遴选出 39 个观测点。通过问卷调查搜集评估大学生网络安全素养的相关数据，并运用 SPSS 26.0 统计软件对数据进行了因子分析，最终确定了由 4 个一级指标以及由网络使用习惯、个人信息保护意识、网络诈骗防范意识、网络安全法律知识等 12 个二级指标和安全软件使用习惯、账号密码设置习惯、公共 Wi-Fi 连接习惯、常用软件下载习惯等 39 个观测点构建的大学生网络安全素养评价指标体系。大学生网络安全素养评价指标体系结构图如图 4-4 所示。

为了进一步确立评价指标体系的权重，通过征询专家意见，采用层次分析法确定大学生网络安全素养各项评价指标的权重。运用 YAAHP 软件，将大学生网络安全素养的评价指标分成决策目标、中间方案和备选方案，按照

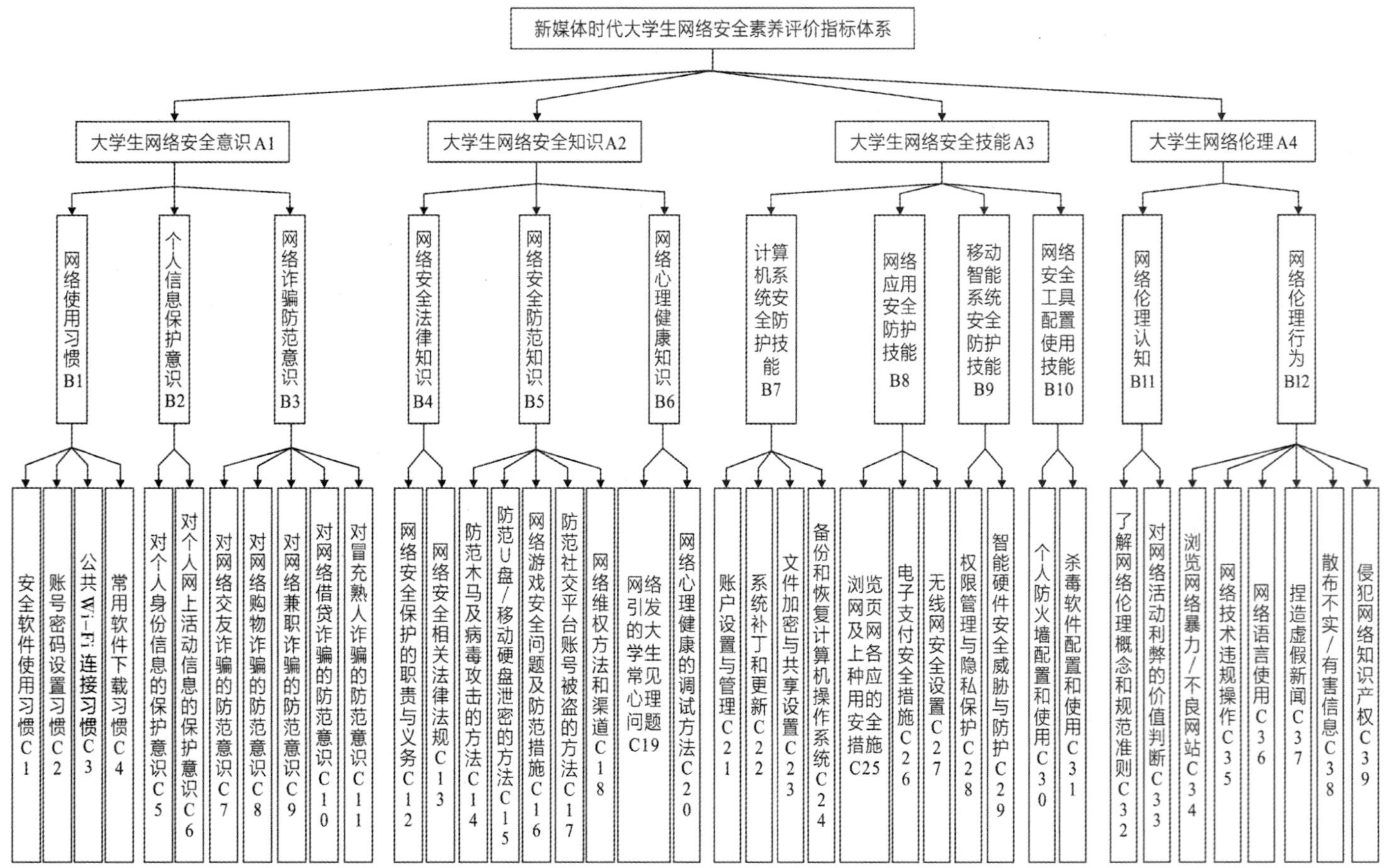

图4–4 大学生网络安全素养评价指标体系结构图

这些评价指标之间的相互关系建立层次结构模型。大学生网络安全素养作为决策目标，中间层为评价指标体系中的 4 项一级指标和 12 项二级指标，备选方案为评价指标体系中的 39 个观测点。为提高权重测算结果的科学性和准确性，结合层次结构模型，通过评价指标的两两比较构造判断矩阵，设计评价指标权重的问卷，征询专家意见，对各项评价指标的相对重要程度进行两两间的相互比较，采用九级标度法标注出专家判断的具体数值，并将数值导入 YAAHP 软件。结果显示，所有判断矩阵的一致性比率 CR<0.1，均通过一致性检验，具备满意的逻辑一致性，最终获得了较为科学精准的大学生网络安全素养评价指标体系的权重。大学生网络安全素养评价指标体系及权重如表 4-6 所示。

表 4-6　大学生网络安全素养评价指标体系及权重

一级指标及权重	二级指标及权重	三级指标及权重	指标说明
大学生网络安全意识 A1（35.96%）	网络使用习惯 B1（8.59%）	安全软件使用习惯 C1（1.54%）	定期使用安全软件检查电脑或手机
		账号密码设置习惯 C2（2.92%）	每个账号的密码设置都不相同且在密码设置时会采用“大小写字母＋数字＋特殊符号”的组合方式
		公共 Wi-Fi 连接习惯 C3（2.57%）	只会连接有密码或者有认证过程的 Wi-Fi
		常用软件下载习惯 C4（1.56%）	选择知名应用商店或正规网站、官方认证的网站来下载软件
	个人信息保护意识 B2（9.49%）	对个人身份信息的保护意识 C5（6.16%）	在上网过程中，不会随意填写、分享个人真实信息
		对个人网上活动信息的保护意识 C6（3.33%）	不会展示个人网页搜索浏览痕迹、线上消费记录、聊天与语音记录、地理位置等信息

续表

一级指标及权重	二级指标及权重	三级指标及权重	指标说明
大学生网络安全意识 A1（35.96%）	网络诈骗防范意识 B3（17.88%）	对网络交友诈骗的防范意识 C7（3.53%）	有意识地防范网络恋爱诈骗等情况的发生
		对网络购物诈骗的防范意识 C8（1.73%）	有意识地防范低价诱惑诈骗、网络退款诈骗等
		对网络兼职诈骗的防范意识 C9（4.87%）	有意识地防范在寻求网络兼职中需缴纳中介费和保证金以及帮助刷单和刷信誉等情况
		对网络借贷诈骗的防范意识 C10（5.66%）	有意识地防范校园不良网贷
		对冒充熟人诈骗的防范意识 C11（2.09%）	有意识地防范通过微信、QQ 等软件提出的转账汇款请求
大学生网络安全知识 A2（24.06%）	网络安全法律知识 B4（8.74%）	网络安全保护的职责与义务 C12（3.45%）	了解广大网民对于维护网络安全承担的义务和责任
		网络安全相关法律法规 C13（5.29%）	了解《中华人民共和国网络安全法》《通信网络安全防护管理办法》等与网络安全相关的法律法规
	网络安全防范知识 B5（11.12%）	防范木马及病毒攻击的方法 C14（1.88%）	了解木马的概念、种类、特点和如何防范木马病毒及其他病毒攻击的知识
		防范 U 盘 / 移动硬盘泄密的方法 C15（1.64%）	了解如何防范 U 盘、移动硬盘泄密的知识
		网络游戏安全问题及防范措施 C16（1.83%）	了解如何保证网络游戏安全的知识
		防范社交平台账号被盗的方法 C17（3.35%）	了解如何防范 QQ、微信、微博等社交平台账号被盗的知识
		网络维权方法和渠道 C18（2.42%）	了解在权益受到侵害时正确的网络维权方法和渠道
	网络心理健康知识 B6（4.20%）	网络引发的大学生常见心理问题 C19（1.63%）	了解如网络成瘾、网络人格障碍等大学生易出现的网络心理问题
		网络心理健康的调试方法 C20（2.57%）	了解如网络成瘾的预防和自我干预策略等网络心理健康的调试方法

续表

一级指标及权重	二级指标及权重	三级指标及权重	指标说明
大学生网络安全技能 A3（22.04%）	计算机系统安全防护技能 B7（5.74%）	账户设置与管理 C21（1.34%）	掌握计算机系统中账户使用与管理的技能
		系统补丁和更新 C22（0.93%）	掌握安装和更新系统补丁的技能
		文件加密与共享设置 C23（2.06%）	掌握给电脑共享文件设置密码和权限的技能
		备份和恢复计算机操作系统 C24（1.41%）	掌握定期备份，当系统遭到病毒严重破坏后能迅速修复的技能
	网络应用安全防护技能 B8（6.92%）	浏览网页及网上各种应用的安全措施 C25（2.11%）	掌握设置浏览器的安全等级，有效过滤非法网站的访问限制；安全收发电子邮件；安全使用 IM 软件；安全扫描二维码等技能
		电子支付安全措施 C26（3.89%）	掌握电子支付的安全措施，在进行网上支付时会检查电脑及周围环境等
		无线网安全设置 C27（0.92%）	清楚无线网络标准，掌握安全连接 Wi-Fi 设置方法
	移动智能系统安全防护技能 B9（6.28%）	权限管理与隐私保护 C28（4.35%）	掌握管理手机软件权限的方法，注意保护个人数据、隐私
		智能硬件安全威胁与防护 C29（1.93%）	了解智能硬件安全威胁，掌握其防护技能
	网络安全工具配置使用技能 B10（3.10%）	个人防火墙配置和使用 C30（1.13%）	掌握个人防火墙安装、配置和使用的技能
		杀毒软件配置和使用 C31（1.97%）	树立计算机安全观念，选用可靠的、具有实时（在线）杀毒能力的软件并掌握其安装技能
大学生网络伦理 A4（17.94%）	网络伦理认知 B11（4.31%）	了解网络伦理概念和规范准则 C32（1.85%）	清晰认知网络伦理概念和相关规范准则
		对网络活动利弊的价值判断 C33（2.46%）	在对如学术不端、过度依赖网络、不合理使用网络方面的价值判断上不出现偏差

续表

一级指标及权重	二级指标及权重	三级指标及权重	指标说明
大学生网络伦理 A4（17.94%）	网络伦理行为 B12（13.63%）	浏览网络暴力 / 不良网站 C34（2.06%）	不会主动访问浏览暴力、不良网站
		网络技术违规操作 C35（1.45%）	不会利用网络漏洞盗用他人网络账号、侵犯他人隐私、泄露他人信息等
		网络语言使用 C36（1.38%）	不会在网络上使用粗鲁语言或符号调侃、谩骂和攻击他人
		捏造虚假新闻 C37（3.62%）	不会利用社会敏感问题，有意炒作，制造谣言误导民众，以造成公共秩序混乱
		散布不实 / 有害信息 C38（3.28%）	不会跟帖转发未经证实的、可能造成群众恐慌的信息
		侵犯网络知识产权 C39（1.84%）	不会从网上下载、传播、使用盗版软件，不会有从网上抄袭他人成果及引用下载资料而未注明的网络行为

（二）大学生网络安全素养评价的研究结果分析

运用大学生网络安全素养评价指标体系，选取全国 35 所高校作为评价样本，开展大学生网络安全素养的评价研究，为教育行政部门、高校和社会掌握大学生网络安全素养的现状提供了科学线索和数据参考。

2021 年 6 月—2021 年 10 月，采取线上线下相结合的方式发布了“大学生网络安全素养调查问卷”，并采用分层随机抽样的方法，先后从东北、华北、华中、华南、华东、西北、西南全国 7 大片区抽取了 35 所高校，① 以被

---

① 抽样选取的 35 所高校为：中国人民大学、北京交通大学、天津理工大学、河北科技大学、大连理工大学、吉林大学、长春师范大学、东北石油大学、上海交通大学、江苏大学、浙江大学、安徽师范大学、烟台大学、武汉大学、华中科技大学、武汉工程大学、中国地质大学（武汉）、武汉纺织大学、华中农业大学、华中师范大学、湖北经济学院、长沙理工大学、长沙学院、中山大学、广东海洋大学、桂林电子科技大学、海南大学、西南大学、重庆工商大学、西南财经大学、成都师范学院、西安电子科技大学、兰州大学、青海交通职业技术学院、宁夏理工学院。

抽取高校在校生规模确定了各高校的抽样规模。此次调查共发放问卷5250份，回收问卷5036份，回收率为95.92%；其中，有效问卷4872份，有效回收率为92.80%。运用SPSS 26.0软件对数据进行了信效度检验，检验结果表明问卷的稳定性与一致性较好，能够用于测量大学生网络安全素养；调查数据与问卷的适配度较好，说明问卷具有较好的结构效度，能够有效解释调查内容。调查样本的基本情况，从性别比例来看，男生所占比例为53.78%，女生所占比例为46.22%。从学历分布来看，本科生、硕士研究生和博士研究生的比例分别为59.14%、32.51%、8.35%。从专业类别来看，主要分为计算机专业、非计算机工科专业、文科专业和理科专业四大类。其中，非计算机工科专业占比为31.86%，计算机专业、文科专业和理科专业占比分别为22.23%、21.40%、24.51%。总体来看，研究选取样本的分布较为均衡。

1. 大学生网络安全素养的整体水平分析

从整体上看，参与调查的4872名大学生的网络安全素养加权总得分为3.29（满分为5分）。大学生在网络伦理评价维度上的得分率为70.87%，网络安全意识评价维度的得分率为66.75%，网络安全知识和网络安全技能评价维度的得分率分别为64.81%和61.37%。调查显示，大学生会有意识地防范网络借贷诈骗、选择知名应用商店或正规网站下载软件，但是他们在网络安全意识的其他观测维度上表现出弱势，比如在面对多种形式的网络诈骗、个人信息可能被泄露等网络安全问题时，容易受到不良诱惑的影响或还没有意识到已坠入信息泄露的陷阱。同时，多数大学生在网络安全知识维度，尤其是网络安全法律知识的掌握还较为薄弱。从大学生的网络安全技能维度来看，整体水平较低，很少有大学生能够熟练掌握计算机系统安全防护技能与网络应用安全防护技能，一旦这些在网络世界里“手无寸铁”的大学生受到黑客攻击时，就会面临如数据丢失、上网设备受损等一系列安全问题。大学生在网络伦理评价维度上的表现较好，但是仍有较多大学生对网络伦理的概念、标准和失范现象的认识不够清晰和深刻。比如，有少数大学生使用低俗语言进行恶搞、使用粗俗语言恶意攻击他人、散布网络谣言、实施网络侵权等行为，反映出大学生网络伦理意识较为薄弱。此外，大学生还存在个人信息泄露、网络兼职被骗、上网设备中毒、浏览不良网站、参与网络暴力等网络行为。这些都反映了大学生网络安全素养存在的问题，亟须规范。

2. 大学生网络安全意识水平分析

研究发现，多数大学生会通过官方网站或手机自带的应用商店来进行常用软件的下载，且习惯性使用这种做法的大学生占比为 43.53%。在“是否只会连接有密码或者有认证过程的 Wi-Fi”这一题项中，多数大学生选择了“非常符合”“比较符合”或“符合”自身的实际情况，表明大学生基本能意识到使用免费 Wi-Fi 可能带来的风险。在“是否会定期使用安全软件检查电脑或手机”题项中，41.89% 的大学生选择了“非常符合”或“比较符合”，但 23.50% 的大学生基本不会或完全不会定期使用安全软件检查电脑或手机。研究表明，大学生尚未养成定期进行网络安全自查的习惯，应做好网络设备的防护，避免出现数据泄露或资料损毁等意外事件，造成无法挽回的数据损失。42.28% 的大学生平时不会采用“大小写字母 + 数字 + 特殊符号”的密码设置方式，并存在各账号密码设置相同的情况。多数大学生都拥有多个网络账号，但他们普遍缺乏对这些账号的保护意识，尚未意识到密码设置强度较弱容易被黑客破解，从而产生网络安全问题。

随着数字经济的兴起，数据的隐私属性和价值属性更加凸显。通过对大学生信息保护意识的调查发现，43.72% 的大学生在网络请求填写相关信息时，能够做到不随意填写和分享个人真实信息。对“是否会展示个人网页搜索浏览痕迹、线上消费记录、聊天与语音记录、地理位置等信息”这一题项，有 25.25% 的大学生表示平时没有过多考虑或是完全没有考虑到个人信息会被他人恶意使用，因而他们会随意在网络上公开自己的个人信息。网络数据安全风险加剧，数据的窃取形式多样，大学生的个人信息保护意识亟须进一步加强。

3. 大学生网络安全知识水平分析

研究数据显示，在“网络安全法律知识”题项上的总体得分较低。多数大学生对“是否了解广大网民对于维护网络安全承担的义务和责任”这一问题还不甚了解。在“是否了解《中华人民共和国网络安全法》《通信网络安全防护管理办法》等与网络安全相关的法律法规”这一问题上，有 52.11% 的大学生选择了基本不了解和完全不了解，这一结果表明大学生网络空间的法律法规知识匮乏、法治观念较弱，这可能导致大学生的网络失范行为，甚至在上网过程中触碰法律红线。多数大学生基本了解有关网络安全防范的相关基础知识，并具有一定的网络安全防范意识，但是能够熟练使用网络安全防护软件的大学生仍占少数。尽管半数以上参与调查的大学生都了解账户和密码尽量不要雷同、需定期修改密码等基本网络安全防范知识，但当遇到网络病毒或遭遇网络攻击时，占比达 87.64% 的大学生束手无策，不知道应该如何处理。

网络心理健康知识是评价大学生网络安全知识维度中的一项重要指标。研究发现，大学生越来越关注由网络造成的复杂心理问题及其干预措施，比如网络成瘾的预防和自我干预策略等涉及网络心理健康的各种问题，有 28.82% 和 32.43% 的大学生表示非常了解和基本了解这一问题，但是仍有 22% 的大学生基本不了解和非常不了解对这一问题的调试方法。高校应进一步加强大学生网络心理健康教育，持续关注大学生网络心理健康问题。

4. 大学生网络安全技能水平分析

调查结果显示，在计算机系统安全防护技能维度上，大学生在计算机系统中的“账户设置与管理”等操作技能较弱，仅有 10.24% 和 12.21% 的大学生完全掌握和基本掌握这项技能；仅有 14.51% 和 14.90% 的大学生完全掌握和基本掌握“安装和更新系统补丁技能”，而 61.33% 的大学生表示基本没掌握或完全没掌握此项技能；对“给电脑共享文件设置密码和权限”和“定期备份，当系统遭到病毒严重破坏后能迅速修复”这两项技能，做到完全掌握或基本掌握的大学生比例均低于25%。结果表明，大学生的计算机操作系统管理与防护能力较弱，应加强计算机系统防护技能和抵御网络侵害能力的培养与建设。

在网络应用安全防护技能维度上，大学生通常能够较好地处置日常的网络行为，比如登录网站、浏览网页、收发电子邮件、使用即时通信软件等。调查发现，43.72%的大学生能够熟练掌握或是基本掌握网络应用安全防护技能。对“是否掌握无线网安全设置技能”题项，15.58%的大学生表示完全掌握，占比为22.41%和35.71%的大学生表示基本掌握和掌握部分技能。对“是否已掌握电子支付的安全措施，在进行网上支付时是否检查电脑及周围环境”这一选项，选择非常符合的大学生占13.30%，基本符合的占30.42%，基本不符合的占23.85%，完全不符合的占10.04%。值得注意的是，大学生因购物、参与游戏等产生的网络交易活动越来越频繁，但网络交易环境的开放性容易产生数据信息被窃取等的安全隐患，大学生应掌握网络支付及其他网络安全防护的必要技能，防范网络安全风险。

在移动智能系统安全防护技能上，多数大学生能够熟练掌握手机的基本操作技能和管理手机软件权限的方法以保护个人隐私和安全。同时，伴随着物联网的快速发展，智能硬件已经在包括智能交通、智能农业、智慧医疗、智能家居等多个领域得到充分利用，并逐步渗透进了大学生的学习、工作和生活中。但调查结果显示，大学生并不熟悉智能硬件的安全威胁，尚未掌握相关的防护技能，甚至在日常使用中可能存在主从设备使用不当、认证信息较为简单或未修改默认配置等问题。智能硬件对大学生可能造成的各种风险应当引起警惕和关注。

在网络安全工具配置使用技能上，网络病毒对大学生网络使用一直构成威胁。调查结果显示，多数大学生具有较强的计算机安全观念，在日常网络行为中会自觉选取专业的杀毒软件并掌握其安装技能，但尚未做好及时升级杀毒软件的工作。对“是否掌握个人防火墙配置和使用”题项，只有

10.32% 的大学生表示完全掌握，25.41% 的大学生基本掌握，近 40% 的大学生基本没有掌握或完全没有掌握。

5. 大学生网络伦理水平分析

大学生的网络伦理问题越来越受到高校和社会的广泛关注。调查显示，28.92% 的大学生基本不了解或完全不了解“网络伦理”的概念及其规范，25.21% 的大学生仅有一定了解。大学生对网络伦理认知的模糊会显著影响他们的网络行为，可能导致他们存在较多的网络伦理认知误区以及产生伦理失范行为。

调查结果显示，86% 的大学生不存在网络违规操作行为，他们没有利用网络自由性、开放性和匿名性等特征，侵入他人计算机系统、盗用他人网络账号、侵犯他人隐私和泄露他人信息等行为。在“是否主动访问浏览网络暴力、不良网站”题项上，多数大学生面对网络暴力、不良网站时能够较好地约束自己的网络行为。对“是否有在网络上使用粗鲁语言或符号调侃、谩骂和攻击他人”这一题项，调查显示有 32.51% 的大学生会在网络上使用不文明、不健康的字词或者不礼貌的用语。对“是否会直接转发或评论未经证实的社会敏感信息”，选择“会经常随意转发”或“较为频繁地随性转发评论”的分别占 8.03% 和 23.62%，甚至有极少数大学生存在“利用社会敏感问题，有意炒作，制造谣言误导民众，以造成公共秩序混乱”的行为，这都是网络伦理缺失的表现。仅 9.44% 的大学生从来没有“从网上下载、传播、使用盗版软件，从网上抄袭他人成果及引用下载资料而未注明”的网络失范行为，多数大学生会使用盗版软件，同时他们在从事学术活动过程中引用网络资料或信息时，会选择“视情况而定”“按照自己的习惯标引”，甚至是“不标引”，这表明大学生网络学术伦理行为亟须规范。

二、网络传播受众安全素养评价的研究结论

通过选取 35 所高校开展大学生网络安全素养评价研究工作，运用大规

模的问卷调查与数据分析，探寻大学生网络安全素养建设中的问题与不足，为提升大学生网络安全素养提供数据支持和对策建议。

（一）网络信息甄别能力较差，网络安全意识薄弱

研究发现，大学生的信息甄别、信息筛选与过滤的能力较差。首先，互联网的海量信息缺乏“守门人”的把关，导致信息在快速传播过程中存在信息污染、信息超载、信息障碍、信息贫困、数字鸿沟、信息焦虑等各种问题，使大学生在海量的网络信息中变得迷茫与无所适从，对他们的身心健康产生了极为不利的影响；其次，大量网络事件在片面、主观等未知真相的不断翻转中，大学生的理性认知和客观思考能力易被弱化，情绪容易走向偏激化、非理性化和庸俗化，甚至在共情的作用下容易产生情理错位，丧失信息甄别能力。此外，大学生看似每天都在接触大量信息，但实质只是个人沉溺于固有的“信息茧房”中，陷入狭窄的认知，被虚假信息迷惑，导致个人信息甄别能力逐渐弱化。

研究还发现，大学生存在网络安全意识薄弱的问题。作为普遍具有强烈的求知欲和好奇心的青年群体，大学生更易于受到网络不良信息和不安全因素的蒙蔽与蛊惑，加之他们的信息甄别能力较差，进一步导致安全意识薄弱。此外，多数高校尚未开展网络信息安全意识的专门培训和教育，尽管有的高校面向所有大学生开设了涉及计算机理论基础的课程，但是其中涉及网络安全的内容很少，导致大学生的网络安全教育处在一个真空地带，并且高校网络安全教育的指导性文件也相对缺乏，没有形成良好网络信息安全的校园文化氛围。

（二）网络安全知识和技能掌握不足，网络不安全行为增多

大学生掌握网络安全知识与技能，比如学会利用网络防护软件有助于在数据信息的外围构建起第一道防火墙，能及时识别和阻断在上网过程中的不

安全行为，有效保障自身的上网安全。高校网络安全专业人才的引进机制不成熟，缺乏系统的网络安全教师培育机制，而相关专业的教师可能由于对网络安全专业的理解与认识不深入导致网络安全教育形式单调、内容乏味，使大学生对网络安全知识学习的兴趣不足，知识与技能掌握的深度和广度不够，对安全事故的预判和处理能力也不足。此外，尽管大学生可以通过使用搜索引擎等多样化的方式去获取知识和提升技能，但选择借助网络工具进行网络安全知识和技能学习的大学生较少，他们更多的是利用网络进行娱乐和社交活动。这些都是导致大学生网络安全知识和技能掌握不足的重要因素。

（三）网络伦理自律程度不高，网络失范行为较多

由于网络伦理体系尚处于建构和规范中，网络社会本身很难让大学生网民独善其身、独慎其行，再加之处于成长期的大学生自我约束能力不足和道德伦理自律意识淡薄，很容易产生自由、无所限制、为所欲为等感觉和冲动，进而做一些现实世界中很少去做的、违背伦理道德的事情，诸如恶意侮辱、人身攻击、网上多角恋爱、制造或传播计算机病毒、偷看他人邮件、浏览黄色信息、侵犯知识产权等一些有违道德规范，甚至是违法的行为。此外，极少数大学生在价值观锻造和人生成长的过程中，尚未构筑起起码的道德伦理责任感与基本良知，这直接导致了他们个人的网络伦理自律的缺陷与不足。

三、提升网络传播受众安全素养的对策建议

网络安全素养是大学生应对新挑战和风险应具备的一项基本素养。提升大学生网络安全素养应着力从优化网络安全社会环境，加大网络监管力度；建立健全高校网络安全工作机制，提升网络安全教育效果；加强大学生网络安全自我教育，培育网络伦理修养这三个环节入手，提出解决方法与对策建议，实现大学生网络安全素养评价研究的社会指导意义和实践应用价值。

（一）优化网络安全社会环境，加大网络监管力度

营造良好的网络安全社会环境是提升大学生网络安全素养的重要途径。一方面，要通过完善网络安全法律法规体系建设，维护网络空间安全。比如，完善《中华人民共和国网络安全法》《信息网络传播权保护条例》等涉及网络空间安全的法律法规和相关条例，修订其中存在的对违法行为的内容规定不具体且针对性不强、滞后的问题，并通过加大法律法规等的执行力度，起到震慑犯罪、警示违规的效果；建立健全大学生网络行为管理规定，使高校能够依据相关制度对违反规定的大学生进行严格管理和处罚。另一方面，要加强网络监管力度。通过大数据技术，健全信息监测、预警及处置机制，严格检测和过滤网络不良信息，及时预警西方意识形态、非主流价值观的渗透，做强网上正面信息宣传，巩固壮大积极向上的主流思想舆论，推动发展向上向善的网络文化。高校也应确保校园网站等发布信息内容真实有效、政治立场鲜明、主题积极向上，为大学生提供更多健康安全、适宜身心发展的网络服务，保障大学生形成规范的网络行为。

（二）建立健全高校网络安全工作机制，提升网络安全教育效果

培育大学生网络安全素养，是高校开展网络思想政治教育工作中的一项重要任务。要提升大学生的网络安全素养，高校首先应加强网络安全工作的顶层设计，比如成立校园网络安全工作领导小组，统筹协调解决校园网络安全工作推进中遇到的实际问题。其次，积极推进智慧校园建设，运用网络技术记录客观真实的大学生校园生活和网络行为数据，并通过对这些数据的科学分析，开展精准监测，及时快速地发现苗头性的负面网络行为。最后，建立高校网络安全应急机制。面对校园网络突发事件时，能够有序高效地组织协调力量，运用应急处理机制解决实际问题，使校园网络生态环境始终保持绿色、积极与健康。

高素质、专业化的教师队伍是大学生网络安全教育的关键，直接决定了网络安全教育的水平。高校要加强大学生网络安全教育教学队伍的选聘、培训和培养工作，建设一支以从事计算机科学与技术学科为主体的，善于并热衷于从事网络安全教育工作的，专兼相结合的网络安全教育教师队伍；同时，建设一支学术精湛、实力雄厚的大学生网络安全教育研究人才队伍，从法学、经济学、管理学、社会学、心理学等人文社会科学和信息科学与技术跨学科角度，加强大学生网络行为研究，丰富大学生网络安全教育理论和促进学科体系的建设和发展，进一步增强大学生网络安全教育的针对性，不断提升大学生网络安全教育成效。

（三）加强大学生网络安全自我教育，培育网络伦理修养

大学生网络安全教育能否取得实效，关键还要看大学生主体自我教育作用的发挥。高校应教育引导大学生在日常生活中主动培养网络自律精神，把自我教育、自我管理、自我服务延伸至大学生网络安全教育中去，引导大学生个体自我问诊把脉，全面查找自身在网络安全方面的薄弱环节，自开对症药方，弥补网络安全知识和能力的不足。作为维护网络安全的主力军，大学生要主动接受网络素养教育，提高认知、选择、辨析网络信息的能力，通过自我管理、自我教育、自我监督和自我服务，积极承担起维护网络安全的责任。

大学生也应深耕自我伦理教育，并积极投身于网络安全教育的实践活动中去。一方面，在网络生活中培养自律精神，自觉抵制虚假、诈骗、攻击、谩骂、恐怖、色情、暴力等不良信息，不散布传播违背党的理论和方针政策的意见及丑化党和国家形象的言论，不转发或评论低俗文字、图片、视频及未经证实的社会热点问题，做到不造谣、不信谣、不传谣，谨慎对待不明网站链接、陌生人的示好等信息，自觉抵制网络的不良诱惑，营造清朗的网络空间；另一方面，大学生还要努力学习网络安全应用技能，增强主动防范网络安全问题的意识和能力，培养健康网络生活、良性网络消费的习惯，正确

使用网络工具，进行健康的网络社交，自觉避免沉迷网络。积极引导网络舆论，努力提升网络伦理修养，要学习网络安全法律知识，培养法治思维，努力做尊法学法守法用法的伦理模范。

面对飞速发展的网络社会，对青年大学生而言，只要不断强化自身网络伦理修养，不断规范网络伦理行为，不断进行自我监督、自我调节、自我反省，增强网络责任意识和伦理意识，就一定能够抵制诱惑，更好地充实自己、完善自己、明辨是非、提高自身素质，成为国家的栋梁和民族的骄傲。

第四节　高校思想政治教育网络传播效果的影响因素

2023 年 6 月，习近平总书记在同团中央新一届领导班子成员集体谈话时强调，切实肩负起新时代新征程党赋予的使命任务，充分激发广大青年在中国式现代化建设中挺膺担当。他指出，青年人有理想、敢担当、能吃苦、肯奋斗，中国青年才会有力量，党和国家事业发展才能充满希望。要加强对广大青年的理想信念教育，引导广大青年树立共产主义远大理想，坚定中国特色社会主义共同理想，坚定听党话、跟党走的政治信念，在强国建设、民族复兴的历史潮流中确立正确的人生目标，为一生的奋斗奠定基石。① 面向互联技术推动新媒体急速发展的新时代，如何适应青年思想认知规律的变革，利用好网络新媒体打动青年、化育青年和感染青年，是铸就时代新人和做好青年思想引领的关键。第 52 次《中国互联网络发展状况统计报告》显示，截至 2023 年 6 月，我国网络视频用户规模为 10.44 亿人，较 2022 年 12 月增长 1380 万人，占网民整体的 96.8%。其中，短视频用户规模为 10.26 亿人，

① 《习近平在同团中央新一届领导班子成员集体谈话时强调　切实肩负起新时代新征程党赋予的使命任务　充分激发广大青年在中国式现代化建设中挺膺担当》，《人民日报》2023 年 6 月 27 日。

较 2022 年 12 月增长 1454 万人，占网民整体的 95.2%。[①] 大学生成为短视频平台用户的主力军。在高校思想政治工作归根到底是做人的工作，人在哪里，思想政治工作的阵地就要建在哪里的精神导引下，高校共青团大批入驻短视频平台，适应传播分众化、差异化和对象化的新趋势，借助短视频平台传播优势建构引领青年思想舆论的新格局。

随着高校共青团陆续入驻国内各大短视频平台，以抖音为例研究发现，不同高校的抖音号在传播效果方面存在巨大差异，一些账号拥有大量短视频和大量的粉丝，而另一些账号的活跃用户却寥寥无几。高校共青团抖音短视频的传播效果如何？哪些因素影响了这些抖音短视频的传播效果呢？对于这些问题的回答，有利于提升高校共青团在抖音短视频平台的传播力和影响力，实现高校共青团对青年学生的思想引领。

高校思想政治教育网络传播效果是指高校思想政治教育网络传播主体发出的传播信息，借由社会化媒体等一系列网络媒介平台与技术，对个人、组织及社会所带来的线上及线下的认知、态度或行为的改变。以高校共青团抖音作为研究对象，对高校共青团短视频传播效果的影响因素进行探索研究。基于详尽可能性模型，运用内容分析法和回归分析法对全国 100 所高校共青团抖音号中 5562 条短视频进行分析测算，并结合研究结论探究其理论启示和政策意涵，旨在为高校共青团实现短视频信息的精准传播和舆论的有效引导提供经验借鉴。

一、网络传播效果影响因素的实证分析

基于详尽可能性模型，结合以往学者的研究从“中心路径—信息内容”和“边缘路径—情景因素”两方面概括可能影响抖音短视频传播效果的决定

---

① 中国互联网络信息中心：《第 52 次中国互联网络发展状况统计报告》，2023 年 8 月 28 日，见 https://cnnic.cn/NMediaFile/2023/0908/MAIN1694151810549M3LV0UWOAV.pdf。

性因素。其中，信息内容包括内容主题和内容质量两个属性；情景因素主要是与内容本身不直接相关的外在线索，包括视频类型、视频时长、有无字幕、是否带“#”话题、屏幕形式、背景音乐情感类型、标题的语气类型和语体特征等。此外，研究还考虑了一些调节变量的影响。同时，结合抖音平台的特质，从传播广度、传播深度和传播参与度三个维度衡量了抖音短视频的传播效果。

（一）研究假设与模型构建

为进一步探究大学生思想政治教育网络传播效果影响因素的作用机制，通过设立研究假设，展开各影响因素对网络传播效果的关系分析，以及各影响因素之间的关系分析，并进行研究假设的检验。

1. 中心路径：信息内容

从高校思想政治教育短视频的内容主题和内容质量两个方面设计了高校思想政治教育短视频信息内容的研究假设。

（1）内容主题。短视频的内容主题是短视频的核心。大量研究显示，以主流文化为基础创作的题材新颖和知识内涵丰富的短视频深受高校青年群体的喜爱。利用 Python 软件检索出浏览量超过百万的高校共青团抖音短视频，制作了爆款短视频主题词云图，如图 4–5 所示。研究发现，如“献礼建党一百周年”“请党放心强国有我”“青春献给祖国”等蕴含爱党爱国、民族自信和传递正能量题材的短视频对高校青年群体表现出强大的吸引力和影响力。而其他题材的短视频，比如，音乐类和知识类等题材短视频的浏览量和点赞量均远低于爱党爱国类题材。因此，基于高校共青团抖音短视频的内容主题提出如下假设。

H1：不同的内容主题对高校共青团抖音短视频传播效果呈现显著差异。

（2）内容质量。短视频的内容质量代表短视频内容陈述中论点和论据的

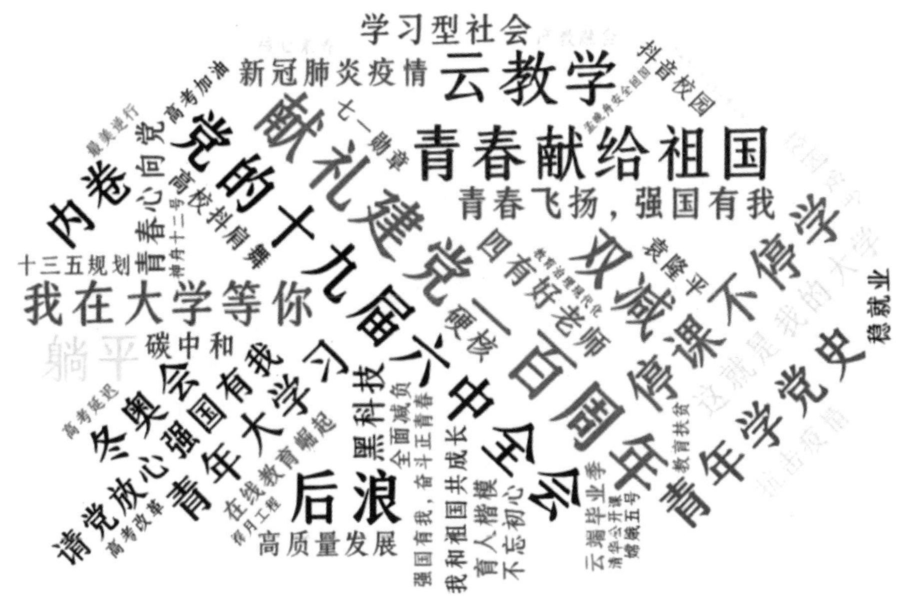

图4–5　高校共青团抖音爆款短视频主题词云图

完整性和逻辑性。高质量的短视频往往内容丰富，论据充分，论证合理，具有较强的逻辑性，因而能够形成良好的传播效果。大量研究表明，由丰富和有效的论据组成且论证合理的信息能够使用户形成积极的态度，促进信息传播；但是如果信息缺乏数据资料或论证逻辑性较差，用户就会对信息采取否定的态度，阻滞信息传播。比如，谭春辉研究发现当短视频中采用了客观的论据或者具体的数据支持其中的观点时，用户会认为这些信息是高质量的，就会对这些信息产生十分强烈的感知价值，这有助于提升短视频的传播效果。① 因此提出如下假设。

H2：短视频的内容质量会显著正向影响高校共青团抖音短视频的传播效果。

① 谭春辉：《网络口碑传播要素对浏览者信任感知的影响研究》，《兰州学刊》2017 年第 1 期。

2. 边缘路径：情景因素

从高校思想政治教育短视频的视频类型、视频时长、有无字幕、是否带“#”话题、屏幕形式、背景音乐情感类型、标题的语气类型和语体特征等方面设计了高校思想政治教育短视频情景因素的研究假设。

（1）视频类型。随着短视频数量的不断增多，短视频的表现形式呈现出多样化的趋势。大量研究依据短视频的拍摄方式和制作手段对短视频的类型进行了划分，比如，场景实拍类、混剪类、动漫类、监控类或者情景剧等。王程伟等采用内容分析法探究“爆款”政务抖音短视频的共性，研究发现视频类型会显著影响短视频的传播效果，并且场景实拍类、监控类和情景剧等短视频在青年群体中具有更好的传播效果。① 比如，场景实拍类短视频通过实景拍摄，用真实和生动的画面展示出高校青年群体的生命力和创造性，营造出亲民的空间氛围和身临其境的感受，极大地激发了大学生自主传播校园主流文化的青春情怀。由此，研究进一步基于短视频的类型提出如下研究假设。

H3：不同的视频类型对高校共青团抖音短视频传播效果呈现显著差异。

（2）视频时长。通常视频的时间越长，包含的信息就越充分，信息质量就越高，用户越易于理解，视频的传播效果就越好。然而，互联网使得信息的采集和传播的速度与规模达到空前水平，信息爆炸时代用户注意力成为稀缺资源，视频内容供给过剩与用户注意力资源稀缺的张力要求视频类信息必须在短时间内吸引住用户的目光。研究表明超过 53% 的公众偏好时长在 30—60 秒之间的短视频，视频时间过长不仅会增加用户的流量负担，而且不适合在碎片化时间观看。考虑到视频的文本和信息逐步呈现简短化的趋势，提出如下假设。

① 王程伟、马亮：《政务短视频如何爆发影响力：基于政务抖音号的内容分析》，《电子政务》2019 年第 7 期。

H4：不同的视频时长对高校共青团抖音短视频传播效果呈现显著差异。

（3）字幕。短视频中不同的字幕设计方式对用户观看该视频的满足体验会产生影响，进而影响短视频的传播效果。王雪等发现短视频中的字幕文本能够有效吸引视频学习者的注意力，并且全字幕能帮助学习者获取最多的学习数量，概要字幕能帮助学习者获取最好的学习质量；① Mayer 等提出了多媒体学习的“冗余原则”，认为教学视频采用“动画 + 解说语音 + 字幕”形式呈现给学习者时，由于解说语音与字幕在内容上冗余重复，相比“动画 + 解说语音”形式，将弱化学习效果。② 由于字幕文本能增进用户的理解深度，但也可能导致用户的认知负荷，研究进一步提出了如下假设。

H5：不同的字幕设计方式对高校共青团抖音短视频传播效果呈现显著差异。

（4）是否带“#”话题。话题是基于热点和兴趣等内容形成的聚合产品，通常围绕一个主题收录视频并以“标签 + 关键词”的形式呈现，如“# 关键词”。话题能够形成超链接，公众可以通过点击直接参与该话题的讨论。陈强等研究发现，短视频发布者在发布内容的过程中使用“标签 + 关键词”的形式可以节约用户的信息搜索成本，帮助用户有目的地判断短视频的价值。③ 郭晓姝认为，话题标签与用户的信息转发行为有牢固的关系，即话题能够促进信息传播。④ 刘晓娟等利用 JAVA 编程语言抽取 1185 个话题进行研究发现，

---

① 王雪、王志军、候岸泽：《网络教学视频字幕设计的眼动实验研究》，《现代教育技术》2016 年第 2 期。

② Mayer R. E.，Heiser J.，Lonn S.，“Cognitive Constraints on Multimedia Learning: When Presenting More Material Results in Less Understanding”，*Journal of Educational Psychology*，Vol.93，No.1（2001），pp.187-198.

③ 陈强、高幸兴、陈爽、胡君岩：《政务短视频公众参与的影响因素研究——以“共青团中央”政务抖音号为例》，《电子政务》2019 年第 10 期。

④ 郭晓姝：《企业微博信息传播影响因素的实证研究》，《管理现代化》2015 年第 2 期。

不同话题类别短视频的转发数存在显著差异，[①] 表明话题类别对传播效果具有一定影响。由此提出假设。

H6：标题带“#”话题会显著正向影响高校共青团抖音短视频的传播效果。

（5）屏幕形式。一直以来视频的默认标准格式都是宽大于高的横屏视频。然而，伴随智能手机的普及和无线网络的提速，人们的移动端媒介消费习惯发生了巨大的改变，竖屏视频应运而生并呈现强劲的发展趋势，各大主流媒体平台的数据都体现了竖屏视频的媒介效果。喻国明等以在场理论为基础论证了竖屏视频是符合用户需求和媒介价值标准的媒介形态。[②] 周逵等研究发现，移动短视频适应手机纵向的竖屏视频格式成为新常态，竖屏聚焦特定对象的呈现，以放大细节的方式调动观众情绪，提高内容的传播效果。[③] 由此提出了如下研究假设。

H7：竖屏形式会显著正向影响高校共青团抖音短视频的传播效果。

（6）背景音乐情感类型。背景音乐作为短视频的组成部分对短视频内容主题的表达和气氛的烘托起着重要作用。背景音乐在一定程度上能够对短视频语言进行有效补充，帮助用户理解短视频的主题和内涵，唤起用户的情感共鸣，进而实现短视频的有效传播。此外，背景音乐通过旋律可以传递出不同的情感，比如古典熟悉的老旋律让用户倍感亲切从而产生怀旧的情绪和联想；而慷慨激昂的音乐会带给用户不同程度的激励和鼓舞从而产生斗志昂扬和热情奔放的感情，进而产生不同的短视频传播效果。由此提出了如下研究假设。

H8：不同背景音乐情感类型对高校共青团抖音短视频传播效果呈现显著

---

① 刘晓娟、王昊贤、肖雪、董鑫鑫：《基于微博特征的政务微博影响因素研究》，《情报杂志》2013 年第 12 期。

② 喻国明、杨颖兮：《横竖屏视频传播感知效果的检测模型——从理论原理到分析框架与指标体系》，《新闻界》2019 年第 5 期。

③ 周逵、金鹿雅：《竖屏时代的来临：融媒体短视频类型前沿和趋势研究》，《电视研究》2018 年第 6 期。

差异。

（7）标题的语气类型。标题是表明文章和作品等主要内容的简短语句，可以帮助用户了解短视频的要旨。标题语气是表达意愿、情感和态度的语法范畴，也是观察标题所表达立场和态度倾向的又一角度。① 语气可以分为陈述、疑问、祈使和感叹四种。宁海林等研究发现，短视频标题使用感叹句式比使用陈述、疑问和祈使句式的传播深度显著较差；② 贾文龙通过对微信公众号头条信息的实证研究发现，感叹句和疑问句是文章中使用频率最多的两种句式，且这两种句式获取的阅读数与点赞数远高于陈述句和祈使句。③ 不同语气类型蕴含的差异化的感情色彩会通过对用户注意力产生不同程度的吸引而形成差异化的传播效果。由此，研究进一步提出了如下假设。

H9：标题的不同语气类型对高校共青团抖音短视频传播效果呈现显著差异。

（8）标题的语体特征。语体是适应不同社会活动范围的交际需要形成的具有一定语言特点的表达体式。刘果等选取微信公众号中 1534 则标题进行实证研究发现，短视频使用书面语进行文字解读会对传播深度起到显著的促进作用。④ 方婧等研究发现，微信公众号文章标题使用口头语体能营造媒体与用户的亲密关系，有助于通过提高标题的吸睛指数来提升公众号的阅读量和传播效果。⑤ 不同的语体特征会显著影响信息传播效果。由此，提出如下研究假设。

---

① 翁玉莲：《新闻评论标题的语体标记性研究》，《新闻界》2011 年第 3 期。

② 宁海林、羊晚成：《重大突发公共卫生事件传播效果的影响因素实证分析——以卫健类抖音政务号为例》，《现代传播（中国传媒大学学报）》2021 年第 1 期。

③ 贾文龙：《长三角地区“双一流”高校图书馆微信传播效果实证研究——基于头条信息标题的文本分析》，《图书馆工作与研究》2019 年第 2 期。

④ 刘果、汪小伢：《标题特征对数字媒介内容传播效果的影响——基于新闻评论类微信公众号标题的实证研究》，《新闻与传播评论》2020 年第 6 期。

⑤ 方婧、陆伟：《微信公众号信息传播热度的影响因素实证研究》，《情报杂志》2016 年第 2 期。

H10：标题的不同语体特征对高校共青团抖音短视频传播效果呈现显著差异。

3. 调节变量

为了解释研究的差异性，从高校“综合发展水平—共青团抖音号渗透率—其他新媒体建设绩效”三个层面来分析潜在调节变量的作用。首先，综合发展水平高的高校社会声誉更高，也更有能力采纳全新的信息技术建设本校共青团抖音平台，并更有意愿通过提升抖音短视频的内容质量和视觉表达效果吸引更多大学生的关注。其次，高校共青团抖音号渗透率是该抖音号的粉丝数占该校学生总数的比重，比重越大表明该抖音号的渗透率越高。渗透率反映了该抖音号的影响力，渗透率高的共青团抖音号对青年群体的号召力、感染力和凝聚力更强，在标签效应作用下会促使该抖音号不断丰富短视频的内容和优化短视频的表达效果，实现对高校青年群体的思想引领。因此，抖音号渗透率可能会起到调节作用。最后，高校共青团微信公众号、微博和网站等也属于新媒体的范畴。一所高校其他类型新媒体数量越多、建设水平越高，采纳新媒体技术和开展新媒体建设的意愿和能力就会越强，因此可能会起到调节作用。由此提出如下假设。

H11：高校共青团抖音短视频传播效果及其前置影响因素之间的关系会受到高校发展水平的调节作用。

H12：高校共青团抖音短视频传播效果及其前置影响因素之间的关系会受到高校共青团抖音号渗透率的调节作用。

H13：高校共青团抖音短视频传播效果及其前置影响因素之间的关系会受到高校其他新媒体建设绩效的调节作用。

4. 因变量：传播效果

对如何测量短视频的传播效果，已有大量研究展开深入的探索和尝试。比如，闫奕文等结合微信公众号信息传播特点，提出微信公众号信息传播效果的评价指标包括用户认知、情感态度、用户行为、社会影响和微信公众号平台自身五个维度。[①] 罗雪从传播广度、深度和参与度三个维度来衡量中国国际电视台和英国广播公司官方推特账户在社交网络中的国际传播效果。[②] 陈强等将“共青团中央”政务抖音号短视频的公众参与划分成转发数、点赞数和评论数三个维度。[③] 这些研究的共性在于结合新媒体平台的特点建构了传播效果的评价指标体系，但考虑到各项评价指标对传播效果的重要程度存在差异，相关研究对这些评价指标进行了权重设置。比如，杨凤娇等选取点赞数、评论数、平台内转发数和跨平台分享数四个变量来衡量主流媒体抖音号的用户参与度，并提出计算公式：参与度 = $C_d+0.5C_p+0.2C_z+0.3C_f$，其中，C_d 表示点赞数量，C_p 表示评论数量，C_z 表示平台内转发次数，C_f 表示跨平台分享次数。[④] 张路正等运用作品数、播放量、平均播放量、点赞数、评论数和分享数等变量计算政务抖音号在短视频平台的传播影响力指数（DCI）：$DCI = \{0.2\times\ln(X_1\times100+1)+0.3\times[0.2\times\ln(X_2/10+1)+0.8\times\ln(X_3+1)]+0.5\times[0.4\times\ln(X_4+1)]+0.45\times\ln(X_5+1)+0.15\times\ln(X_6+1)\}\times100$，其中 X_1 表示作品数，X_2 表示播放量，X_3 表示平均播放量，X_4 表示点赞数，X_5 表示评论数，X_6 表示分享数。[⑤] 结合抖音平台的特质，从传播广度、传播深度和传播参与度三个维度衡量短视频的传播效果。高校共青团抖音短视频传播效果的影响因素研究模型如图 4-6 所示。

---

① 闫奕文、张海涛、孙思阳、宋拓：《基于 BP 神经网络的政务微信公众号信息传播效果评价研究》，《图书情报工作》2017 年第 20 期。

② 罗雪：《社交网络中全球媒体的国际传播效果提升策略研究——基于 CGTN 和 BBC 推特账户的比较分析》，《电视研究》2018 年第 2 期。

③ 陈强、高幸兴、陈爽、胡君岩：《政务短视频公众参与的影响因素研究——以“共青团中央”政务抖音号为例》，《电子政务》2019 年第 10 期。

④ 杨凤娇、孙雨婷：《主流媒体抖音号短视频用户参与度研究——基于〈人民日报〉抖音号的实证分析》，《现代传播（中国传媒大学学报）》2019 年第 5 期。

⑤ 张路正、梅国平：《基于 SWOT 分析的政务抖音优化路径研究》，《电子政务》2019 年第 9 期。

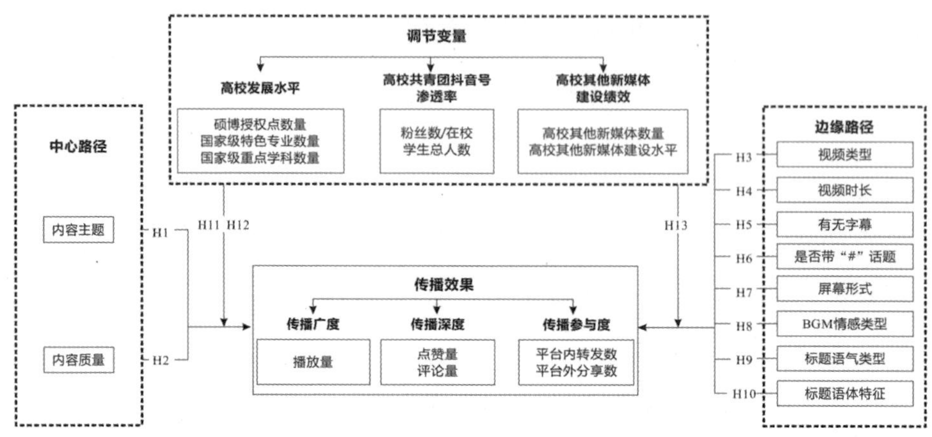

图4-6　高校共青团抖音短视频传播效果的影响因素研究模型

为了筛选抖音短视频传播效果影响因素的实证研究数据，以中国大学生在线和抖音平台联合发布的《2021年第四季度全国普通本科院校官方抖音排行榜（TOP100）》中的百所高校共青团抖音号为研究对象，运用Python软件抓取截至时间为2021年12月31日的全部短视频并利用SPSS 26.0软件随机抽取了6000条短视频数据。研究进一步按照以下标准对短视频数据进行清洗：(1) 标题信息完整；(2) 短视频中的播放量、点赞量、评论量、平台内转发数、平台外分享数以及视频时长和是否带“#”话题7项数据均为有效；(3) 为了避免某一时期热点内容的集中发布，采集的短视频中不存在内容重复的短视频。经过数据清洗，最终选取了5562条短视频作为后期数据分析的原始数据样本。研究邀请了3名编码员对5562条短视频进行了编码。首先，对编码员进行自变量实现可操作化的培训；其次，在3名编码员互不干扰的情况下随机抽取350条短视频样本进行预编码，结果显示：屏幕形式、字幕使用、是否带“#”话题、视频时长、标题的语气类型和语体特征的Kappa值均为1，内容主题为0.88，内容质量为0.90，视频类别为0.92，背景音乐情感类型为0.96，Kappa值均大于0.85，表明编码员的分类结果具有较高的一致性；最后，编码员采取独立编码、随时讨论的模式对其他样本进行编码与归类，结果发现，高校共青团抖音短视频的内容主题以校园资讯类、爱党爱国教育类和校园生活类为主，分别占比 50.41%、21.14% 和 19.02%；内容质量方面，64.13% 的短视频内容完整且逻辑性较强，短视频类型以场景实拍视频和改编视频为主，75.53% 的短视频中添加了字幕，84.54% 的短视频中带“#”话题，82.79% 的短视频为竖屏形式，60.73% 的短视频的背景音乐属于温柔的类型，在标题特征方面短视频的标题以使用感叹句和口头语体为主。

（二）回归分析结果

采用普通最小二乘法（OLS）回归模型进行假设检验。结果显示，高校共青团抖音短视频传播效果影响因素的全部自变量方差膨胀因子（VIF）值均小于 10，不存在线性重合问题，都可以进入回归模型，回归结果如表 4-7 所示。

表 4-7　高校共青团抖音短视频信息传播效果影响因素的回归结果

（对照校园生活类视频）	传播效果		传播广度		传播深度		传播参与度	
	β	VIF	β	VIF	β	VIF	β	VIF
主题 = 科技	−0.02	1.13	−0.01	1.13	−0.01	1.13	1.28	1.13
主题 = 知识	−0.01	1.22	0.01	1.22	−0.01	1.22	−0.01	1.22
主题 = 鬼畜	0.13***	1.26	0.10***	1.26	0.05*	1.26	−0.03	1.26
主题 = 音乐	0.01	1.19	0.01	1.19	−0.01	1.19	−0.01	1.19
主题 = 校园资讯	0.10***	1.15	0.01	1.15	0.05*	1.15	0.05*	1.15
内容主题 = 爱党爱国教育	0.04***	1.59	0.01*	1.59	0.01	1.59	0.03*	1.59
内容质量：高质量 / 低质量	0.60***	1	0.09***	1	0.09***	1	0.18***	1
（对照监控类）								

续表

（对照校园生活类视频）	传播效果		传播广度		传播深度		传播参与度	
	β	VIF	β	VIF	β	VIF	β	VIF
类型＝公开课	0.06*	1.60	0.03	1.60	0.012	1.61	0.05	1.61
类型＝情景剧	0.04	1.06	−0.01	1.06	0.02	1.06	0.06*	1.06
类型＝改编视频	0.07*	1.15	0.05	1.15	0.02	1.15	0.05	1.15
类型＝场景实拍	0.06***	1.03	0.05	1.03	0.58***	1.03	0.28***	1.03
（对照 0—15 秒）								
时长＝16—30 秒	−0.04	1.33	0.03	1.33	−0.02	1.33	−0.03	1.33
时长＝31—45 秒	−0.12	1.22	−0.03	1.22	−0.02	1.22	−0.04	1.22
时长＝46—60 秒	−0.17	1.17	−0.03	1.17	−0.03	1.17	−0.05	1.17
时长＝60 秒以上	−0.20	1.46	−0.04	1.46	−0.03	1.46	−0.04	1.46
字幕：有字幕或无字幕	0.12***	1.07	0.01	1.07	0.01	1.07	0.04	1.07
是否带“#”话题：是 / 否	0.04*	1.08	0.09***	1.08	0.01	1.08	0.02	1.08
屏幕形式：竖屏或横屏	0.05***	1.14	0.01	1.14	0.01	1.14	0.08**	1.14
（对照温柔的）								
背景音乐情感类型＝庄严的	0.05	1.37	−0.01	1.37	−0.01	1.37	0.02	1.37
背景音乐情感类型＝悲伤的	0.03	1.05	−0.01	1.05	0.01	1.05	−0.01	1.05
背景音乐情感类型＝活泼的	0.04*	1.12	0.03	1.12	0.01	1.12	0.03	1.12
背景音乐情感类型＝激昂的	0.06*	1.16	0.01	1.16	0.01	1.16	0.01	1.16
（对照感叹句）								

续表

（对照校园生活类视频）	传播效果		传播广度		传播深度		传播参与度	
	β	VIF	β	VIF	β	VIF	β	VIF
语气 = 疑问句	−0.03	1.09	−0.02	1.09	−0.01	1.09	0.01	1.09
语气 = 陈述句	−0.02	1.09	0.01	1.09	−0.04	1.09	−0.01	1.09
语体特征：口语或书面语	0.08*	1.05	0.03	1.05	0.03	1.05	0.06*	1.05
	调整后 R^2	0.48	调整后 R^2	0.18	调整后 R^2	0.34	调整后 R^2	0.12

注：* 表示 $P < 0.05$，** 表示 $P < 0.01$，*** 表示 $P < 0.001$。

研究发现，在内容主题方面，与校园生活类短视频比较，校园资讯类（$\beta = 0.10$，$P < 0.001$）、爱党爱国教育类（$\beta = 0.04$，$P < 0.001$）和鬼畜类（$\beta = 0.13$，$P < 0.001$）短视频对传播效果影响显著，而科技类、知识类和音乐类短视频对传播效果影响不显著，表明不同的内容主题对短视频传播效果的影响呈现显著差异，且校园资讯类、爱党爱国教育类和“鬼畜”类短视频传播效果比其他短视频更好。内容质量对短视频传播效果具有显著正向影响（$\beta = 0.60$，$P < 0.001$），表明短视频的完整性越高且逻辑性越强，传播效果越好。在视频类型方面，与监控类型相比，公开课（$\beta = 0.06$，$P < 0.05$）、改编类短视频（$\beta = 0.07$，$P < 0.05$）和场景实拍类短视频（$\beta = 0.06$，$P < 0.001$）对短视频传播效果影响显著，而情景类短视频对传播效果作用不显著，表明不同视频类型对短视频传播效果的影响呈现显著差异，并且发现场景实拍类短视频、公开课和改编类短视频传播效果相对更好。视频时长对传播效果作用不显著，但添加字幕（$\beta = 0.12$，$P < 0.001$）、带“#”话题（$\beta = 0.04$，$P < 0.05$）以及竖屏形式（$\beta = 0.05$，$P < 0.001$）的短视频对传播效果具有显著正向影响。在背景音乐情感类型方面，与温柔的背景音乐类型相比，活泼（$\beta - 0.04$，

$P < 0.05$）和激昂（$\beta = 0.06$，$P < 0.05$）的背景音乐对传播效果具有显著正向影响。在标题的特征方面，语气类型对传播效果影响不显著，语体特征具有显著正向影响（$\beta = 0.08$，$P < 0.05$）。

此外，研究进一步考察了高校共青团抖音短视频的传播广度、传播深度和传播参与度的影响因素。研究发现，从中心路径来看，在内容主题方面，校园资讯类短视频显著正向影响传播深度（$\beta = 0.05$, $P < 0.05$）和传播参与度（$\beta = 0.05$，$P < 0.05$）；爱党爱国教育类短视频显著正向影响传播广度（$\beta = 0.01$, $P < 0.05$）和传播参与度（$\beta = 0.03$, $P < 0.05$）；鬼畜类短视频显著正向影响传播广度（$\beta = 0.10$，$P < 0.001$）和传播深度（$\beta = 0.05$，$P < 0.05$）；内容质量对短视频传播效果的三个维度均具有显著正向影响。从边缘路径来看，在视频类型方面，与监控类型相比，情景剧类短视频显著正向影响传播参与度（$\beta = 0.06$，$P < 0.05$），场景实拍类短视频显著正向影响传播深度（$\beta = 0.58$，$P < 0.001$）和传播参与度（$\beta = 0.28$, $P < 0.001$）；短视频中带“#”话题（$\beta = 0.09$, $P < 0.001$）能够显著提升传播广度；竖屏形式（$\beta = 0.08$，$P < 0.01$）和标题尽可能多地使用口头语体（$\beta = 0.06$，$P < 0.05$）均能够显著提升用户的传播参与度。

（三）调节效应结果分析

通过对各项调节变量的回归分析结果发现，方差膨胀因子（VIF）均小于 10 且模型均通过检验（$P < 0.001$）。调整后 R^2 值解释了调节变量对短视频传播效果及其影响因素之间的关系在各研究之间方差变异的解释程度，调整后 R^2 值介于 0.1—0.3 之间，表明除了研究选定的调节变量外，还可能存在其他影响关系强度的调节变量。结果分析如表 4-8 所示。

表 4-8　调节变量的回归分析结果

变量	类别	发展水平（β 值）	抖音号渗透率（β 值）	其他新媒体建设绩效（β 值）
内容主题	科技	−0.03	0.03	1.28
	知识	−0.01	0.01	1.00
	鬼畜	0.03	0.04	1.15
	校园生活	0.04	−0.06	2.03
	音乐	0.04	0.03	1.18
	校园资讯	0.04	0.02	0.88***
	爱党爱国教育	0.03	0.06	0.41***
内容质量		−0.01	0.02***	0.09***
视频类型	公开课	−0.06	−0.05	0.06*
	场景实拍	0.11	0.06	0.01
	情景剧	−0.01	0.02	−0.02
	改编视频	−0.13	−0.07	0.01
	监控	0.07	0.06	0.09
视频时长		0.08	0.15***	−0.04
有无字幕		−0.01	0.04	0.05
是否带“#”话题		−0.05	0.07	0.06*
屏幕形式		0.01	−0.03	0.05
语体特征		−0.10	−0.07	0.04
语气特征	感叹句	0.03	0.01	−0.02
	疑问句	−0.01	−0.04	−0.02
	陈述句	−0.04	0.03	0.01
背景音乐情感类型	庄严的	0.01	0.01	0.04
	悲伤的	0.05	0.01	0.04
	活泼的	−0.01	−0.03	0.08
	温柔的	0.06	0.02	−0.04
	激昂的	−0.04	0.01	0.03

注：* 表示 P ＜ 0.05；** 表示 P ＜ 0.01；*** 表示 P ＜ 0.001。

表 4-8 清晰显示了高校共青团抖音号渗透率与高校其他新媒体建设

绩效两项调节变量对短视频传播效果及其影响因素之间存在一定的调节效应。从高校共青团抖音号渗透率层面看，交互项“抖音号渗透率 × 内容质量”与传播效果呈显著正相关关系（β = 0.02，P < 0.001）和“抖音号渗透率 × 视频时长”与传播效果呈显著正相关关系（β = 0.15，P < 0.001）；从高校其他新媒体建设绩效层面看，交互项“其他新媒体建设绩效 × 校园资讯类”和“其他新媒体建设绩效 × 爱党爱国教育类”均与传播效果呈显著正相关关系（β = 0.88，P < 0.001）和（β = 0.41，P < 0.001），交互项“其他新媒体建设绩效 × 内容质量”与传播效果呈显著正相关关系（β = 0.09，P < 0.001），“其他新媒体建设绩效 × 公开课”与传播效果呈显著正相关关系（β = 0.06，P < 0.05）和“其他新媒体建设绩效 × 是否带‘#’话题”与传播效果呈显著正相关关系（β = 0.06，P < 0.05）。因此，高校共青团抖音号渗透率与高校其他新媒体建设绩效对高校共青团抖音短视频的传播效果及其影响因素之间均起到一定的调节作用。

研究还发现，高校发展水平这一项调节变量对短视频传播效果及其影响因素之间的调节效应均不显著，这可能是因为用高校发展水平的高低来判断短视频传播效果及其影响因素之间的影响未必恰当。在实践案例中综合发展水平绩效值显著低于均值的西安财经大学，在《2021 年第四季度全国普通本科院校官方抖音排行榜（TOP100)》中排名第 6 位，且该校发布的标题为“最后的日子　要继续坚持哦 # 考研加油”短视频位列《2021 年第四季度全国高校抖音短视频传播力指数榜（TOP30)》第 2，播放量为 10959 万次。该案例表明综合发展水平较低高校的共青团组织也可能通过加强含抖音号在内的新媒体平台建设与宣传，有效地提升短视频的传播效果。

二、网络传播效果影响因素的研究结论

研究选取了 100 所高校的共青团抖音号中 5562 个短视频作为研究样本，

运用内容分析法和回归分析法对短视频的内容和呈现形式进行了分析测算，并运用详尽可能性模型重点考察了短视频传播效果的影响机理，并探究了可能的调节效应。高校共青团抖音短视频传播效果影响因素的研究结论主要有三个方面。

（一）不同的内容主题对短视频传播效果的影响呈现显著差异

从中心路径来看，高校共青团抖音号中传递正能量题材短视频的数量和播放量均为最高；不同的内容主题对短视频传播效果的影响呈现显著差异，爱党爱国教育类、校园资讯类和鬼畜类题材的短视频更受大学生群体喜爱；内容质量对传播效果具有显著的正向影响。这一研究结论与以往的研究具有一致性。使用与满足理论能够充分解释这种影响产生的原因，即用户基于自身的需求和愿望选择接触传播媒介内容，而媒介内容对用户需求和愿望的满足程度决定了用户对媒介内容的使用和产生的传播效果。比如，承载正能量的题材或内容完整和逻辑性强的短视频，更能够唤起大学生的价值认同和适配大学生的知识结构与素养，满足了青年群体心理和行为上的效用，因而产生了更好的传播效果。

（二）短视频的内容呈现方式和技巧因素对传播效果影响显著

从边缘路径来看，高校共青团抖音短视频的内容呈现方式和技巧因素对传播效果影响显著。场景实拍类短视频、短视频添加字幕、采用带“#”话题、竖屏形式、活泼或激昂的背景音乐以及口头语体对传播效果均具有显著正向影响。这一研究结论与郎劲松等的研究结论①一致。这种影响的产生可以利用创新扩散理论进行解释，即影响用户接受新观念和新事物的重要因素是相

---

① 郎劲松、沈青茁：《政务短视频的人格化传播：呈现与驱动——基于政务抖音号的实证分析》，《新闻与写作》2020 年第 10 期。

对优势。比如，短视频的内容呈现方式采用带“#”话题或者跳脱且贴合实际的口头语体以及竖屏形式等，这些内容或形态创新及其带来的相对优势是信息病毒式传播的重要促进因素，对传播效果也会产生积极的效用。

（三）抖音号渗透率和其他新媒体建设绩效具有一定的调节效应

从调节效应来看，高校共青团抖音号渗透率和其他新媒体建设绩效对传播效果及其影响因素之间存在一定的调节效应，但高校发展水平的调节效应不显著。刘柳等人①、巫霞等人②的研究表明移动互联网普及率和原有政务新媒体数量均对政务短视频传播力及其影响因素存在调节效应，而政府行政级别的调节效应不显著，这与渗透率和其他新媒体建设绩效作为调节变量的实证研究结论具有一致性。

三、提升网络传播效果的对策建议

结合高校共青团抖音短视频发展的整体情况及其影响因素分析，对高校共青团抖音短视频的未来发展提出如下三点建议。

（一）增量提质，创新传播模式，完善“平台＋流量”的内容供给体系

一是坚持内容为王，既要做到数量成规模，也要做到内容保质量。高校应充分利用短视频平台的信息传播优势，通过总结深受青年群体喜爱，蕴含“爱党爱国”“青春励志”等爆款短视频的特征，积极探索其中的规律，持续稳定地生产出大量原创和优质的短视频，及时投放到平台中去并加大推广力

① 刘柳、马亮：《政务短视频的扩散及其影响因素：基于政务抖音号的实证研究》，《电子政务》2019 年第 7 期。

② 巫霞、马亮：《政务短视频的传播力及其影响因素：基于政务抖音号的实证研究》，《电子政务》2019 年第 7 期。

度。高校还应借助短视频平台场景化传播的特点推动思想政治教育内容的再生产。比如，通过在短视频中融入3D动漫、水墨动画、表情包、“快闪”、“说唱”等元素将思想政治教育传统话语中的理性概念、文化意蕴、精神内涵转化为极具视觉冲击和情感体验的感性形象、图文符号等来增添思想政治教育话语的活力和吸引力。高校还应积极探索线下优质思想政治教育资源的数字化转型，推动思想政治教育话语的网络化传播。比如，将思想政治“金课”呈现于短视频平台中，并充分利用平台的评论、点赞、转发和分享等功能，推进教育者与青年学生的网络社交互动。此外，高校应建立“问题短视频”下架制度，通过定期筛选对逻辑性、完整性和严肃性明显欠缺的思想政治类短视频以及形式或内容表现“出格”的“鬼畜”类短视频及时清理和删除，对少数“蹭思政热度”短视频的话题也应予以及时纠正。

二是创新传播模式，探索高校“短视频思政”的新型网络传播模式和短视频的最优呈现机制。积极探索把高校思想政治教育内容贯穿于各种不同题材短视频中的途径，推动“思政短视频”向“短视频思政”的转变，充分挖掘梳理各种不同题材短视频中的思想政治教育元素，搭建思想政治教育亮点突出、题材类型多元有序、百花齐放的高校短视频平台。高校还应充分利用短视频平台的流量推荐机制，不断优化传播手段，比如使用添加字幕、带“#”话题、竖屏形式、活泼或激昂的背景音乐以及口头语体标题等能够更好吸引青年学生注意力的短视频呈现形式，并运用积极的情感互动策略引发青年群体的情感共鸣，润物无声地传播主流价值观。此外，高校应把握好短视频发布形式的“严肃性与活泼性”之间的关系，不宜为了“流量吸粉”使原本严肃的内容庸俗化。

（二）加强队伍建设，创建短视频传播共同体，凝聚网络传播合力

一是加强队伍建设，创新高校思政工作者的网络信息传播理念。建立网

络思想政治教育新媒体培训制度，在丰富新媒体传播知识体系和提升运营能力的过程中潜移默化地引导专职思想政治教育工作者树立社会化网络传播的新理念，深化对新媒体传播规律的认识。建议按照专职思想政治教育工作者人数设立统一标准的网络思想政治新媒体培训专项经费，推进新媒体培训的常态化和长效化。此外，充分吸纳具有思想政治教育学、新闻传播学、艺术设计学以及网络技术学等多学科背景的专业教师加入网络思想政治教育队伍中来，打造一支“政治强、有技术、懂学生”的高素质网络传播运营团队，着力创设贴近青年学生实际的创意表达、温暖青年学生心灵的内容呈现形式和引领青年学生发展的认知体系。

二是创建高校思想政治教育短视频传播共同体，不断扩大思想政治教育的网络传播场域。利用抖音、快手、微信视频号以及 B 站等短视频平台的关注、转发、评论、分享等互动机制搭建有机联动的高校短视频传播网络，鼓励高校之间通过内容联合创作、短视频评论区互动和线上活动转播等形式逐步实现高校短视频平台的信息内容、技术应用、平台终端和人才队伍的深度融合及思想政治教育资源的社会化传播，打造出一个具有强大传播力、引导力、影响力和公信力的思想政治教育短视频传播共同体。组建高校思想政治教育短视频传播共同体运营中心，建立健全短视频运行的评价机制、激励机制和反馈机制，把运营中心建设成为校际思想政治教育资源共享和深度交流的新型网络社交平台。

（三）加强网络意识形态安全教育，打造网络意识形态安全综合治理体系

一是加强大学生的网络意识形态安全教育，培育青年群体的爱党爱国情怀和政治鉴别能力。建议将网络意识形态安全教育融入“高校思政课堂”和“课程思政”环节，逐步实现网络意识形态安全教育常态化，引导和教育广大青年坚定理想信念、筑牢思想根基，不断提高精准识别和防范外部敌对势

力渗透的能力。高校在开展网络意识形态安全教育中应融入“中国故事”“中国方案”“中国智慧”等思想政治教育元素，运用国家的伟大成就、制度优势和生动实践增进大学生的国家认同，不断提升网络意识形态话语的感染力和解释力。高校应充分发掘和培育具有优秀思想政治素质和高超网络舆论引导能力的“红色网络意见领袖”，不断充实网络意识形态教育的主体力量。此外，还应对外部敌对势力的基本立场和价值渗透手段进行深度剖析，开展负面案例警示教育并制作短视频，以重大事件和关键节点为契机进行精准投放，并及时对错误思想和观点进行严肃批驳。

二是打造政府主导、多方联动的高校网络意识形态安全综合治理体系。建议多管齐下，综合制度设计、技术应用和机制建设多种手段，打造由各级教育行政部门主导，地方网信部门、高校和互联网企业联动的网络意识形态安全综合治理体系。首先应完善制度设计。教育行政部门应在网络安全立法的基础之上出台系统性和配套性的办法。建议出台《高校网络意识形态安全建设与管理办法》，在办法中细化落实高校党委意识形态工作责任制。各高校应结合《高校网络意识形态安全建设与管理办法》的规定及学校的实际情况，制定具体的实施细则，并明确学校网络意识形态安全的组织领导、责任归属、过程管控、舆情预警、效果评估等，使高校网络意识形态安全治理工作有规可循、有章可依。其次应强化技术治理效能。各高校应在教育行政部门的指导下，联合地方网信部门和互联网企业，提高人工智能技术应用与人工研判相结合的网络意识形态安全风险治理效能。高校网络信息中心应通过数据库接入和大数据建模技术建立可疑账号和语料信息共享数据库，运用人工智能技术动态监测这些账号及其非法言论，经人工取证后及时屏蔽、删除和清理。同时，在动态监测过程中运用机器识别、文本分析和社会网络分析技术精准识别具有与上述内容相似的短视频、评论以及互动密切的其他账号，并纳入共享数据库，实现共享数据库和智能检测算法的持续更新和迭代，提升网络意识形态安全问题的治理效率。

三是加强防范与应对机制建设。各高校应建立关键风险环节的监管机制、全天候全方位的网络安全感知预警机制、多个职能部门共同参与的联防联控的处置机制和群测群防的治理机制。比如，在监管机制建构方面，建议高校网络信息中心引入舆情监测系统，并借助显示发言用户 IP 属地功能，对用户发布的不当言论进行数据挖掘、文本检测和情感分析，形成可视化舆情分析报告和用户画像，为开展精准高效的网络舆情监管提供决策支持。在预警机制建构方面，高校应逐步建立健全校院两级网络舆情专员制度及其选拔、培训、考核和激励等配套机制。组织选拔一批政治立场坚定、业务能力精湛的思政工作者和计算机科学、新闻学等相关专业的专任教师担任网络舆情专员，更深层次地了解青年学生关心的重大理论和社会时事以及热点问题，掌握他们的日常思想动态，结合用户画像有针对性地开展心灵碰撞和思想交流活动，增强高校网络意识形态安全风险的预警能力。高校党委还应统筹宣传部、学生部、武装部和团委等部门以及学校网络信息中心，共同规范和制约大学生的网络使用行为，重点关注以个人名义建立且汇集了一定流量的社交媒体账号和微信群等，逐步实现对此类网络群体发布内容监管的常态化，通过塑造清朗的校园网络传播生态，强化高校意识形态安全治理的内部约束机制。

第五章　高校思想政治教育网络传播力评价指标体系的构建

确定高校思想政治教育网络传播力的评价维度，是构建高校思想政治教育网络传播力评价指标体系的基础。本研究在坚持评价指标体系构建原则的基础上，运用德尔菲法和专家会议法，经过两轮专家意见征询与专家在线访谈，构建了涵盖 6 个一级指标、17 个二级指标以及 43 个三级指标的较为科学全面的高校思想政治教育网络传播力评价指标体系，并对各项评价指标的内涵进行了深入阐释，以全面科学地对高校思想政治教育网络传播力展开评价。

第一节　高校思想政治教育网络传播力评价指标体系的构建原则

“评”字在《辞海》中的解释有“评判”之义，引申为估量、评定，“评价”意为评定货物价格和评论价值高低。[①] 不同的理论流派对评价的理解各不相

① 夏征农、陈至立主编:《辞海（第六版彩图本）》，上海辞书出版社 2009 年版，第 1746 页。

同。系统评价理论认为，评价是根据确定的目的来测量对象系统的属性，评价对象是一个整体系统，评价指标选取、评价权重的确定以及评价方法的应用都应以系统最优的方式进行；能力评价论认为，评价是一系列相关的指标体系作为考察和量化的基础，通过对比来表示评价对象相关能力的一项活动；价值评价论认为，评价是评价主体在对评价客体属性、本质和规律认识的基础上，对价值客体的价值有无以及价值大小的建构和反映。因此，评价是评价主体按照清晰明确的评价目标对评价对象的基本属性进行测定，并将其与主观确定的标准进行比较，在比较差异后确定其价值大小的能动反映。评价作为一种特殊的认识活动，是一种基于事实基础或者事物认知而作出价值判断的实践性认识活动，是事实认识活动和判断活动的统一，是评价主体认识评价对象价值的根本方法，而清晰明确的目标是对相互角逐的评价方案进行筛选的标准。①②

高校思想政治教育网络传播力评价是评价思想政治教育网络传播领域的新型应用。通过构建评价指标体系对高校思想政治教育网络传播力进行客观、全面、科学的评价与测定，从而达成以下三个目标。第一，通过从多维度、科学客观地分析和评价高校思想政治教育网络传播力的整体状况，精准把握高校思想政治教育网络传播力的建设状况，为提升高校思想政治教育网络传播力提供研究支持；第二，通过评价精准研判高校思想政治教育网络传播力的建设现状是否达到了预期的目标，是否满足了大学生对高校思想政治教育的需求，以此来发现高校思想政治教育网络传播过程中存在的问题与不足，提出有针对性的对策建议；第三，全面推进高校思想政治教育网络传播力的建设，持续提升高校思想政治教育网络传播力。通过开展科学评价，从各个评价维度共同发力，为持续提升高校思想政治教育网络传播力提供不竭动力。

① 陈新权：《论评价活动》，《哲学动态》1995 年第 10 期。

② 荀振芳：《大学评价活动的基本逻辑与价值选择》，《清华大学教育研究》2021 年第 3 期。

对事物进行综合评价是一项系统的、复杂程度高的工程，是人们深刻理解和客观认识事物的重要手段，是对评价对象进行排序优选的决策基础。评价指标体系的构建是开展综合评价研究的前提条件。高校思想政治教育网络传播力评价指标体系的建立过程是一个科学、客观、严谨的过程，这一评价指标体系也是一个由多个层次、多重路径构成的系统的、复杂程度高的有机整体。开展高校思想政治教育网络传播力评价研究既需要进行价值判断和评定，也必须遵循一定的评价原则。高校思想政治教育网络传播力评价指标体系的构建须坚持以下原则。

（一）科学性原则

科学性原则指的是评价须建立在科学的基础上，要有科学的评价依据和评价方法，所选评价指标相互不冲突、不矛盾，具有一定的理论与实践基础。科学性原则主要体现在理论方法和实践方法两个方面。遵循科学性原则就是要使评价指标体系的建立不仅要在理论上站得住脚，能有科学的理论支撑，又要在应用实践时，客观真实地反映评价对象的现状和实际情况。① 在筛选评价指标并建立评价指标体系时，首先，要以科学的理论知识为指引。高校思想政治教育网络传播力评价指标体系的建立必须遵循思想政治教育学和传播学的相关理论、规律和方法，促使评价指标能在核心概念和逻辑结构上自洽，从而清晰准确地把握高校思想政治教育网络传播力的实质。其次，任何一个评价指标体系都是理论与实践的有机结合，评价指标体系建立的最终归宿仍旧是对评价目标开展评价和判断。评价涉及价值判断，评价工作要将定量分析和定性分析相结合，将实证分析与价值判断相统一，使评价得到实践的验证与支持并具有较强的说服力。定性或定量评价方法的选

---

① 武建军、王永：《基于模糊层次分析法的社区信息化水平评价模型构建》，《科技管理研究》2010 年第 20 期。

取、评价模型的构建与应用都须是客观的，对客观实际抽象描述得越简约、清晰、越贴合实际，越能体现出评价指标体系的科学性。

（二）系统性原则

系统性原则是指从整体的角度设计评价指标体系，用一组各有侧重又互相联系的评价指标来全面反映评价对象的整体情况。坚持系统性原则构建评价指标体系有两层含义：一是评价指标体系由若干“层级化”指标构成，形成了以一级指标、二级指标、三级指标为结构的评价指标体系；二是要从系统视角研究各级具体指标之间相互关系，并通过设置指标权重来反映各项指标对整个系统效应以及对指标体系的影响。[①] 由于评价对象是由诸多要素组成的复杂系统，为了保证评价质量，应从相关的角度和层面综合性地选择明确的指标，通过探究系统与指标以及指标与指标之间存在的联系，使评价指标体系能从各个层面全面体现评价对象的整体状况。从这个意义上讲，构建高校思想政治教育网络传播力评价指标体系时，要全面、准确和多角度地反映网络传播力的现状和水平，从不同维度开展评价工作，并从宏观到微观形成系统科学的评价体系，充分体现出高校思想政治教育网络传播力评价研究的统一性和完整性。

（三）显著性原则

显著性原则是指在构建评价指标体系时选取一些代表性强、比较有针对性的、综合性高的指标，在简单明了的同时，要尽量规避一些无关的或者相关性不强的因素对评价结果的干扰，使得到的评价指标具有一定的准确性和科学性。反映评价对象的指标多种多样，并不是数量越多越好，指标数量越

① 李晓波：《青少年法治素养评价指标体系构建研究》，《贵州师范大学学报（社会科学版）》2020 年第 4 期。

多，一方面评价数据的获取成本和信息集成成本会增大；另一方面也极有可能会导致数据冗余等情况。① 因而，坚持显著性原则要求选取的高校思想政治教育网络传播力评价指标能够充分反映思想政治教育网络传播力的主要特征及状况，设置的反映网络传播力的指标要直接具体，关联性强，具有鲜明的指向性和针对性。

（四）可操作性原则

可操作性原则是指要对评价指标体系中的每一项具体指标作出具体的、可操作性定义，为实现量化评价提供可能。评价指标体系要将抽象的目标具体化，这就要求评价指标体系中最低层次的指标是可操作的，② 能够依据评价对象的信息和可行的方法进行评价。考虑到有些指标不具备可以直接操作的特性，需要通过分析找到可以使之具体化的突破点，赋予其可操作性的定义，使指标量化成为可能。因此，在遴选高校思想政治教育网络传播力评价指标的过程中，要优先考虑可以直接获取且具有可靠可信数据来源的定量指标。同时，对于定性指标的观测可以通过一套科学的标准进行量化，确保评价研究工作的顺利开展。

第二节　高校思想政治教育网络传播力评价指标的选取

指标是确定评价问题及评价对象后用于对其基本情况进行描述表示的载体，是进行评价的一种标准。评价指标体系是由表征评价对象各方面的特性

① 彭张林、张爱萍、王素凤、白羽：《综合评价指标体系的设计原则与构建流程》，《科研管理》2017 年第 S1 期。

② 周建梅、张志华、卫晓飞、李希春：《我国普通高校网球项目高水平运动队评估指标体系研究》，《北京体育大学学报》2013 年第 2 期。

及其相互联系的多个指标所构成的具有内在结构的有机整体。[①] 作为一种测量工具，评价指标体系通过建立一系列测量指标对评价对象进行综合评定。判断标准是指标体系的内在特质，是一种辅助工具，能对评价人员清晰了解事物起到积极作用，助力研究人员研判事物发展的趋势，是决策者确定适当决策的有效依据。

高校思想政治教育网络传播力评价指标体系是由一系列的思想政治教育学与传播学相关指标组合而成的多层次、系统性的评估工具，用来衡量高校思想政治教育网络传播力的水平，是对高校思想政治教育网络传播力的结构要素和评价目标进行拆分和细化的结果，蕴藏着一定的价值判断与价值追求。高校思想政治教育网络传播力评价是在新媒体技术快速发展的时代背景下，把高校思想政治教育网络传播力作为研究对象，坚持科学性、系统性、显著性和可操作性的原则，运用深度学习的评价方法，探究思想政治教育网络传播力的优势与短板，提升高校思想政治教育网络传播力的一项综合性系统工程。

一、评价指标体系的层次结构

高校思想政治教育网络传播力评价指标体系是一个多层次的复杂系统，这一综合体既抽象又具体。本研究在将思想政治教育学和传播学的相关理论进行科学分解、归纳与综合的基础上，厘清各项指标所处的维度以及逻辑层面与实践层面的内在关联，以构建全面系统的高校思想政治教育网络传播力评价指标体系。

高校思想政治教育网络传播力评价指标体系分为三个层次进行构建，这三个层次分别为目标层、准则层和指标层。其中，目标层仅有一个元素，即

① 刘玉静、张秀华:《智慧图书馆智慧化水平测度评估研究》,《图书与情报》2018 年第 5 期。

高校思想政治教育网络传播力；准则层是评价所考虑的准则，一般指为整合指标提供的各种信息，能够使描述性的评价信息具体化，主要包括高校思想政治教育网络传播力评价中的各项维度；指标层主要指对某一准则的进一步详细说明或使评价简洁化的信息或数据，用于测定某一准则相关情况的变量，仅表达某一种单一意义的信息，主要包括为开展高校思想政治教育网络传播力评价提供可选择的各种具体措施或方案，可以划分为定性指标与定量指标。

二、评价指标体系的初步拟定

本研究运用了多种文献检索工具，获取了高校思想政治教育网络传播力评价研究的高频关键词，将其作为开展高校思想政治教育网络传播力评价研究的基础观测指标，并从中科学筛选出了研究的一级指标、二级指标和三级指标，初步确立了高校思想政治教育网络传播力评价研究的初选指标集。

（一）一级指标的初步筛选

一级指标是一个研究领域所有指标的集合，作为其他二级指标、三级指标选取的基础，处于评价指标体系当中的核心地位，为指标体系建立和指标选取奠定了整体研究的基调和方向，也为确立其他各级指标明确了思路。

传播学著名学者哈罗德·拉斯韦尔在《社会传播的结构与功能》一书中提出了“5W”传播理论，研究将其作为理论基础，也是评价指标选取的理论源泉。拉斯韦尔明确提出了传播的五个基本构成要素，包括传播主体、传播内容、传播媒介、传播受众和传播效果，即“5W”传播模式。①

① ［美］哈罗德·拉斯韦尔：《社会传播的结构与功能》，何道宽译，中国传媒大学出版社2017年版，第35页。

这一模式简明而清晰，是传播过程模式中的经典。高校思想政治教育是思想观念、伦理规范和行为准则的信息传播活动，从传播学视域来看，这与拉斯韦尔提出的“5W”传播模式存在着内在的逻辑契合。在高校思想政治教育网络传播过程中，传播主体即高校网络思想政治教育主体；传播内容是与网络思想政治教育相关的信息和内容；传播媒介即网络思想政治教育途径、方式和载体；传播受众为网络思想政治教育客体也就是大学生；传播效果即指高校网络思想政治教育的传播效果。这几种元素复杂多样，在高校思想政治教育网络传播过程中遵循一定的传播规律，形成动态的传播过程，共同作用形成了对大学生价值观引领的强大合力。

新媒体时代信息传播具有内容简短直观、频率高、速度快等典型特质，这些特质使高校思想政治教育网络传播的形态和内容都发生了深刻的改变。新媒体技术的发展为高校网络思想政治教育提供了新的话语空间与传播条件，尤其是微博、微信、抖音、B站等不同类型的新型传播媒介为高校网络思想政治教育的全覆盖提供了全新的渠道。但网络传播呈现出话语主体分众化、传播内容碎片化、传播格局网络化等显著特征，为高校思想政治教育传播带来新机遇的同时，也使其面临现实挑战。这种挑战主要根源于监管技术水平不足与制度不健全以及整体互联网环境的信息泛滥等问题，直接导致了传播活动中的“非对称性风险”，即传播安全风险、信息传播过程中的失调、失控等风险因素。这也是高校思想政治教育网络传播面临的主要问题之一。由此，研究把高校思想政治教育网络传播风险作为一级评价指标纳入整体评价指标体系进行分析。

综上所述，网络传播主体、网络传播受众、网络传播内容、网络传播媒介、网络传播效果和网络传播风险六大因素成为高校思想政治教育网络传播力评价的一级指标。高校思想政治教育网络传播力评价指标设计图如图 5-1 所示。

图5-1　高校思想政治教育网络传播力评价指标设计图

（二）二级指标与三级指标的初步筛选

基于布拉德福文献离散规律，大多数关键文献通常都会集中发表于少数核心期刊。① 相比于专著和研究报告，期刊发表的论文对学术领域的热点把握更为敏锐和直接。为使选取的观测指标更具有科学性与客观性，运用中国知网、百度学术、谷歌学术、EBSCO 数据库、科学网（Web of Science）、研究之门（Research Gate）等文献检索工具，以“思想政治教育”“伦理教育（Ethics Education）”“网络思想政治教育”“网络伦理教育（Internet Ethics Education）”“网络传播（Internet Communication）”“思想政治教育传播”“网络思想政治教育传播”“高校思想政治教育网络传播”“传播力评价（Evaluation of the Propagation Capacity）”“思想政治教育传播力评价”等作为中英文关键词检索国内外期刊的相关文献。同时，使用 Python 软件中的 JIEBA 模块和 NLTK 模块对中英文文本进行分词处理。为提高文本分词的精确度，研究在对语料文本进行预处理的基础上，获取了高校思想政治教育网络传播力评价研究的高频关键词，并作为评价研究的观测指标。此外，通过进一步对国内外文献的挖掘与分析，在充实了原有的高频关键词的基础上，初步选取了具有共性和代表性较强的观测指标。研究采用词云的方式对关键词进行了展示，图中关键词的字体越大

① 张斌贤、陈瑶、祝贺、罗小莲：《近三十年我国教育知识来源的变迁——基于〈教育研究〉杂志论文引文的研究》，《教育研究》2009 年第 4 期。

表明这一关键词的词频越高。高校思想政治教育网络传播力评价研究的词云图（中文部分），如图 5-2 所示。

图5-2　高校思想政治教育网络传播力评价研究的词云图（中文部分）

基于上述研究，以网络传播主体、网络传播受众、网络传播内容、网络传播媒介、网络传播效果和网络传播风险 6 个一级指标，教育者、网络信息素养、内容时效性、新媒体辨识度、大学生认知、传播风险源等 17 个二级指标，以及知名度、网络意识与认知、前沿信息、官方账号、关注量、网络平台风险等 45 个三级指标作为观测点，初步构建了高校思想政治教育网络传播力评价指标体系。高校思想政治教育网络传播力评价研究的初选指标集如表 5-1 所示。

表 5-1　高校思想政治教育网络传播力评价研究的初选指标集

一级指标	二级指标	三级指标
网络传播主体 A1	教育者 B1	知名度 C1
		影响力 C2
		传播意向 C3
	平台运营者 B2	信息处理能力 C4
		专业运营能力 C5
网络传播受众 A2	网络信息素养 B3	网络意识与认知 C6
		网络适应与发展 C7
		网络参与与互动 C8
		网络信息伦理修养 C9
	信息接受 B4	话题关注度 C10
		话题参与度 C11
		教学认可度 C12
		主观规范 C13
网络传播内容 A3	内容时效性 B5	前沿信息 C14
		热点话题 C15
		更新频率 C16
	内容创新性 B6	原创设计 C17
		形式各异 C18
	内容丰富性 B7	标题新颖 C19
		主题广泛 C20
网络传播媒介 A4	新媒体辨识度 B8	官方账号 C21
		官方名称 C22
		官方认证 C23
	新媒体服务性 B9	功能版块 C24
		消息回复 C25
	新媒体推广度 B10	定期推送 C26
		深度阅读推广 C27
网络传播效果 A5	大学生认知 B11	关注量 C28
		阅读量 C29
	大学生情感 B12	互动量 C30
		点赞量 C31
	大学生行为 B13	转发量 C32
		评论量 C33

续表

一级指标	二级指标	三级指标
网络传播风险 A6	传播风险源 B14	网络平台风险 C34
		传播话语风险 C35
		传播过程知行风险 C36
	传播风险识别 B15	网络技术风险识别 C37
		数据源风险识别 C38
		新媒体平台风险识别 C39
	传播风险评估 B16	自风险评估 C40
		风险作用方式评估 C41
		风险后果评估 C42
	传播风险防控 B17	新媒体平台系统维护 C43
		网络技术优化 C44
		风险预警系统 C45

三、评价指标体系的修订与完善

为确保评价指标的科学性、客观性和可行性，本研究采用德尔菲法对指标进行了修订与完善。德尔菲法是以匿名反馈的形式向各个领域的专家征询意见，并对专家意见进行整理、反馈与可靠性分析的方法。德尔菲法的流程是在与专家进行多轮问卷和访谈，对所要预测的问题征得专家的意见之后，进行整理、归纳、统计，再匿名反馈给各专家，再次征求意见，再集中，再反馈，直至得到稳定的意见。根据德尔菲法要求，参加征询专家的恰当规模应控制在 15—50 人，同时按照开展研究工作所需要的知识范围，确定合适领域的专家。专家的选择关系到德尔菲法信效度的高低，也是影响最终确立指标是否科学客观的关键因素。在开展高校思想政治教育网络传播力评价研究过程中，共选取了 46 名专家组成专家组。其中，从事思想政治教育学领域的专家 28 位，传播学领域的专家 5 位，深耕于网络安全领域的专家 10 位，以及资深的新媒体从业者 3 位。借助这些专家的理论知识与实践经验，对指标进行多次修正与完善，确定了最终的指标内容。

设计调查问卷表是开展专家调查的基础。结合初步构建的高校思想政治教育网络传播力评价指标体系编制了专家问卷。问卷主要分为两大主体。第一部分是专家的基本信息；第二部分是专家征询量表，每份专家征询量表包含具体的一级、二级、三级指标内容以及向专家征集的意见，向专家征集意见的部分分为“开放式意见”和“评分式意见”，开放式意见供专家直接发表自己对于问题的见解认知和修改性意见，评分式意见需要专家就拟定指标的重要性从“非常不重要”到“非常重要”进行打分。为确保研究的严谨性与可靠性，将编制的问卷以微信、QQ、电子邮件等方式分别发送给了 46 位专家进行评价。

研究开展了两轮专家调查。在第一轮专家调查中，研究人员将问卷发放给了 46 名专家填写，并根据专家对指标重要性程度给予的评估结果进行了指标的调整；第二轮专家调查中，随机选取了 46 名专家中的 32 名专家，邀请他们对第一轮调查修正后的指标再次进行重要性程度的评价，最终完成了对指标的修正。研究进一步采用专家积极系数、专家权威系数和专家协调系数三个指标系数衡量专家评价的可靠性，具体从以下几个方面进行了检验。

专家积极系数是通过数字化形式来反映专家对研究问题的重视和协作配合研究的积极程度。一般用函询问卷的回收率，即参与问卷的专家数占全部专家的比例表示，发放的问卷最后回收的数目越多，表明专家的积极程度越高。在进行的两轮专家函询中，第一轮问卷发放 46 份，回收问卷 46 份，问卷回归有效率达到 100%；第二轮问卷发放 32 份，回收 32 份，有效率也达到 100%。这表明参与咨询的专家能较好地关注研究问题，对研究内容保持了较高的积极性。

专家权威系数表示专家对指标重要性、可操作性、敏感性进行评价时的权威程度，权威程度通常用专家权威系数进行量化。专家的权威系数（Cr）来自专家的自我评价，由专家对问题的判断依据（Ca）和对问题的熟悉程度（Cs）两个因素决定，专家的权威系数（Cr）取两者的均值，计算方式为 Cr=(Ca+Cs)/2，当 Cr ≥ 0.7 时可以认为研究结果是可靠可信的。专家对问题的判断依据主要分为实践经验、理论分析、参考国内外文献和直观感受 4 个维度，每个维度分为大、中、小三个层次；对问题的熟悉程度有非常熟悉、较熟悉、一般熟悉、不太熟悉和不熟悉五个层次。通过对问卷调查结果的分析可得 Ca=0.83，专家对问题的判断依据主要来源于实践经验和理论分析；Cs=0.87，表明专家对咨询的各项指标及相应问题都非常熟悉；Cr=0.85，表示整个专家组的权威程度都较高，两轮征询的结果都是可信的。专家权威系数分析如表 5-2 所示。

表 5-2 专家权威系数统计表

判断依据（Ca）	量化值	熟悉程度（Cs）	量化值
实践经验	0.36	非常熟悉	0.37
理论分析	0.25	较熟悉	0.26
参考国内外文献	0.14	一般熟悉	0.14
直观感受	0.08	不太熟悉	0.1
		不熟悉	0

专家协调系数是指参与函调的专家对指标是否存在分歧，协调程度通常用专家协调系数（肯德尔和谐系数）W 来表示，W 取值一般在 0—1 之间，专家协调系数越大表示所有专家对指标的协调程度越好。研究结果显示，专家协调系数第一轮 W=0.47，第二轮 W=0.46，整体值在 0.50 上下均匀波动，表明专家对于指标修订的意见比较统一，专家组的协调程度较高，最终的研究结果是可信的、科学的、客观的，专家协调系数统计表如表 5-3 所示。

表 5-3　专家协调系数统计表

	指标	指标数	W 值	χ^2 值	P 值
第一轮					
	一级指标	6	0.43	17.06	< 0.05
	二级指标	16	0.51	113.93	< 0.05
	三级指标	45	0.41	198.73	< 0.05
	总体	67	0.47	357.37	< 0.05
第二轮					
	一级指标	6	0.43	32.53	< 0.05
	二级指标	16	0.56	66.82	< 0.05
	三级指标	42	0.44	152.25	< 0.05
	总体	64	0.46	231.51	< 0.05

注：P 值均小于 0.05，表明在 95% 的置信区间下，专家评估意见协调性好。

（一）第一轮专家调查结果

通过第一轮征询专家意见达成了两个目标。第一，向专家函询对评价指标的划分维度和指标的名称，并通过对初步筛选的评价指标的内在逻辑进行研判，厘清指标间是否存在逻辑重复；第二，由专家对评价指标体系内各自的重要程度以分值的形式进行量化打分，并依据专家意见的集中程度和专家意见协调系数对评价指标进行遴选和剔除。专家意见集中程度主要根据平均值（M）进行判断，均值越大，表明专家对该指标的认同度越高，重要性程度评价的范围在 1—5 之间，保留或微调了 M ≥ 4 的指标。对专家意见协调程度的分析选取变异系数（CV）和认可率（R）来进行测量。变异系数与专家协调程度为反向的关系，即变异系数越小，专家组成员的协调程度越高，研究保留了 CV ≤ 0.25 的指标；认可率是用来观察专家对评价指标重要性判断的辅助工具，用专家组中认为某项指标“非常重要”的人数与认为“重要”的人数占专家总人数的比例来衡量，对认可率达到 R ≥ 75% 的指标进行了保留，保证了专家征询结果的合理性、可靠性和科学性。

1. 一级指标

根据第一轮专家调查中一级指标的测度结果发现，网络传播主体、网络传播受众、网络传播内容、网络传播媒介、网络传播效果这五项一级评价指标的平均值均≥ 4，变异系数值均≤ 0.25，指标的认可率均达到了 80% 以上，表明这些指标得到了专家的充分肯定。但研究发现，网络传播风险指标的认可率仅为 73.33%，未得到专家的充分认可（见表 5-4）。由此，通过召集专家座谈会的形式对这一指标的确立进行了再次讨论。多数专家认为，新媒体时代的网络传播风险已经成为全社会关切的现实问题和焦点问题，并已经对高校网络思想政治教育活动产生了深刻的影响。经过专家会议充分考量，最终决定继续保留该项指标。

表 5-4　第一轮专家调查一级指标测度结果

一级指标	M 值	CV 值	R 值	意见结果
网络传播主体 A1	4.68	0.15	100%	保留
网络传播受众 A2	4.53	0.13	100%	保留
网络传播内容 A3	4.41	0.11	80%	保留
网络传播媒介 A4	4.44	0.15	86.67%	保留
网络传播效果 A5	4.59	0.14	93.34%	保留
网络传播风险 A6	4.12	0.17	73.33%	综合分析保留

2. 二级指标

结合专家对二级指标的调查结果发现，17 项二级指标重要性评价的平均值、变异系数以及认可率均较好，研究结果如表 5-5 所示。专家们普遍认为这 17 项二级指标能够较好地用于评价高校思想政治教育网络传播力，并且指标之间没有重复，无须对指标进行删除。比如，教育者、新媒体推广度、大学生认知、大学生情感、大学生行为等指标得到了专家的一致认可，认可率达到 100%；而传播风险源、传播风险识别、传播风险评估和传播风险防控等指标，虽然认可率均低于 80%，但经过专家组反复探讨之后，仍然被保留于评价指标体系之中。然而，仍有一些指标需要进行调整和修正。比如，有专家认为“平台运营者”没有包括大量网络平台的实际管理者，这些管理者不仅拥有对平台运营和账号管理的权限，还承担着包括增加或删除运营账号等更多的责任，由此这一指标修改为“平台管理者”；“网络信息素养”这一指标被部分专家认为没有结合新媒体时代大学生的特征进行表述，并修改为“大学生网络信息素养”，以评估大学生对网络信息的搜集、利用和甄别等综合能力；“信息接受”修改为“大学生自我表现力”，用以评估大学生在思想政治教育过程中对核心话题与社会核心价值观接受与使用的参与能力。这些指标修改后得到了保留，并进入下一轮专家意见的征询。

表 5-5　第一轮专家调查二级指标测度结果

二级指标	M 值	CV 值	R 值	意见结果
教育者 B1	4.67	0.10	100%	保留
平台运营者 B2	3.99	0.15	66.67%	修改
网络信息素养 B3	3.92	0.18	73.33%	修改
信息接受 B4	3.71	0.22	80%	修改
内容时效性 B5	4.54	0.15	87.50%	保留
内容创新性 B6	4.34	0.14	93.75%	保留
内容丰富性 B7	4.04	0.09	93.75%	保留
新媒体辨识度 B8	4.47	0.16	87.50%	保留
新媒体服务性 B9	4.37	0.14	80%	保留
新媒体推广度 B10	4.64	0.12	100%	保留
大学生认知 B11	4.61	0.15	100%	保留
大学生情感 B12	4.73	0.09	100%	保留
大学生行为 B13	4.86	0.07	100%	保留
传播风险源 B14	3.98	0.16	73.34%	保留
传播风险识别 B15	4.13	0.14	79.13%	保留
传播风险评估 B16	4.03	0.15	76.52%	保留
传播风险防控 B17	3.92	0.16	72.67%	保留

3. 三级指标

结合专家的反馈意见，对部分三级指标进行了删除和修改，具体见表 5-6。第一，需删除的指标。“主观规范”指标的 M<4，CV>0.25，R<75%，且多数专家认为该项指标含义过于宽泛且指向性模糊，进行了删除。第二，需修改的指标。为使指标名称更能够清晰精准地反映出所指代对象的本质与特征，专家组把“专业运营能力”修改为“专业操作能力”；“网络意识与认知”“网络适应与发展”“网络参与与互动”分别修改为“网络信息安全知识”“网络信息安全意识”“网络信息运用能力”；“热点话题”“更新频率”分别修改为“时事政治更新频率”“社会热点更新频率”；“原创设计”“形式各异”分别进一步细化为“内容原创性”“形式多样性”；“网络平台风险”修改为“网络技术风险”。其余三级指标均符合要求，予以保留并进入第二轮专家征询环节。

表 5-6　第一轮专家调查三级指标测度结果

三级指标	M 值	CV 值	R 值	意见结果
知名度 C1	4.56	0.10	100%	保留
影响力 C2	4.47	0.11	100%	保留
传播意向 C3	4.20	0.16	86.70%	保留
信息处理能力 C4	4.20	0.09	93.33%	保留
专业运营能力 C5	3.89	0.15	73.33%	修改
网络意识与认知 C6	4.33	0.11	73.33%	修改
网络适应与发展 C7	4.06	0.19	79.46%	修改
网络参与与互动 C8	4.27	0.18	77%	修改
网络信息伦理修养 C9	4.13	0.19	80%	保留
话题关注度 C10	4.13	0.21	80%	保留
话题参与度 C11	4.06	0.16	90.60%	保留
教学认可度 C12	4.20	0.13	86%	保留
主观规范 C13	3.41	0.26	46.67%	删除
前沿信息 C14	3.46	0.20	73.34%	保留

续表

三级指标	M 值	CV 值	R 值	意见结果
热点话题 C15	4.13	0.21	77%	修改
更新频率 C16	4.06	0.19	73.33%	修改
原创设计 C17	3.87	0.22	66.67%	修改
形式各异 C18	3.74	0.18	60%	修改
标题新颖 C19	4.12	0.15	86.66%	保留
主题广泛 C20	4.06	0.14	86.66%	保留
官方账号 C21	4.00	0.12	86.67%	保留
官方名称 C22	4.13	0.12	93.33%	保留
官方认证 C23	4.09	0.15	77.06%	保留
功能版块 C24	4.04	0.18	79.87%	保留
消息回复 C25	4.13	0.14	86.67%	保留
定期推送 C26	4.60	0.14	100%	保留
深度阅读推广 C27	4.40	0.10	90%	保留
关注量 C28	3.93	0.21	98.33%	保留
阅读量 C29	4.60	0.10	100%	保留
互动量 C30	4.60	0.10	100%	保留
点赞量 C31	4.60	0.10	100%	保留
转发量 C32	4.32	0.12	90%	保留
评论量 C33	4.53	0.11	98.33%	保留
网络平台风险 C34	3.93	0.21	77.38%	修改
传播话语风险 C35	4.06	0.16	80%	保留
传播过程知行风险 C36	4.03	0.21	76.33%	保留
网络技术风险识别 C37	4.06	0.16	80%	保留
数据源风险识别 C38	4.00	0.18	79.34%	保留
新媒体平台风险识别 C39	4.45	0.14	80%	保留
自风险评估 C40	4.05	0.16	80%	保留
风险作用方式评估 C41	4.07	0.16	75.33%	保留
风险后果评估 C42	4.27	0.11	89.67%	保留
新媒体平台系统维护 C43	4.00	0.18	79.34%	保留
网络技术优化 C44	4.00	0.15	80%	保留
风险预警系统 C45	4.20	0.15	86.67%	保留

（二）第二轮专家调查结果

第二轮专家函询的程序与第一轮相同，向32位专家发放了调查问卷征询指标的修改意见，问卷回收率达到100%。调查问卷的反馈结果显示，专家协调程度显著提升，表明专家们对完成第一轮修正后的指标达成了较好共识，且修正后的一级指标与二级指标的平均值、变异系数和认可率远大于标准水平，因此将这6项一级指标和17项二级指标作为最终指标纳入指标体系。但是，专家对第一轮修正后的三级指标仍提出了修改意见。考虑到“前沿信息”这一指标与“时事政治更新频率”和“社会热点更新频率”的内涵存在重复交叉，且“前沿信息”指标的指向性并不清晰，而“时事政治更新频率”和“社会热点更新频率”两项指标更具备可测量性，因此删除“前沿信息”指标。此外，有多位学者提出“传播过程知行风险”没有准确反映大学生在对思想政治教育信息内化吸收的过程中，由于传播主体知行断裂与脱节可能导致的负面影响，因此把这一指标修改为“传播过程知行断裂风险”。其他三级指标在第二轮专家调查中均符合标准。由此，共有43项三级指标作为最终指标纳入了评价指标体系的构建环节。

为进一步优化评价指标体系，使评价指标体系构建更加完备，层次更加清晰，本研究邀请了从事教育学、管理学、社会学、新闻传播学、信息学领域的24位专家以及2位资深新媒体工作者，以专家会议形式进行了在线访谈，对指标进行了优化，最终建构了高校思想政治教育网络传播力评价指标体系。

四、评价指标体系的确定

通过两轮专家意见征询与专家在线访谈，最终构建了涵盖6个一级指标、17个二级指标和43个三级指标的高校思想政治教育网络传播力评价指标体系（见表5-7），以全面科学地对高校思想政治教育网络传播力展开评价。

表 5–7　高校思想政治教育网络传播力评价指标体系

一级指标	二级指标	三级指标
网络传播主体 A1	教育者 B1	知名度 C1
		影响力 C2
		传播意向 C3
	平台管理者 B2	信息处理能力 C4
		专业操作能力 C5
网络传播受众 A2	大学生网络信息素养 B3	网络信息安全知识 C6
		网络信息安全意识 C7
		网络信息运用能力 C8
		网络信息伦理修养 C9
	大学生自我表现力 B4	话题关注度 C10
		话题参与度 C11
		教学认可度 C12
网络传播内容 A3	内容时效性 B5	时事政治更新频率 C13
		社会热点更新频率 C14
	内容创新性 B6	内容原创性 C15
		形式多样性 C16
	内容丰富性 B7	标题新颖 C17
		主题广泛 C18
网络传播媒介 A4	新媒体平台辨识度 B8	官方账号 C19
		官方名称 C20
		官方认证 C21
	新媒体平台服务性 B9	功能版块 C22
		消息回复 C23
	新媒体平台推广度 B10	定期推送 C24
		深度阅读推广 C25
网络传播效果 A5	大学生认知 B11	关注量 C26
		阅读量 C27
	大学生情感 B12	互动量 C28
		点赞量 C29
	大学生行为 B13	转发量 C30
		评论量 C31

续表

一级指标	二级指标	三级指标
网络传播风险 A6	传播风险源 B14	网络技术风险 C32
		传播话语风险 C33
		传播过程知行断裂风险 C34
	传播风险识别 B15	网络技术风险识别 C35
		数据源风险识别 C36
		新媒体平台风险识别 C37
	传播风险评估 B16	自风险评估 C38
		风险作用方式评估 C39
		风险后果评估 C40
	传播风险防控 B17	新媒体平台系统维护 C41
		网络技术优化 C42
		风险预警系统 C43

第三节 高校思想政治教育网络传播力评价指标的内涵

为更好地运用高校思想政治教育网络传播力评价指标体系开展评价工作，本研究对已确定的 6 项一级指标、17 项二级指标和 43 项三级指标的内涵展开深入解析，进一步明确了高校思想政治教育网络传播力的评价标准。

一、网络传播主体指标的内涵

网络传播主体是网络传播活动的传播者，包括网络传播活动的策划者、网络传播内容的生产者和网络信息的发布者。高校思想政治教育网络传播主体是指在高校思想政治教育活动中以网络作为载体进行信息收集、加工、传递教育信息的个体、组织或群体，包括教育者和平台管理者 2 个二级指标。

教育者是教导、传授知识、给出建议、提供信息和启动他人学习过程的人。在思想政治教育网络传播过程中的教育者是思想政治教育信息的传播者与“把关人”，他们对思想政治教育信息的传播、筛选、把控、加工和评价工作起到了至关重要的作用，决定着思想政治教育的价值引领方向，也深刻地影响着大学生的世界观、人生观和价值观，在整个思想政治教育活动中起着主导性作用。结合教育者在高校思想政治教育信息网络传播活动中发挥的作用，可以从知名度、影响力和传播意向 3 个观测维度对教育者进行综合评估。

平台管理者是对包括信息在内的资源进行分配和使用的人员，他们也是在网络平台中直接监督和指导他人工作的人。在思想政治教育网络传播活动中，他们承担着对思想政治教育信息资源与数据进行归集、整合、共享、开放、应用管理的工作。越有专业经验的网络平台管理团队越能够统筹协调平台中各个参与主体之间的关系，增强他们之间的亲和度和信任度，为思想政治教育信息的传播创造一个和谐、开放的环境。结合网络平台管理者的作用，可以从信息处理能力与专业操作能力 2 个观测维度对平台管理者进行综合评估。

二、网络传播受众指标的内涵

网络传播受众是在以网络为媒介的传播过程中传播主体的作用对象，是网络传播内容的主要接受者。高校思想政治教育网络传播活动中的传播受众是指大学生。大学生是高校思想政治教育网络传播过程中的信息接受者，也是思想政治教育传播的作用对象，但这并不意味着他们在传播过程中处于被动地位，他们不仅能够主动地和有选择性地接受思想政治教育信息，而且可以影响思想政治教育传播主体的相关活动。结合大学生在高校思想政治教育网络传播活动中的特征，可以从大学生网络信息素养和大学生自我表现力进行评估。

网络信息素养是指在网络环境中人们必须具备的有效地使用网络信息并

进行信息创造的能力。这种能力不仅包括信息的获取、选择、表达和交流等技能，还包括拥有独立学习的态度和方法以及在信息社会中应具备的责任和道德。进入新媒体时代，网络信息素养反映了大学生对信息社会的适应能力。对网络信息安全知识的搜集、掌握、评估和利用是大学生构建个人良好的网络安全知识体系的基础。大学生应结合网络信息安全知识学习的目标，将通过各种渠道搜集的网络信息安全知识进行归纳、分类、存储记忆和抽象概括，并较好地运用于日常的学习、工作和生活中。面对浩如烟海又良莠不齐的信息资源，大学生树立网络信息安全意识，增强信息辨别能力和自控自律能力，就能够有效地甄别健康和有害的信息，防御和避免有害信息的干扰和侵蚀，保护好个人隐私空间。对于每一个具备独立学习能力的大学生而言，在吸收和理解网络信息安全知识的基础上，不断强化网络信息的运用能力，才是提升个人网络信息素养的关键。大学生应掌握搜索信息、评估信息、整合信息的能力，以及在批判思考和解决问题的过程中提升个人网络信息运用的能力。网络空间并非法外之地，网络信息伦理修养也是新媒体时代体现大学生网络信息素养的重要方面。大学生应具备网络空间中的法治观念和法律知识，强化网络社会意识，积极参与建立共建共享共治的网络空间环境，维持健康有序的网络社会秩序。结合大学生网络信息素养的内涵与特征，可以从网络信息安全知识、网络信息安全意识、网络信息运用能力和网络信息伦理修养 4 个观测维度对大学生网络信息素养进行综合评估。

自我表现力通常是指个体运用形之于外的可见动作，表现外部神态和心理活动的、传情达意的能力。在思想政治教育网络传播活动中，从大学生的心理层面来看，大学生有获取思想政治教育信息以提升自我认知的需求，他们乐于关注自己感兴趣的思想政治教育话题并进行持续学习，或通过加入相关话题的讨论，与同伴交流学习体验来展示自我认知；从大学生的行为层面来看，大学生在接触了思想政治教育信息之后，就会产生对自我认知的需求满足与不满足两种体验，而无论满足与否，都会对大学生的行为模式产生影响，激发大学生的自我表现力。结合大学生自我表现力在心理和行为层面的特征，可以从话题关注度、话题参与度和教学认可度 3 个观测维度对大学生自我表现力进行综合评估。

三、网络传播内容指标的内涵

网络传播内容是指传播主体借助网络技术和网络平台加工、制作并传递给受众的一切文字、图片、符号、语音、视频等信息的总和。网络传播内容是传播活动的中心，包含所传播的信息和负载意义的符号，即传播内容和传播形式两个方面。大学生思想政治教育网络传播内容是由思想政治教育者生产出来，并通过大众传播媒介传播给大学生的信息，可以从思想政治教育网络传播内容的时效性、创新性和丰富性 3 项二级评价指标来进行衡量。

内容时效性是指信息内容的新近程度和及时程度。任何事件都具有一个信息的发展周期，信息的价值会随着时间的变化而发生变化，距离该事件发生的时间越短，其价值与可信度也就越高，反之就会逐渐弱化。只有及时使用的信息才不会因为超出时间限制而失去原来的价值，因而信息需要与时俱进、动态更新。新媒体时代，数字媒体在传播过程中具有比传统媒体更快的速度，不仅能够使用户及时充分地掌握相关信息，更可以为用户推送实时资讯。内容是否具有时效性是网络思想政治教育中的一个重要问题。网络思想政治教育的时效性很大程度上影响着思想政治教育活动的开展，决定着思想政治教育活动的效果。具备时效性的网络思想政治教育信息更能够吸引大学生关注思想政治教育活动。思想政治教育内容时效性可以从时事政治更新频率和社会热点更新频率 2 个维度来进行衡量。

内容创新性是指网络信息平台推送的信息内容具有自己的特色和独到见解。内容创新性具有前沿性、时代性、先进性和个性化的特征。网络思想政治教育信息内容要面向未来、聚焦时代发展前沿，不断进行思想政治教育的内容创新、方法创新和形式创新。新时代思想政治教育内容创新发展，就是既要继承传统，更要运用时代孕育创造的新思想和新理论，结合大学生对思想政治教育的需求生产出更多具有价值引领功能的优质原创内容，创新性地开展大学生思想政治教育活动。此外，还可以结合大学生身心发展的特点和网络使用习惯，以大学生喜闻乐见的形式进行信息内容的传播。比如，将信息借助拟人化的动漫形象、动画作品等进行包装，以提高信息内容的吸引力、影响力和传播力。思想政治教育内容创新性可以从内容原创性和形式多样性 2 个维度来进行衡量。

内容丰富性是指网络信息平台推送的信息内容全面立体、充足饱满并且更新及时。内容丰富性具有内容主题多样性与展现形式丰富性的特征。新时代思想政治教育内容主要包括中国梦教育、中国特色社会主义与“四个自信”教育、马克思主义与社会主义教育、社会主义核心价值观教育、中国共产党党史与国情史教育、中国特色政治发展道路的理论诠释、国家文化软实力与思想政治教育国际传播能力的提升、全面从严治党与反腐防腐教育等方面。① 这些内涵丰富的思想政治教育内容对大学生世界观、人生观、价值观和道德观培育具有重要意义，可以作为衡量高校开展思想政治教育活动内容丰富性的重要标准。思想政治教育内容丰富性可以从标题新颖和主题广泛 2 个维度来进行衡量。

四、网络传播媒介指标的内涵

网络传播媒介是一种介于传播主体与受众之间的用以承载、传递、衍生、扩大特定符号的计算机网络实体，主要是指运用电子计算机网络及多媒体技术传播信息的媒介技术和媒介系统。② 思想政治教育网络传播媒介贯穿

① 吴远、李轮：《新时代思想政治教育思想的新探索——评〈新时代思想政治教育思想研究〉》，《河海大学学报（哲学社会科学版）》2021 年第 1 期。

② 张邦卫：《媒介诗学导论——传媒视野下的文学与文学理论》，浙江大学博士学位论文，2005 年，第 35 页。

于整个思想政治教育传播活动中，它将思想政治教育者与大学生有机地连接起来，并承担着发布思想政治教育信息以及实现教育者与大学生进行在线沟通交流的任务。网络传播媒介由新媒体平台的辨识度、服务性和推广度 3 个二级评价指标构成。

新媒体平台辨识度是指新媒体平台被用户辨认、识别出来的难易程度。新媒体平台的辨识度是影响信息传播效果的重要因素，辨识度高且善于推广的平台有助于用户识别并持续关注。思想政治教育新媒体平台通过提升辨识度，比如通过设置具有鲜明特征的“官方账号”“官方名称”“官方认证”，可以有效地增强用户黏性，使大学生能更快速和便捷地识别和关注这些平台。新媒体平台辨识度可以从官方账号、官方名称、官方认证 3 个维度来进行衡量。

新媒体平台服务性是指新媒体平台所具有的服务用户的功能和特点。新媒体平台只有通过细致的服务、良好的感情化沟通才能获取用户的信任，实现与用户进行价值交换的目标。思想政治教育新媒体平台应更好地服务于具有不同认知层次和不同个体需求的大学生的发展，着力建设融思想性、知识性、趣味性、服务性于一体的思想政治教育新媒体平台，广泛利用各类网络资源，开辟更多的信息发布和交流互动渠道，通过创设大学生自我教育、自我管理、自我服务的新型平台，吸引大学生广泛参与网上的学习和讨论，更好地服务于高校协同育人和大学生健康成长。新媒体平台服务性可以从功能版块与消息回复 2 个维度来进行衡量。

新媒体平台推广度是指新媒体平台利用互联网将信息资源向目标用户传递的能力。思想政治教育新媒体平台要充分调动平台的积极性、主动性和能动性，适应新媒体技术的发展潮流，掌握现代化的信息技术工具，全面提升平台的运营能力以及内容组织、创新和推广等能力，让自身具备更强的挑战力和适应力，大力提升平台宣传推广工作的效率和效果，为更好地服务大学生的深度学习、工作与生活，服务高校建设与发展，服务社会交流与进步添砖加瓦。新媒体平台推广度可以从定期推送与深度阅读推广 2 个维度来进行衡量。

五、网络传播效果指标的内涵

网络传播效果研究是传播研究领域中历史最长、研究成果最多、最有现实意义的环节。网络传播效果是指传播主体发出的传播信息，借由社会化媒体等一系列网络媒介平台与技术，对个人、组织及社会所带来的线上及线下的认知、态度或行为的改变。通常表现为对受众的直觉和记忆、情绪和情感以及言行表现产生的作用和影响。高校思想政治教育网络传播效果是指思想政治教育者通过网络传播媒介发布的思想政治教育信息被大学生接受、理解、掌握后，对大学生的行为和态度产生的潜在影响，大学生思想政治教育信息通过各种网络平台的传播，是否能够对接受信息的大学生在认知、情感、态度和行为等方面产生深刻的影响，并使其发生根本性的变化，这是对思想政治教育信息及其传播有效性的一种衡量，也是大学生对思想政治教育信息需求满足度的一种评价。网络传播效果可以运用大学生认知、大学生情感和大学生行为 3 个二级评价指标来进行衡量。

认知是一个心理学概念，它是人类对外界信息进行积极加工的过程，也是人类认识客观事物和获得知识的过程。认知具有多元、多样、多变的特征。大学生对思想政治教育的认知既是复杂的心理与精神现象，又是复杂的社会与文化现象，它是大学生对社会价值观念、行为准则及道德准则完整的认识过程。随着大学生对思想政治教育信息的逐步接受、理解、加工和吸收，大学生的思想政治道德情感、意志和信念必将得到不断提升和深化，并进一步外化为自身的价值行为和实践。大学生认知可以运用关注量和阅读量 2 个三级评价指标进行综合评估。

情感是一系列主观意识经验的统称，是人对客观事物是否满足自己需要而产生的态度体验，① 包括愉悦、热情、焦虑、愤怒等。情感具有社会功能与塑造未来行动的潜力，通过情感能够进行社会动员，调动社会成员积极参与社会实践，共同完成社会任务。对大学生情感层面的教育高于认知层面，认知层面的教育可以由大学生自行了解，也可以是强制灌输，而思想政治教育过程中的情感层面强调的是受教育者自觉主动地进行价值选择，情感越积极，对思想政治教育的认同度就越高。因此，大学生思想政治教育要超越认知层面，进入情感层面，为大学生品德行为的转化提供动力。大学生情感可以运用互动量与点赞量 2 个具有较好的可操作性的三级评价指标进行综合评估。

行为是指人在主客观因素作用下产生的外部活动，是具有目的性、能动性、程序性、可度性、预见性和多样性的整体行动过程。② 大学生在行为层面的思想政治教育信息获得是指在情感获得的前提下，生成思想获得，并在此基础上生成的一系列积极和正面的行为。从整体上看，思想政治教育的认知层面是大学生对所接收的思想政治教育信息的原始反映；情感态度层面作为重要的承接力量，既是认知层面效果的反映，也是推动行为层面的直接动力；行为层面是思想政治教育信息传播效果的最终表现。大学生在形成情感判断后，进入行为层面的再传播，此时信息的再传播不是简单地原样复制，而是“选择性”与“再生产式”地传播，他们将信息根据自己的需求增减、修改，并把自己的观点或评价附于原始信息上。大学生对思想政治教育话题进行讨论，并利用转发与评论的功能，能够有效地提升思想政治教育网络传播效果。大学生行为可以运用转发量和评论量 2 个具有较好的可操作性的三级评价指标进行综合评估。

① 朱智贤主编：《心理学大词典》，北京师范大学出版社 1989 年版，第 498 页。

② 刘泽奖、赵楷、刘妍君：《网络条件下突发事件对大学生心理的影响及其对策》，《思想教育研究》2010 年第 11 期。

六、网络传播风险指标的内涵

风险最初来自市场和经济领域，意味着损失的可能性，即一些事物存在潜在不确定性，其中某种结果可能产生负面后果，带来损失或危害。① 风险具有可能性、不确定性和潜在危害性。网络传播风险是指网络中的威胁源，以及存在风险的网络节点会主动或被动地将风险传播至可达网络节点，比如，恶意软件可以通过介质向其他节点进行风险的传播等。网络传播风险通常具有较强的破坏性、隐蔽性和突发性。高校思想政治教育网络传播风险是指在新媒体时代，由于信息泛滥、内容碎片化、传播多元化、技术问题和监管失察等问题，造成思想政治教育信息传播过程出现的失调、失控以及非对称性风险。网络传播风险可以从传播风险源、传播风险识别、传播风险评估和传播风险防控 4 个维度进行评估。

风险源是那些可能导致消极后果的因素和危害的来源，是导致事故发生的源头与先决条件，也是风险传导扩散的起点。从思想政治教育信息网络传播活动来看，一方面，网络技术风险已经成为网络传播活动中的头号风险源；另一方面，由于大学生在参与思想政治教育活动中因传播主体知行断裂与脱节造成的风险可能会极大地阻碍大学生对思想政治教育信息的内化与吸收，并显著增加大学生参与思想政治教育活动的话语风险点和行为风险点。传播风险源可以从网络技术风险、传播话语风险和传播过程知行断裂风险 3 个维度进行评估。

风险识别是指在风险发生之前，对风险源、风险的影响范围、风险事件及其原因和潜在的后果等因素进行识别、分析和判定的过程。风险识别是风险管理的基础。风险识别的目的是为了分析风险和应对风险。

① 何江：《城市风险与治理研究——以中国为例》，中央民族大学博士学位论文，2010 年，第 16 页。

大学生思想政治教育网络传播的风险识别就是要对思想政治教育网络传播活动中的风险进行归因和辨析，只有明晰了网络传播过程中风险生成的原因、影响风险产生及演化的关键要素，才能在风险评估和风险防控过程中有的放矢。传播风险识别可以从网络技术风险识别、数据源风险识别和新媒体平台风险识别3个维度进行评估。具体而言，可以考量高校在开展思想政治教育网络传播活动中，能否充分利用大数据技术分析辨别出会影响网络传播活动的风险要素，并对这些风险要素可能造成的后果进行分析，为精准识别思想政治教育网络传播活动中的风险提供数据支持。

风险评估是指对风险可能面临的威胁、可能造成的损失和可能产生的影响，以及三者综合作用所带来风险的可能性进行评估。它是一个确定风险级别和为风险管理提供决策支撑的过程。风险评估是防控高校网络思想政治教育信息传播风险的前提和基础。高校网络思想政治教育信息传播风险评估指由高校对自身面临的风险进行分析、评测、分级，从而得到面临的最主要的风险，再针对这些风险进行防控预案设计等的过程。它是确保高校网络思想政治教育信息传播安全的前提条件，也是规避传播风险的重要举措。传播风险评估可以从自风险评估、风险作用方式评估和风险后果评估3个维度展开。如何对高校网络思想政治教育信息传播风险进行科学评估也是一个关键性的问题。一方面，可以考量高校是否构建了科学完善的评估体系，根据评估体系推行了专门性的风险评估并强化了风险责任；另一方面，可以考量高校是否利用了大数据技术对特定群体定期开展了未来风险评估。比如，是否针对大学生群体开展了风险评估，防止他们受到极端主义等错误思想的影响，引导大学生成长为德才兼备的卓越人才。

风险防控是指特定的主体基于特定的理论方法、技术手段和体制机制对社会发展进程中那些潜在或不确定性的风险进行动态的研判、分析和跟踪，并据此构建有针对性的防范措施和方案。[①]风险防控的目的是最大限度地降低风险事件发生的概率，减少风险事件发生所带来的破坏。传播风险防控可以从新媒体平台系统维护、网络技术优化和风险预警系统3个维度展开综合评估。具体而言，就是要衡量高校是否把风险防控的意识贯穿于思想政治教育网络传播过程中的各个环节，以降低传播风险对网络传播活动的负面影响；高校是否建立健全了网络传播的风险防控管理和动态预警机制，对思想政治教育信息及时进行识别、分析、评价和反馈，从而能够迅速掌握和解决思想政治教育网络传播活动中出现的问题；高校是否加强了思想政治教育工作者的应急能力、服务能力和组织能力的建设，并将大学生纳入风险防控体系基础环节，通过开展形式多样的思想政治教育网络安全传播活动推进风险防控平台建设。

高校思想政治教育网络传播力评价指标内涵的解释如表5-8所示。

表5-8 高校思想政治教育网络传播力评价指标内涵的解释

一级指标	二级指标	三级指标	指标解释
网络传播主体A1	教育者B1	知名度C1	教育者在网络空间被大学生知晓和了解的程度
		影响力C2	教育者在网络空间对大学生在认知、情感、态度等方面的影响力
		传播意向C3	教育者在网络思想政治教育领域的传播意向
	平台管理者B2	信息处理能力C4	对网络图文信息的获取、分析和处理的能力
		专业操作能力C5	对新媒体平台推广与管理的能力

① 史献芝、尹潇：《系统论视域下新时代国家意识形态安全风险防控：分析框架与实践进路》，《理论探讨》2023年第2期。

续表

一级指标	二级指标	三级指标	指标解释
网络传播受众 A2	大学生网络信息素养 B3	网络信息安全知识 C6	是否了解网络安全相关法律法规以及网络攻击分析与防御知识等
		网络信息安全意识 C7	是否具有在网络空间保护自身和他人隐私、分辨健康与有害信息等意识
		网络信息运用能力 C8	是否具备在网络空间搜集、处理、运用、传播信息的能力
		网络信息伦理修养 C9	是否会在网络空间参与网络暴力、散布谣言等侵害社会、组织或他人合法权益的活动
	大学生自我表现力 B4	话题关注度 C10	大学生对网络思想政治教育相关话题的学习与关注程度
		话题参与度 C11	大学生对网络思想政治教育相关话题的投入与交流程度
		教学认可度 C12	大学生对网络思想政治教育教学活动满足与认可程度
网络传播内容 A3	内容时效性 B5	时事政治更新频率 C13	新媒体平台发布的有关时事政治类文章更新的次数
		社会热点更新频率 C14	新媒体平台发布的有关社会热点类文章更新的次数
	内容创新性 B6	内容原创性 C15	包含原创内容的文章占总发文量的百分比
		形式多样性 C16	包含“文字＋图片／音频／视频”等多种形式发布的文章占总发文量的百分比
	内容丰富性 B7	标题新颖 C17	标题形象生动、有吸引力
		主题广泛 C18	主题涉猎面广、范围大
网络传播媒介 A4	新媒体平台辨识度 B8	官方账号 C19	网络账号是否为官方认证的账号
		官方名称 C20	网络账号的名称是否为用户真实名称
		官方认证 C21	网络账号是否具有官方认证标识
	新媒体平台服务性 B9	功能版块 C22	对网络账号的功能、内容、资质的介绍
		消息回复 C23	以人工或人工智能回复的形式与用户互动
	新媒体平台推广度 B10	定期推送 C24	在固定时段推送思想政治教育类信息
		深度阅读推广 C25	为便于用户深度阅读，向用户提供相关信息的客户端下载或网站、相关主题的文章等的链接

续表

一级指标	二级指标	三级指标	指标解释
网络传播效果 A5	大学生认知 B11	关注量 C26	持续关注新媒体平台的用户数
		阅读量 C27	用户点击浏览网络信息的次数
	大学生情感 B12	互动量 C28	用户与新媒体平台发生互动行为的数量
		点赞量 C29	用户对网络信息点赞的次数
	大学生行为 B13	转发量 C30	用户对网络信息进行二次传播的条数
		评论量 C31	用户对网络信息进行评论的条数
网络传播风险 A6	传播风险源 B14	网络技术风险 C32	由网络管控、调试、监督等技术错误引发的风险
		传播话语风险 C33	传播话语内容错误引发的风险
		传播过程知行断裂风险 C34	由知行不一与脱节造成的负面影响导致的风险
	传播风险识别 B15	网络技术风险识别 C35	对网络管控、调试、监督等技术引发的错误进行识别
		数据源风险识别 C36	对初始传播内容是否准确、翔实进行识别
		新媒体平台风险识别 C37	对新媒体平台的安全隐患进行识别
	传播风险评估 B16	自风险评估 C38	对风险发生的可能性、强度、持续时间及关键风险点进行评估
		风险作用方式评估 C39	对风险对网络信息传播的影响是直接还是间接的以及是否会引发其他风险进行评估
		风险后果评估 C40	对风险发生带来的损失进行评估
	传播风险防控 B17	新媒体平台系统维护 C41	对新媒体平台系统进行预防性维护，及时解决新媒体平台系统存在的问题
		网络技术优化 C42	网络信息编码、解码和信息安全等网络技术的开发与创新
		风险预警系统 C43	监控风险因素的变动趋势、评价各种风险状态的强弱程度、发出预警信号并提前采取预控对策的系统

第六章　基于深度学习的高校思想政治教育网络传播力评价模型构建

高校思想政治教育网络传播力评价研究是思想政治教育评价的一个分支，属于高校网络思想政治教育评价研究的一部分。高校思想政治教育网络传播力评价模型是有效开展高校思想政治教育网络传播力科学评价工作的必要工具。为提高高校思想政治教育网络传播力评价模型的通用性与合理性，本研究深入探究了把深度学习方法引入高校思想政治教育网络传播力评价模型构建中的可行性。研究选取了 423 个高校共青团微博账号作为研究的训练样本与测试样本，运用定性与定量相结合的方法搜集样本数据，并对样本数据进行了预处理。研究进一步设计基于深度学习方法进行高校思想政治教育网络传播力评价研究的思路与步骤，结合样本数据，形成高校思想政治教育网络传播力评价模型，并对模型进行检验，最终确立了高校思想政治教育网络传播力评价模型。

第一节　深度学习理论及其应用的可行性分析

通过对深度学习方法的概念与内涵、特征与优势、分类、应用现状与可行性等方面展开分析，本研究深入探究把深度学习方法引入高校思想政治教育网络传播力评价模型构建研究中的可行性，以提高评价模型的科学性和合理性。

一、深度学习的概念与内涵

深度学习（Deep Learning）是一种基于神经网络的机器学习算法。了解机器学习和神经网络的概念是深入理解深度学习的概念和展开科学研究的基础。

机器学习指计算机通过算法学习数据中隐藏的规律和信息，并利用这些规律和信息对未知的数据进行预测，从而获得新的经验和知识的过程。机器学习是计算机系统通往智能的技术途径。运用机器学习建模具有高效、高精度和可解释等优点，但机器学习方法的局限性也较为突出，其无法使机器像人类一样从信息中自动提取关键特征。用这种方法设计的信息分类特征存在既耗费精力，又难以做到全面覆盖等问题，而深度学习方法能够较好地解决这些问题。

神经网络是利用数学方法模拟生物神经网络的一种大规模并行的非线性动力学系统。通常指由很多人工神经元以及神经元之间的连接构成的网络结构模型，神经元是包装函数的容器，神经元之间的连接强度是可学习的参数。神经网络的实质是求取以期望输出和实际输出的误差值作为目标函数的最优化过程。不论何种类型的人工神经网络，其共同的特点是能够并行处理、分布式存储，且运算速度快、具有较理想的容错性，同时还具有自学习、自组织、自适应能力。这些特点和能力构成了人工神经网络模拟智能活动的技术基础，并在广阔的领域获得了重要的应用。然而，神经网络模型的局限在于对时间序列特征提取和加工处理不足，会导致网络模型出现过拟合问题，使预测精度受限。而深度学习正是为了克服神经网络的局限开发出来的算法模型，较好地解决了上述问题。

深度学习综合了机器学习和神经网络的优点。自杰弗里·辛顿等人首次提出深度学习概念以来，[①②] 该技术作为机器学习领域热门研究方向迅速发展起来，特别是亚历克斯·克里热夫斯基等人基于卷积神经网络提出的亚历克斯网络赢得大规模图像识别竞赛后，[③] 深度学习方法迅速应用于各领域并取得了突破性进展。深度学习是指多层神经网络上运用各种机器学习算法解决图像分类等问题的算法集合，[④] 也是一种通过一定的训练方式学习样本数据内在规律和表示层次的学习过程。[⑤] 在人工智能视域下的深度学习是将计算机视为类人脑，试图通过数学模型模拟人类大脑的神经网络及其联结机制，让计算机拥有类似人类的分析学习能力，从而能够自动地归纳、总结大数据的内在规律和结构特征。[⑥] 深度学习作为机器学习研究中的一个新领域，其动机在于建立、模拟人脑进行分析学习的神经网络，模仿人脑的机制来解释数据，这些数据包括图像、声音和文本等。[⑦] 深度学习方法可以分为监督学习与无监督学习，不同的学习框架下建立的学习模型具有显著的差异性。比如，卷积神经网络就是一种深度的有监督学习下的机器学习模型，而深度置信网络就是一种无监督学习下的机器学习。

---

① Hinton G. E., Salakhutdinov R. R., "Reducing the Dimensionality of Data with Neural Networks", *Science*, Vol.313, No.5786 (July 2006), pp.504-507.

② Hinton G. E., Osindero S., Teh Y. W., "A Fast Learning Algorithm for Deep Belief Nets", *Neural Computation*, Vol.18, No.7 (July 2006), pp.1527-1554.

③ Krizhevsky A., Sutskever I., Hinton G. E., "ImageNet Classification with Deep Convolutional Neural Networks", *Communications of the ACM*, Vol.60, No.6 (June 2017), pp.84-90.

④ 张超群、易云恒、周文娟、秦唯栋、刘文武：《基于深度学习与数据增强技术的小样本岩石分类》，《科学技术与工程》2022 年第 33 期。

⑤ 刘汉卿、康晓东、李博、张华丽、冯继超、韩俊玲：《利用深度学习网络对医学影像分类识别的比较研究》，《计算机科学》2021 年第 S1 期。

⑥ 齐志远、高剑平：《从延伸、强化到替代：人工智能对人类劳动的影响》，《自然辩证法通讯》2023 年第 7 期。

⑦ 袁从领、母小勇：《论"互联网＋科学教育"的教学模式创新》，《课程·教材·教法》2018 年第 8 期。

二、深度学习的特征与优势

深度学习方法特有的深层结构使得深度学习模型具有极强的特征表示和概念抽象能力，其具有两个方面的鲜明特征。首先，深度学习强调神经网络结构的多层非线性特征变换，能够自动提取研究对象的复杂特征，解决其他机器学习难以处理的模式识别问题；其次，深度学习方法能够处理大量的数据，通过不断训练和拟合将数据转化成信息。深度学习的工作原理是面对一个需要求解的问题，通过给定大量训练样本，可以建立问题求解的预测模型，用预测模型对问题的输入和输出关系进行有效拟合，并对未来的输出进行高精度的预测。

深度学习的本质是一种运用学习样本数据对研究对象进行特征表达的人工智能技术，究其运行的原理实际上是包含多个隐藏层的人工神经网络模型。① 深度学习网络模型由输入层、隐藏层和输出层三部分构成，每一层都是由一个或者多个神经元构成。同时，深度学习与其他机器学习相比，具有两大优势。首先，深度学习是包含多隐藏层、多感知器的多层网络结构，可以通过增加隐藏层的个数，不断深化网络结构，从而实现目标值的逼近；其次，深度学习具有强大的非线性映射能力，能根据样本数据的内在规律，自动提取与分类任务最相关的特征。此外，将深度学习算法与其余数据挖掘手段进行对比分析，可以发现深度学习算法更灵活且准确率更高，其可以弥补许多数据挖掘手段的缺点，因此在人脸识别、语音识别、图像识别和语音情感识别等诸多领域产生了深远影响。

考虑到深度学习方法的显著优势，在高校思想政治教育网络传播力评价研究过程中，运用深度学习这种新型的研究方法来构建高校思想政治教育

① 刘星南、吴志峰、骆仁波、吴艳艳：《基于多源数据和深度学习的城市边缘区判定》，《地理研究》2020 年第 2 期。

网络传播力评价模型，有利于提升高校思想政治教育网络传播力评价的精准度。

三、深度学习的分类

根据深度学习结构、技术和应用领域的不同，深度学习的架构可以分为无监督学习或生成式深度架构，有监督学习或判别式深度架构，混合深度架构。① 其中，无监督学习或生成模型使用无标记数据，生成模式可用于描述数据的联合统计分布；有监督学习或判别式深度学习的目的是区分部分带标记数据的模式分类数据，通过描述以输入数据为条件的类的后验分布来实现，使用判别力进行分类，直接为分类提供鉴别能力；混合式深度网络结合了生成式和判别式深度学习。深度神经网络是一种混合结构。另外还有一种叫作生成对抗网络的混合深层架构，由两个神经网络组成：一个神经网络称为生成器，生成新的数据；另一个神经网络称为识别器，负责根据真实的训练数据集评估新数据的真实性。②

四、深度学习的应用现状

深度学习技术在问题的提取以及大数据的自动化评估等方面具有非常良好的表现。随着深度学习模型能力的逐渐强大，深度学习技术对于数据的描述和解释能够更有层次化地展现出样本特征。③ 目前，深度学习技术已经逐步应用到人脸识别、物体识别、自动驾驶等不同的科技领域，并得到了较好的运用。对于不同类型的数据，深度学习在一些领域中的应用

① Deng L.，Yu D.,“Deep Learning : Methods and Applications”，*Foundations & Trends in Signal Processing*，Vol.7，No.3-4（June 2014），pp.197-387.

② 张阳玉、吕光宏、李鹏飞：《SDN 网络入侵检测系统的深度学习方法综述》，《计算机应用》2019 年第 S2 期。

③ 陈德鑫、占袁圆、杨兵：《深度学习技术在教育大数据挖掘领域的应用分析》，《电化教育研究》2019 年第 2 期。

如表 6-1 所示。

表 6-1　深度学习的主要应用领域列表[①]

数据类型	应用简介
文本数据	使用深度学习识别电子病历特征； 利用深度学习模型对微博情感进行分析； 通过深度学习分析买家评价，向厂家和商家反馈信息。
图像数据	深度学习应用到大规模图像识别竞赛，在图像分类任务中前五选项错误率为 15.3%，在目标定位任务中前五选项错误率为 34% ； 针对车牌识别的问题，用深度学习算法提高了识别的正确率； 深度学习成功应用到图像纹理识别。
语音数据	挖掘语音数据中体现说谎者心理状态的主要结构特征信息； 通过深度学习模型进行语音质量评价； 噪声环境下进行语音识别。

深度学习技术在各个学科的应用均呈现出明显的上升趋势。其中，计算机科学和工程学一直以来都占据深度学习应用领域的主要版图，可以被认为是深度学习技术的发源学科。随着在处理模型构建、特征提取与自然语言处理等问题上的实现和优化，深度学习技术将逐渐拓展在社会科学、人文科学等学科研究中的应用版图。教育科学研究也越来越多地运用了深度学习技术。比如，由于在教育科学研究活动中产生的数据也可以按文本、图像、语音这三个类型进行分类，而基于深度学习技术在处理这些类型的数据时优越的表现力，可以将深度学习更好地应用于教育数据挖掘领域。此外，深度学习技术对文本和语义信息的处理能力和学习能力使评价过程，尤其是质性评价不再缺乏客观依据，同时能够极大地提升评价效率，因而也被用于教育科学的评价研究中。

① 陈德鑫、占袁圆、杨兵：《深度学习技术在教育大数据挖掘领域的应用分析》，《电化教育研究》2019 年第 2 期。

值得注意的是，在人工智能领域和教育科学研究领域对“深度学习”这一概念的认识有着显著的差异。1956 年，布卢姆等提出了认知有维度层次之分的观点；[①]1976 年，美国学者弗伦斯·马顿等针对浅层次的学习首次提出了关于高层次认知方面的深度学习概念。在教育科学研究领域，深度学习是指学习者能够批判性地学习新的思想和事实，并将它们融入原有的认知结构，能够在众多思想间进行联系，并将已有的知识迁移到新的情境中，作出决策和解决问题。[②]通过深度学习有助于提高学习者整合和处理信息的能力，使学习者可以对信息理解得更为透彻，实现学以致用，开拓思维，激发学习者的创造性。从这个意义上讲，人工智能视域下的深度学习更注重教育的智能化，而教育科研视域下的深度学习更关注知识被学习者充分理解、熟练掌握和运用的程度。

深度学习技术在教育教学研究领域的运用广泛。通过对相关文献的梳理和分析发现，基于深度学习的教育大数据挖掘的主要应用研究方向涉及学生学习追踪与表现预测、学生心理和行为识别、考试应用、辅助教学等。[③]

第一，利用深度学习技术实现对学生的学习追踪与表现预测。由于学生的学习状况受到多种因素的影响，进行学习追踪时需要综合考虑各种因素的影响。传统建模方法无法全面涵盖影响学习状况的各种因素，而深度学习技术可以利用任何可向量化的学生数据作为输入且不需要特别的注解和标记，这对学生表现的建模极具优势。因此，最终对学生绩效的预测也十分准确。应用深度学习技术进行学生学习追踪和表现预测可以明晰教学成效，有助于教师了解学生对教学内容的掌握程度和学生期望学习到的内容，促进教与学

① ［美］安德森等编著：《布卢姆教育目标分类学：分类学视野下的学与教及其测评（完整版）》，蒋小平等译，外语教学与研究出版社 2009 年版，第 25 页。

② Marton F.，Sajio R.，“On Qualitative Differences in Learning : I—Outcome and Process”，*British Journal of Educational Psychology*，Vol.46，No.1（February 1976），pp.4–11.

③ 陈德鑫、占袁圆、杨兵：《深度学习技术在教育大数据挖掘领域的应用分析》，《电化教育研究》2019 年第 2 期。

状况的改善。

第二，利用深度学习技术实现对学生心理和行为分析。学生的行为是自我意识控制下心理活动的外显，学生的行为差异反映了学生价值观的差异。在教育者帮助学生形成良好的自我意识和树立符合社会发展的价值观的过程中，可以运用深度学习分析学生的心理状态和行为表现，使教育者更清楚地掌握学生价值观的状况，从而实现更精准的价值观引导。

第三，利用深度学习技术实现对考试工作的优化。基于深度学习的人工智能技术，能够对学生的作业和考试试卷进行“可机读”优化。利用深度学习技术中的图像及手写识别技术自动对考卷和作业进行机器评阅，不仅能够实现客观题的机器评阅，还能对简答题、作文等主观题进行评阅，从而使阅卷速度显著提升，且更加准确。① 比如，作文自动批改，数学自动阅卷，智能命题考试建设等。

第四，利用深度学习技术实现对教学模式的改进。随着网络技术在教学过程中的广泛应用，教学模式发生了极大的变化。相较于传统教学模式，当前的教学模式更多地借助多媒体、在线平台等网络工具实现了教育资源共享，丰富了学生的学习体验。深度学习技术能够深度嵌入多媒体与在线学习平台中，使当前的教学模式得到进一步丰富和改进。比如，2016 年 4 月，微软亚洲研究院发布的一款英语口语学习软件“微软小英”，应用了深度学习技术开发出情景模拟、口语特训、单词修炼等多种功能，能够通过窗口聊天方式提供情景对话、跟读训练、中英互译等多种教学模式，② 极大地提升了用户的学习体验感。

结合深度学习技术在教育科学研究中的应用，把这种新型的研究技术运

① 刘勇、李青、于翠波：《深度学习技术教育应用：现状和前景》，《开放教育研究》2017 年第 5 期。

② 刘勇、李青、于翠波：《深度学习技术教育应用：现状和前景》，《开放教育研究》2017 年第 5 期。

用于高校思想政治教育网络传播力评价研究中，有利于实现对高校思想政治教育网络传播力大数据进行精准分析与预测以及评价模型的科学构建。

五、深度学习应用的可行性分析

可行性分析是专门为了决定某一特定计划或方案是否合理可行，而在实施前对计划或方案进行全面调查分析，为决策提供依据的一种科学分析方法。可行性分析过程是在现有的资源和条件下，在尽可能短的时间内确认某件事情能否做以及是否值得去做的过程。通常可行性分析可以从四个方面展开：第一，技术可行性，其研究目的是判断新的系统在当前技术条件下能否实现，或某种新技术能否获得；第二，组织可行性，研究所建议的系统能否成功地实现；第三，时间可行性，研究新系统能否在规定的时间内开发完成；第四，经济可行性，研究开发的成本和效益，判断系统运行得到的效益是否能高于系统开发的成本，以及能否在规定的时间内收回开发的成本。在高校思想政治教育网络传播力的评价研究中运用深度学习的方法具有两个方面的显著优势。

第一，高校思想政治教育网络传播力评价研究是一个综合复杂的系统。传统的评价方法多采用直接建立评价系统的数学模型，如加权平均法、层次分析法、模糊综合评判法等，这些方法在评估过程中都要求影响因素，即评价指标间具有线性关系，并且很难排除各种随机性和主观性，易造成评价结果失真和偏差。而深度学习拥有的强大的非线性映射能力，能够捕捉数据之间的非线性关系，对具有不同特征和潜在关系的数据进行建模，使评价模型构建更加科学与完善。

第二，深度学习算法具有较强的训练和学习能力，既能够极大地包容数据缺失、异常波动等问题，也能够极大地减少人工操作、降低人为损失、提高处理效率。在评价研究过程中，一方面，由于深度学习在高维数据处理、时空关系分析等方面具有其他方法难以比拟的独特优势，通过神经网络的训练可以明确输入与输出的内在联系，处理数据间未知的、复杂的非线性关系，根据学习样本的反复训练，持续调节神经元权值直到达到相对稳定的状态为止，以确保评价结果的准确性和客观性；另一方面，输入与输出的内在联系可以通过神经网络的训练得以明确，以权重的形式保存在神经网络中，根据不同类型设计个性化评价体系，从而增加评价模型的适应性和通用性。①

总体来看，把深度学习引入高校思想政治教育网络传播力评价研究中可以充分利用深度学习神经网络强大的自学习能力，在模型训练过程中对数据处理进行自适应调整，极大地降低人为失误，提高构建的评价模型的普适性和客观性。因此，运用深度学习的方法开展高校思想政治教育网络传播力的评价研究具有较强的科学性、创新性、合理性以及较好的技术与经济可行性。

第二节　数据获取与预处理

研究选择了艾瑞深校友会网校友会中国大学排名中的 423 所高校的共青团微博账号作为高校思想政治教育网络传播力评价研究的训练样本与测试样本，运用定性与定量相结合的方法搜集了这 423 个高校共青团微博账号在 43 项评价指标上的数据，并使用标准化处理法对数据进行了预处理，为高校思想政治教育网络传播力评价模型的构建提供了良好的数据支持。

一、评价对象的选择

习近平总书记强调，党和国家事业的希望寄托在青年身上。希望共青团

① 赵蓉英、朱伟杰、张兆阳、李新来：《融合 BP 神经网络的学术话语权评价方法探讨》，《图书情报工作》2022 年第 11 期。

中央深入贯彻党中央要求，切实肩负起新时代新征程党赋予的使命任务，传承弘扬优良传统，坚持改革创新，更好把青年一代团结凝聚在党的周围，为推进强国建设、民族复兴伟业接续奋斗。共青团要把牢新时代青年工作的主题，最广泛地把青年团结起来、组织起来、动员起来，激励广大青年增强历史责任感和使命感，激发强国有我的青春激情，在强国建设、民族复兴伟业中勇当先锋队、突击队。① 高校共青团作为党联系青年大学生的重要纽带，肩负着大学生全面素质培养的关键任务。面向移动互联技术推动新媒体急速发展的新时代，如何适应青年思想认知规律的变化，利用好网络新媒体打动青年、化育青年和感染青年，是铸就时代新人和做好青年思想引领工作的关键。

高校共青团是动员、指导大学生的重要组织和培育大学生价值观的核心思想阵地之一。高校共青团通过微信公众号、微博、抖音等新媒体平台大力传播社会主义核心价值观等主流价值观，积极推进思想政治教育活动的开展。高校共青团新媒体平台作为思想政治教育宣传的重要载体，对大学生的思想精神引领和行为品格塑造起到了积极作用。本研究从艾瑞深校友会网校友会中国大学排名中随机选取典型高校作为开展思想政治教育网络传播力评价研究的训练样本与测试样本。

根据高校思想政治教育网络传播力评价指标数据采集的方法不同将这些指标分为定性指标和定量指标，数据获取的方法采用定量与定性相结合的方法。其中，定性指标的数据通过访谈和问卷获取，定量指标通过信息技术获取数据。将搜集到的定性数据和定量数据进行数据预处理，并将预处理后的数据置于高校思想政治教育网络传播力评价模型中进行测算。

---

① 《习近平在同团中央新一届领导班子成员集体谈话时强调　切实肩负起新时代新征程党赋予的使命任务　充分激发广大青年在中国式现代化建设中挺膺担当》，《人民日报》2023年6月27日。

二、训练样本与测试样本的选取

选择艾瑞深校友会网校友会中国大学排名中的高校作为基础性研究样本，利用 SPSS 26.0 软件随机抽取了其中 500 所高校，并对这些高校共青团微博账号进行了人工搜索识别。删除了其中未开设微博的高校，以及已停止更新、非持续更新、仅有账号未有博文以及发布的博文与思想政治教育内容不相关的账号，最终保留了 423 个高校共青团微博账号。考虑到高校共青团微博的博文数量较多，且账号发博内容有一定的规律性，仅截取了 2022 年 1 月至 2022 年 6 月的样本数据进行研究。部分样本高校名称及其共青团微博名称如表 6-2 所示。

表 6-2　高校名称及其共青团微博名称列表（部分）

序号	高校名称	共青团微博名称
1	南京大学	南京大学团委
2	华中科技大学	华中大团委
3	四川大学	川大共青团
4	厦门大学	青春厦大
5	中南大学	中南青年志
6	中国农业大学	CAU 我们的团
7	中国矿业大学（北京）	I 青春 I 矿大
8	河南大学	河大青年面面观
9	山东农业大学	岱下青年
10	华东理工大学	华东理工大学共青团
……	……	……

三、数据的获取

考虑到高校思想政治教育网络传播力评价指标分为定性指标和定量指标，定性指标采用专家评价的方法实现指标的量化处理，定量指标数据的获取运用 Python 爬虫软件等工具进行搜集，以确保数据获取的准确性和客观性。

（一）定性指标数据的获取

在高校思想政治教育网络传播力评价指标体系中，二级指标教育者的观测指标知名度、影响力、传播意向；二级指标平台管理者的观测指标信息处理能力、专业操作能力；二级指标大学生网络信息素养的观测指标网络信息安全知识、网络信息安全意识、网络信息运用能力、网络信息伦理修养；二级指标大学生自我表现力的观测指标话题关注度、话题参与度、教学认可度；二级指标内容丰富性的观测指标标题新颖、主题广泛；二级指标新媒体平台辨识度的观测指标官方账号、官方名称、官方认证；二级指标新媒体平台服务性的观测指标功能版块、消息回复；二级指标新媒体平台推广度的观测指标定期推送、深度阅读推广；二级指标传播风险源的观测指标网络技术风险、传播话语风险、传播过程知行断裂风险；二级指标传播风险识别的观测指标网络技术风险识别、数据源风险识别、新媒体平台风险识别；二级指标传播风险评估的观测指标自风险评估、风险作用方式评估、风险后果评估；二级指标传播风险防控的观测指标新媒体平台系统维护、网络技术优化、风险预警系统，以上 33 项观测指标均属于定性指标。

研究采用专家评价法对指标进行了量化处理。为确保评价的客观性与准确性，在专家开始评分之前需通过手机端或电脑端关注这些高校的共青团微博账号，通过观测用户在微博平台的搜索、阅读浏览、点赞分享、订阅关注、转发收藏、活跃互动等的行为数据，考察用户反应、评估信息关注度，并以此作为替代计量指标，以监测这些微博账号开展思想政治教育信息传播活动的效果。结合高校思想政治教育网络传播力评价指标体系中的指标说明，邀请专家以五分制形式进行评分。评分越高，表明这所高校共青团微博的思想政治教育传播能力越强，表现越好。最后，采用几何平均值方法对每位专家的评分进行了汇总，消除了专家主观差异等随机因素的影响，使评价结果更具有代表性和客观性。

（二）定量指标数据的获取

在高校思想政治教育网络传播力评价指标体系中，二级指标内容时效性的观测指标时事政治更新频率、社会热点更新频率；二级指标内容创新性的观测指标内容原创性、形式多样性；二级指标大学生认知的观测指标关注量、阅读量；二级指标大学生情感的观测指标互动量、点赞量；二级指标大学生行为的观测指标转发量、评论量等 10 个指标均属于定量指标。定量指标的数据来源于两个渠道。一是手机端，通过关注样本高校共青团微博账号，可以观测该账号的关注量、点赞量、转发量、评论量等以及该账号的阅读数、互动数等；二是电脑端，除了可以观测微博账号的博文数，还可以实时浏览博文的内容主题、形式以及博文更新频率。由于样本数据量庞大，研究运用软件搜集器对海量数据进行了爬取。采用后羿采集器爬取了共青团微博账号中涉及思想政治教育的信息，删除了不涉及思想政治教育的博文，获取了上述 10 个定量指标的数据。高校共青团微博传播力评价研究定量指标的测量方式如表 6–3 所示。

表 6–3　高校共青团微博传播力评价研究定量指标的测量方式列表

定量指标	测量方式
时事政治更新频率 C13	微博发布的有关时事政治类文章更新的次数（次 / 月）
社会热点更新频率 C14	微博发布的有关社会热点类文章更新的次数（次 / 月）
内容原创性 C15	包含原创内容的文章占总发文量的百分比（%）

续表

定量指标	测量方式
形式多样性 C16	包含“文字 + 图片 / 音频 / 视频”等多种形式发布的文章占总发文量的百分比（%）
关注量 C26	持续关注微博账号的用户数（个）
阅读量 C27	用户点击浏览信息的次数（次）
互动量 C28	用户与微博账号发生互动行为的数量（次）
点赞量 C29	用户对信息点赞的次数（次）
转发量 C30	用户对信息进行二次传播的条数（条）
评论量 C31	用户对信息进行评论的条数（条）

四、数据的预处理

为了更好地运用深度学习方法开展高校思想政治教育网络传播力评价研究，提高数据质量是关键。本研究首先对数据进行了清洗，数据清洗主要依据以下三个标准：第一，确保定性指标的数据完整无缺；第二，确保关注量、阅读量、互动量、点赞量、转发量和评论量等定量指标的数据有效；第三，为了避免某一时期某个热点内容的集中发布，采集的数据信息中不包含重复的数据信息。

在高校思想政治教育网络传播力评价指标体系中，由于采集到的各项定量指标的数据量级之间存在着极大的差距，显著影响了深度学习神经网络的收敛速度和性能，因而有必要对数据进行预处理，使输入数据处于可比较的范围中，消除因收集到的数据差距过大造成的误差。一般而言，为将输入数据限制到统一区间内，多数研究者会采取线性变换和归一化处理数据的方法。但是考虑到定性数据的取值范围是 1—5，由此研究将定量数据的取值也限制在这一区间内进行测算。在对定量数据进行转化的过程中，需要对样本数据进行排序和区间划分，处于区间内的数据即赋予相应的值，并将取值控制在 5 分以内，便于数据之间进行比较。此外，研究还邀请专业人士根据高校共青团微博账号的整体水平进行主观赋值，得到高校共青团微博传播力的综合评分值Y值。高校共青团微博传播力评价的各项指标数据及其综合评分值列表（样例）如表6-4所示。

表6-4 高校共青团微博传播力评价的各项指标数据及其综合评分值列表（样例）

序号	C1	C2	C3	C4	C5	C6	C7	……	C40	C41	C42	C43	Y
1	4.9	4.9	4.6	3.9	4.4	4.6	1	……	3.4	4.4	4.1	4.7	3.99
2	4.9	4.7	3.6	1.5	3.2	3.6	1	……	3.4	4.4	4.1	4.7	3.65
3	4.9	4.9	4.7	2.6	3.7	4.7	3	……	3.2	4.4	4.1	4.7	4.32
4	4.1	4.1	2.3	1.4	2.8	2.3	1	……	2.8	4.6	4.2	4.9	2.99
5	3.8	3.2	3.3	3.9	3.2	3.3	5	……	3.9	4.4	4.1	4.7	4.04
6	3.5	3.5	3.3	3.6	3.5	3.3	2	……	2.1	4.4	4.1	4.7	3.75
7	3.1	3.1	4.7	4	3.4	4.7	5	……	3.9	4.4	4.2	4.8	4.12
8	2.8	2.8	4.3	3.6	3.1	4.3	4	……	4	4.4	4.1	4.7	4.11
9	4.7	4.7	1.8	2	3.3	1.8	1	……	1.3	4.5	4.2	4.8	2.92
10	4.2	4.2	4.8	2.9	3.6	4.8	3	……	4	4.4	4.1	4.7	4.17
11	3.9	3.8	2.1	4.8	4.5	2.1	1	……	1.1	4.5	4.2	4.8	3.09
12	1	1	1.3	1	1	1.3	1	……	1.4	4.6	4.3	4.9	2.35
13	2.5	2.5	4.6	4.1	3.2	4.6	5	……	1.3	4.4	4.1	4.7	4.04
14	4.7	4.8	4.9	4	4.4	4.9	3	……	2.3	4.4	4.1	4.7	4.45
……	……	……	……	……	……	……	……	……	……	……	……	……	……

采用等宽度方法对高校共青团微博传播力的专家综合评分值Y进行属性值的区间划分。设评价指标数据中数值的最大值为H，最小值为L，区间个数为n=5，这些区间具有相同宽度，用W表示，即W=（H−L）/n。Y值在（L，L+W）区间的表示高校共青团微博传播力非常弱；Y值在（L+W，L+2W）区间的表示微博传播力较弱；Y值在（L+2W，L+3W）区间的表示微博传播力一般；Y值在（L+3W，L+4W）区间的表示微博传播力较强；Y值在（L+4W，L+5W）区间的表示微博传播力非常强。由于定量指标和定性指标的取值范围均在1—5之间，按照等宽度方法划分，最低综合得分为1，

最高综合得分为 5，由此区间个数为 5 个，分别为 4.2—5，3.4—4.2，2.6—3.4，1.8—2.6，1—1.8，设置为 A、B、C、D、E 五个评价等级，分别代表传播力非常强、较强、一般、较弱、非常弱。高校共青团微博传播力评价的综合得分与等级（样例）如表 6–5 所示。

表 6–5　高校共青团微博传播力评价的专家综合评分值与等级列表（样例）

评价对象	综合得分	评价等级	传播力强弱
川大共青团	4.26	A	非常强
吉林建筑大学团委	3.14	C	一般
苏州大学团委	2.76	C	一般
浙江师范大学团委	3.41	B	较强
天水师范学院团委	2.56	D	较弱

第三节　基于深度学习构建评价模型的过程设计

本研究初步进行了运用深度学习方法开展高校思想政治教育网络传播力评价研究的网络结构设计，并在此基础之上探讨了高校思想政治教育网络传播力评价模型的构建思路以及展开具体研究的详细步骤。

一、评价模型构建的网络结构设计

深度学习方法的基础是人工神经网络，这些网络与人脑中的神经网络相类似。深度学习涉及大量的计算单元或神经元，深度学习神经网络结构复杂，神经元数量庞大，由一个输入层、数个隐藏层以及一个输出层构成，每个层处理数据的一个方面，并对各层的结果进行线性和非线性的转换并产生最终输出。研究运用了三层深度学习神经网络结构来构建高校思想政治教育网络传播力评价模型，即网络结构包括输入层、隐藏层和输出层，如图 6-1 所示。

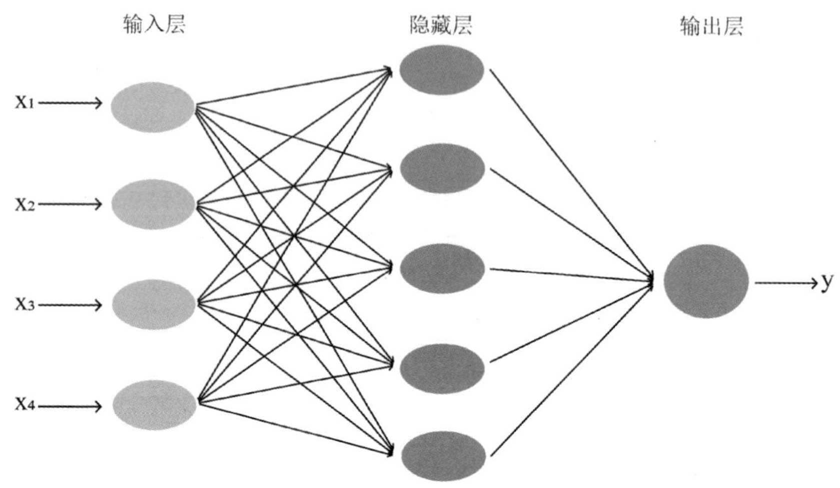

图6-1　典型三层深度学习神经网络结构图

输入层。输入层中的元素应等于数据集中的变量个数，即评价指标的个数。高校思想政治教育网络传播力评价指标体系包含 43 个三级指标，因此，将评价指标个数作为深度学习神经网络的输入层数，即输入层个数为 43。

输出层。输出层是指网络的输出端。主要由网络预测模块构成，输出评价对象的预测值。输出层一般由单层神经元组成。输出层是高校思想政治教育微博传播力的模型输出值，所以输出层的神经元个数为 1。

隐藏层。隐藏层是指输入层与输出层之间的节点层，这些层可能是一层或多层，随着层数的增加，神经网络的计算深度和复杂度也增加。隐藏层节点的选择是一个繁杂的问题，隐藏层节点数量的多与少都会在一定程度上影响深度学习算法训练效果。通常隐藏层的层数越多，网络的拟合能力越强，然而相应模型的复杂度和训练成本也越高；反之，隐藏节点数量较少则会出现深度学习算法训练效果差的问题。研究将隐藏层设置为一层，并借鉴已有学者运用的经验性法则以及实验法对隐藏层神经节点数目进行确定。在神经网络中其他参数值保持不变的情况下，通过大量重复实验调整隐藏层神经节点的数目。研究使用的经验公式为 $M=\sqrt{(m+n)}+a$（其中 m 和 n 分别表示输入、输出神经元的个数，a 为 1 到 10 的常数），并运用实验法对隐藏层的神经节点数进行了确定。

从上述分析来看，深度学习神经网络可分为输入层、隐藏层和输出层。输入层主要用于获取输入的信息；隐藏层主要进行“特征提取”，通过调整权重让隐藏层的神经单元对某种模式形成反应；输出层用于对接隐藏层并输出模型结果，通过调整权重以对不同的隐藏层神经元刺激形成正确的反应，输出的兴奋度即为结果。输入层每个神经单元直接对应原始数据，然后向隐藏层提供信息，隐藏层每个神经单元对不同的输入层神经单元有不同的权重，从而偏向于对某种识别模式兴奋；多个隐藏层的神经单元兴奋后，输出层的神经单元根据不同隐藏层的兴奋加上权重给予不同的兴奋度，形成模型最终识别的结果。

结合高校思想政治教育网络传播力评价指标体系，本研究运用深度学习方法，把预处理后的高校共青团微博数据作为输入层，建立了隐藏层，并输出了模型输出值，构建了高校思想政治教育网络传播力评价模型。

二、评价模型构建的思路与步骤

本研究进一步设计了高校思想政治教育网络传播力评价模型的构建思路，并根据评价模型的构建思路确定了开展研究的步骤。

（一）评价模型的构建思路

本研究运用深度学习的方法构建了高校思想政治教育网络传播力的评价模型，模型构建的思路如图 6-2 所示。运用专家评价法和网络爬虫技术获取定性与定量数据，形成高校思想政治教育网络传播力评价研究的样本数据库，并在完成样本数据的预处理后，进入深度学习训练模块。首先，将预处理后的高校共青团微博传播力指标数据作为输入向量，专家的综合评分值作为输出向量，并设计高校思想政治教育网络传播力评价模型的网络结构参数；再次，通过完成深度学习神经网络模型的学习、训练与测试，形成高校思想政治教育网络传播力评价模型。这一评价模型可以作为高校思想政治教育网络传播力评价的一种通用评价工具，对全国其他高校展开思想政治教育网络传播力的评价工作。

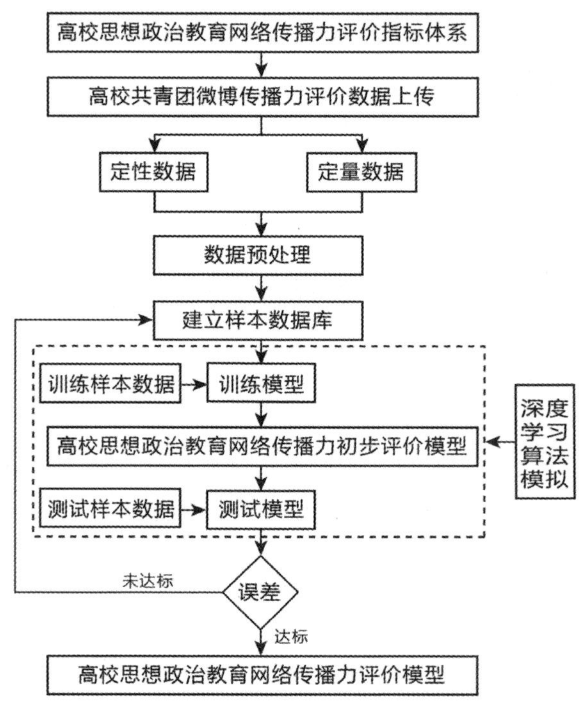

图6–2　高校思想政治教育网络传播力评价模型构建思路图

（二）评价模型的构建步骤

根据高校思想政治教育网络传播力评价模型的构建思路，高校思想政治教育网络传播力评价模型构建的具体步骤如下：第一步，选取开展高校共青团微博传播力评价研究的样本，通过手机端和电脑端获取定量指标的数据，利用专家评价法获取定性数据，并对数据进行预处理。第二步，确定高校思想政治教育网络传播力评价模型的输入层、输出层、隐藏层的神经元个数。

输入层的神经元个数为 43 个；输出层为高校共青团微博传播力的模型输出值，其神经元的个数为 1 个；隐藏层运用经验性法则和实验法对其神经节点数目进行确定。第三步，利用函数对输入层和隐藏层之间、隐藏层和输出层之间的权值和阈值进行初始化，将数据进行归一化处理并设置训练参数。第四步，利用在输入层输入的样本数据对深度学习神经网络进行训练，经过隐藏层处理在输出层得到模型输出值 y，即高校共青团微博传播力的评价结果。第五步，将通过深度学习算法训练得到的模型输出值 y 与专家综合评分值 Y 进行比较。若训练误差达到设定的误差要求，训练结束，否则就需要重新输入不同的样本数据，并不断调整权值和阈值系数，反复训练迭代，使模型输出值 y 逐渐逼近综合评分值 Y，误差达到设定要求，训练结束。第六步，利用经过多次训练和学习后得到的神经网络的权重、路径和隐藏层节点个数，构建高校思想政治教育网络传播力的通用评价模型。通用评价模型可以对不同高校思想政治教育网络传播力水平进行科学评价。具体而言，就是在输入层输入某一高校思想政治教育网络传播力各项评价指标的数据后，通用评价模型就会自动输出评价结果 y 值，将 y 值置于非常强、较强、一般、较弱、非常弱 5 种评价区间，完成了基于深度学习的高校思想政治教育网络传播力的科学评价。

第四节　高校思想政治教育网络传播力的评价模型

通过样本数据库的建立、隐藏层节点个数的确定、评价模型准确性的检验三个环节，最终确立了由 43 个输入层神经元、12 个隐藏层节点、1 个输出层节点组成的高校思想政治教育网络传播力评价模型。

一、高校思想政治教育网络传播力评价模型的构建与检验

高校思想政治教育网络传播力评价模型构建的过程主要包括建立样本数

据库、确定隐藏层节点的个数、检验评价模型的准确性三个环节。

（一）建立样本数据库

研究运用 SPSS 26.0 软件在艾瑞深校友会网校友会中国大学排名中随机抽取 500 所高校，经过人工搜索识别，最终保留了 423 个高校共青团微博账号作为基础研究样本。运用定量与定性相结合的方法，通过访谈和调查问卷以及信息技术分别获取了这 423 个高校共青团微博账号定性与定量指标的数据。研究进一步对此 423 个微博账号进行了样本编号，样本序号为 1—423，并通过人工随机选取了 317 个样本进行神经网络训练。由此，形成了由 317 个样本构建的训练样本数据库和由 106 个样本构建的测试样本数据库。

（二）确定隐藏层节点的个数

研究借助实验试凑法对神经网络隐藏层的神经节点数目进行确定。在神经网络中其他参数值保持不变的情况下，通过多次重复实验调整隐藏层神经节点的数目。具体而言，就是通过网络测试，对比隐藏层节点数对应的训练集均方误差值，选择出最优的隐藏层节点个数，最终以均方误差最优时的隐藏层节点个数作为所建模型隐藏层中的神经元数量。通过对比研究发现当隐藏层节点个数为 12 时，均方误差的值达到最低值，因此将高校思想政治教育网络传播力评价研究的网络隐藏层节点的个数设置为 12。研究对网络训练选用了内存需求最大、收敛速度最快的函数，其最大迭代的训练次数设为 1000 次，展示的训练次数为 50 次，学习效率设置为 0.2，初始权值与阈值采用随机数，网络的学习精度设置为 0.01。研究进一步将 317 个训练样本数据输入，调用设置好的网络训练参数进行神经网络模型的训练，经过 48 次迭代训练达到误差小于 0.01 的目标要求，由此训练结束。训练结果如图 6-3 所示。研究最终完成了高校思想政治教育网络传播力评价模型的构建，此模型的误差值达到误差目标要求，可用来进行仿真模拟输出。

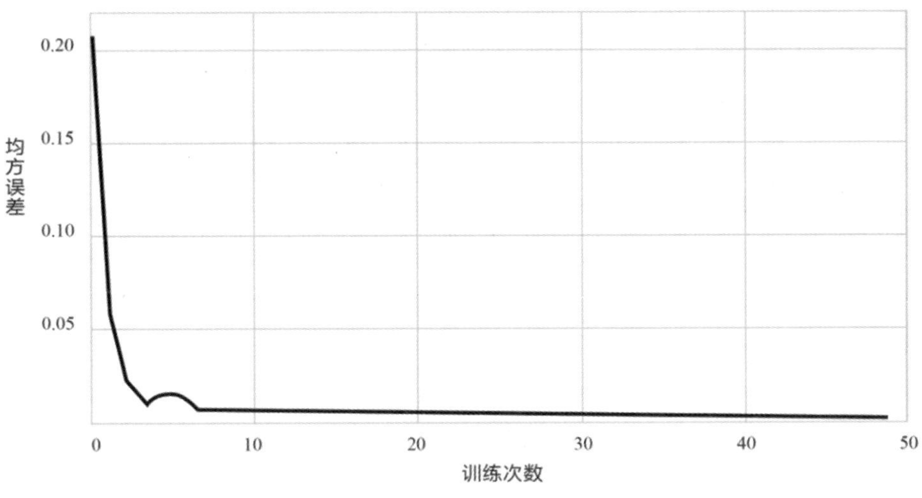

图6-3　神经网络模拟训练过程图

（三）检验评价模型的准确性

运用测试样本数据库中高校共青团微博的数据进行仿真模拟输出，测试高校思想政治教育网络传播力评价模型的准确性。研究将106个测试样本数据输入已训练好的评价模型中，通过模型测算得到高校共青团微博网络传播力的模型输出值，即模型输出值y、专家综合评分值Y及其误差值，如图6-4所示。由模型输出值与专家综合评分值对比可以发现两者之间的误差近似于0，表明该评价模型具有较好的仿真效果，可以进行大规模应用。

研究进一步从106个测试样本中随机抽取15个样本，对比这15个样本的专家期望值与网络仿真输出值，即专家综合评分值与模型输出值，对比结果如表6-6所示。研究发现，专家综合评分值与模型输出值间的误差率较低，且对样本高校共青团微博传播力的强弱等级划分结果完全吻合，表明运用评价模型测算出来的模型输出值与专家综合评分值趋于一致，具有较好的精准度。由此，可以推定高校思想政治教育网络传播力评价模型能够对全国其他高校思想政治教育网络平台传播力的水平进行准确测度，从而为开展高校思想政治教育网络传播力的科学评价打好基础。

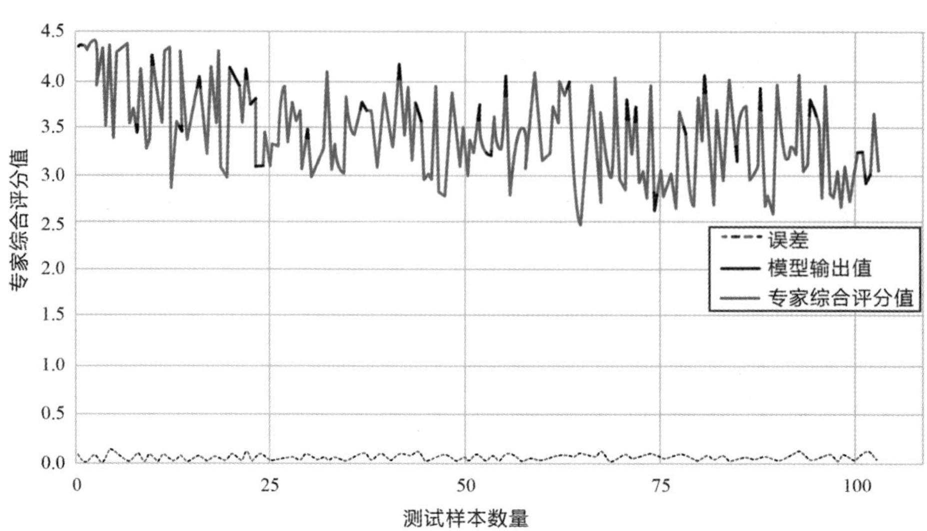

图6-4　测试样本的模型输出值和专家综合评分值的结果及误差图

表 6-6　专家综合评分值和模型输出值的结果对比（15 个测试样本）

测试样本序号	专家综合评分值	等级	传播力强弱	模型输出值	等级	传播力强弱	误差率	准确性
1	3.93	B	较强	3.92	B	较强	0.26%	准确
2	4.04	B	较强	4.09	B	较强	-1.22%	准确
3	2.99	C	一般	2.96	C	一般	1.01%	准确
4	3.64	B	较强	3.63	B	较强	0.28%	准确
5	3.01	C	一般	3.02	C	一般	-0.33%	准确
6	3.85	B	较强	3.82	B	较强	0.79%	准确
7	4.38	A	非常强	4.36	A	非常强	0.46%	准确
8	2.52	D	较弱	2.53	D	较弱	-0.40%	准确
9	3.69	B	较强	3.69	B	较强	0.00%	准确
10	4.19	B	较强	4.19	B	较强	0.00%	准确
11	2.65	C	一般	2.66	C	一般	-0.38%	准确
12	3.77	B	较强	3.78	B	较强	-0.26%	准确
13	3.14	C	一般	3.13	C	一般	0.32%	准确
14	3.56	B	较强	3.56	B	较强	0.00%	准确
15	4.34	A	非常强	4.34	A	非常强	0.00%	准确

二、高校思想政治教育网络传播力评价模型的确立

高校思想政治教育网络传播力评价模型中输入层的神经元个数为 43，即高校思想政治教育网络传播力的评价指标为 43 个；隐藏层的神经元个数为 12 ；输出层的神经元个数为 1，即输出的高校思想政治教育网络传播力的最终评价结果。高校思想政治教育网络传播力的最终评价结果分为 5 个等级，当模型输出值为 1—1.8 分(含 1.8 分）表示传播力非常弱，1.8—2.6 分(含 2.6 分）表示传播力较弱，2.6—3.4 分（含 3.4 分）表示传播力一般，3.4—4.2 分(含 4.2 分）表示传播力较强，4.2—5 分表示传播力非常强，如图 6-5 所示。

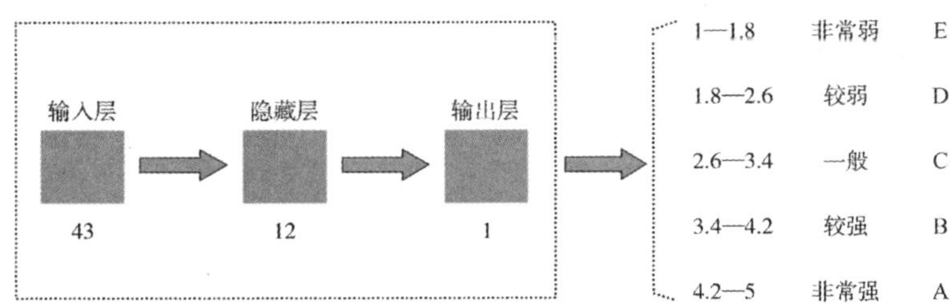

图6-5　高校思想政治教育网络传播力评价模型图

第七章　高校思想政治教育网络传播力评价模型的应用

开展高校思想政治教育网络传播力评价模型的应用研究，其重要作用和价值在于了解和掌握全国高校思想政治教育网络传播力的综合发展水平，从中探究高校思想政治教育网络传播活动中可能面临的现实问题，以及提升高校思想政治教育网络传播力的可能途径。同时，高校思想政治教育网络传播力评价模型也需要在进一步的实践应用当中不断验证和调整。由此，本研究运用高校思想政治教育网络传播力评价模型，科学选取一定数量的研究样本，展开全国高校思想政治教育网络传播力水平的评价研究。此外，本研究还识别了高校思想政治教育网络传播力评价指标体系中对高校思想政治教育网络传播力具有较高贡献率的关键性指标，并深入开展了这些指标对网络传播力产生影响的机理分析。

第一节　高校思想政治教育网络传播力评价模型的应用与检验

为了掌握全国高校思想政治教育网络传播力的整体水平，本研究选取832 所高校的共青团微信公众号作为研究样本，开展高校思想政治教育网络传播力评价模型的应用研究。研究分别进行了 832 个共青团微信公众号传播力水平的综合评价以及在网络传播主体、网络传播受众、网络传播内容、网络传播媒介、网络传播效果、网络传播风险六项维度上的具体评价研究。研究还展开高校思想政治教育网络传播力评价模型的检验，验证了模型的通用性、客观性与科学性。

一、高校思想政治教育网络传播力评价模型应用样本

为科学评价全国高校思想政治教育网络传播力的水平，研究进一步展开了高校思想政治教育网络传播力评价模型的实证应用。本研究选取了 2020—2023 年软科中国大学排名中的 892 所高校作为开展高校思想政治教育网络传播力评价模型实证应用的研究样本。为了保证选取的评价样本具有较好的代表性以及评价数据获取的可得性、准确性与客观性，选取了“985”高校、“211”高校、省级重点大学、地方本科院校以及民办高校等不同类型的高校共青团微信公众号作为评价对象。通过搜索这 892 所高校开设的共青团微信公众号，排除了尚未开设共青团微信公众号的高校以及僵尸账号，同时为了使获取的数据最大程度符合研究的需要，也剔除了在微信公众号内实际发布的大多数内容与思想政治教育并不相关的高校共青团微信公众号，最终从“985”高校、“211”高校、省级重点大学、地方本科院校以及民办高校等不同类型的高校共青团微信公众号中选取了 832 个微信公众号作为评价对象。高校共青团微信公众号评价样本的基本情况如表 7-1 所示。

表 7-1　评价样本的基本情况统计表

评价对象	“985”高校与“211”高校	省级重点大学与地方本科院校	民办高校及其他类型
样本数	102	676	54
所占比例	12.26%	81.25%	6.49%

研究进一步对 832 个高校共青团微信公众号的数据进行采集。这些数据

由衡量定性指标的数据和定量指标的数据构成。定性数据邀请不同领域的专家对高校共青团微信公众号的各项评价指标进行主观赋值；定量数据来源于手机移动端和电脑端的微信公众号，在数据搜集的过程中关注公众号发布与更新的内容，将未涉及思想政治教育的内容及时排除后，采用后羿采集器软件获取数据。最终，运用标准化处理法对搜集到的定量数据与定性数据进行预处理，再将预处理后的数据输入到高校思想政治教育网络传播力评价模型中进行评价。

二、应用高校思想政治教育网络传播力评价模型开展的整体评价与检验

为对高校思想政治教育网络传播力水平进行科学评价，研究以全国 832 所高校共青团微信公众号为例，展开了综合评价研究，评价结果如图 7-1 所示。研究发现，思想政治教育网络传播力非常强的高校共青团微信公众号占比为 8.89%；高校共青团微信公众号的传播力表现较强的占比为 29.57%；传播力表现一般的高校共青团微信公众号占比为 44.47% ；表现较弱和非常弱的高校共青团微信公众号占比为 17.07%。总体来看，38.46% 的高校共青团微

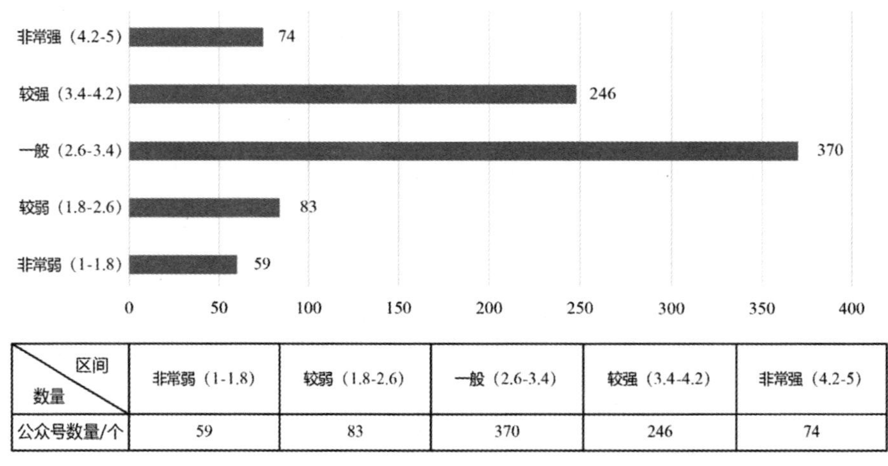

区间 / 数量	非常弱（1-1.8）	较弱（1.8-2.6）	一般（2.6-3.4）	较强（3.4-4.2）	非常强（4.2-5）
公众号数量/个	59	83	370	246	74

图7-1　高校共青团微信公众号传播力评价结果示意图

信公众号较好地开展了思想政治教育网络传播活动，具备良好的传播效力。

研究进一步利用 SPSS 26.0 软件对全国 832 所高校共青团微信公众号传播力的模型输出值进行描述性统计分析，分析结果如图 7-2 所示。分析结果显示，832 所高校共青团微信公众号传播力模型输出值的均值为 3.19，置于 2.6—3.4 区间内，表明 832 所高校共青团微信公众号传播力整体位于中等水平；方差为 0.89，表明高校共青团微信公众号传播力水平间的差距不显著；峰度和偏度值均位于 -2—2 的合理区间范围内，符合正态分布的基本要求。

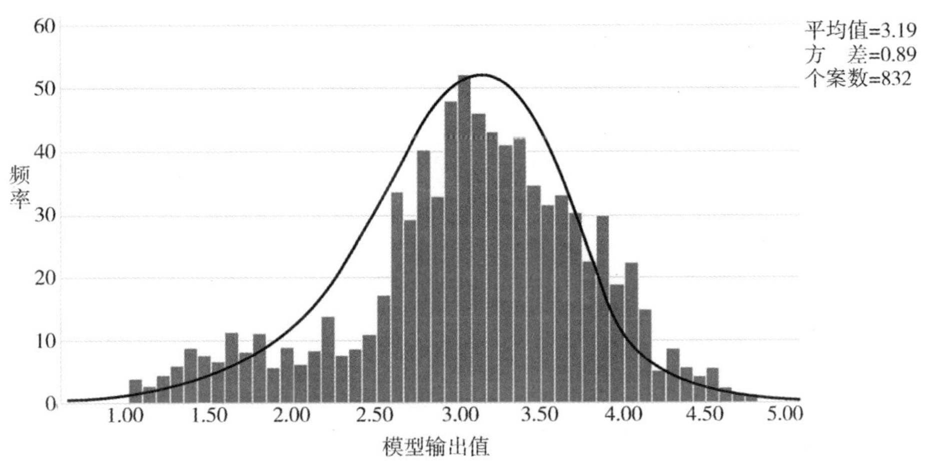

图7-2　高校共青团微信公众号传播力评价结果描述性统计分析图

研究对 832 所高校共青团微信公众号传播力模型输出值在不同传播力强弱区间的均值进行了比较分析。研究发现，在传播力表现为非常强的区间内，高校共青团微信公众号传播力水平的平均得分为 4.36，方差为 4.92；表现为较强的传播力水平的平均得分为 3.63，方差为 0.36；表现为一般的平均得分为 3.12，方差为 0.42；表现为较弱的平均得分为 2.28，方差为 0.16；表现为非常弱的平均得分为 1.72，方差为 5.64，如图 7-3 所示。研究发现，在传播力表现为非常强与非常弱的区间，高校共青团微信公众号传播力水平的差距均较大，而在传播力表现为较强、一般与较弱的区间，传播力水平差距不显著。

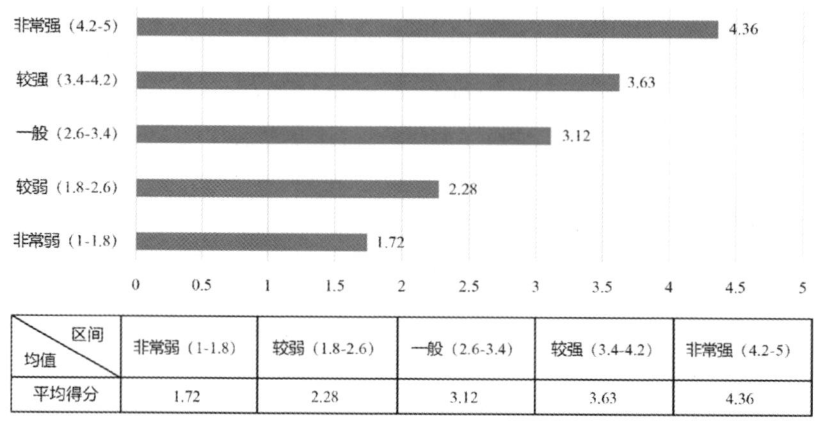

区间 / 均值	非常弱（1-1.8）	较弱（1.8-2.6）	一般（2.6-3.4）	较强（3.4-4.2）	非常强（4.2-5）
平均得分	1.72	2.28	3.12	3.63	4.36

图7-3　高校共青团微信公众号传播力水平各区间均值示意图

研究运用德尔菲法和专家会议法，邀请专家对 832 所高校共青团微信公众号传播力综合水平进行整体评价，得到这 832 所高校共青团微信公众号传播力水平的专家综合评分值 Y。研究将运用高校思想政治教育网络传播力评价模型测算的模型输出值 y 与专家综合评分值 Y 进行比较分析发现，模型输出值与专家综合评分值趋于一致，这也进一步检验了高校思想政治教育网络传播力评价模型具有良好的通用性和客观性。全国 832 所高校共青团微信公众号传播力水平的模型输出值和专家综合评分值的结果及误差图如图 7-4 所示。

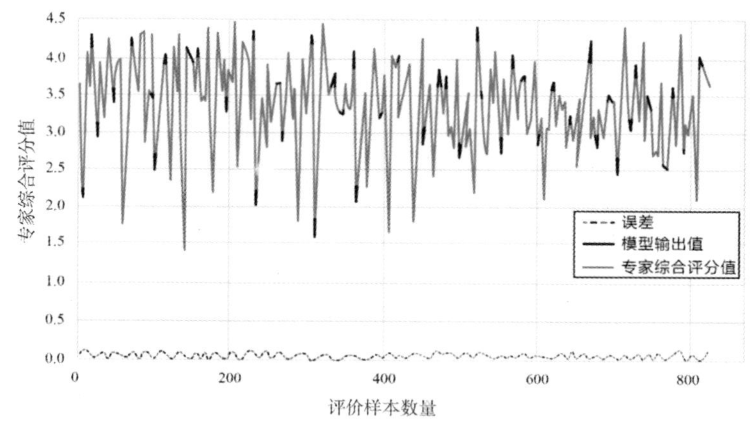

图7-4　评价样本的模型输出值和专家综合评分值的结果及误差图

三、应用高校思想政治教育网络传播力评价模型开展的分维度评价与检验

为了进一步开展全国 832 所高校共青团微信公众号网络传播主体、网络传播受众、网络传播内容、网络传播媒介、网络传播效果、网络传播风险六项维度上的传播力水平的具体评价分析，研究运用深度学习方法分别构建了高校思想政治教育网络传播主体、网络传播受众、网络传播内容、网络传播媒介、网络传播效果、网络传播风险 6 个传播力评价模型，并分别开展了不同维度上的评价研究。

（一）网络传播主体维度

研究利用 SPSS 26.0 软件对全国 832 所高校共青团微信公众号在网络传播主体维度上传播力的模型输出值进行描述性统计分析，分析结果如图 7-5 所示。分析结果显示，网络传播主体维度的传播力模型输出值的均值为

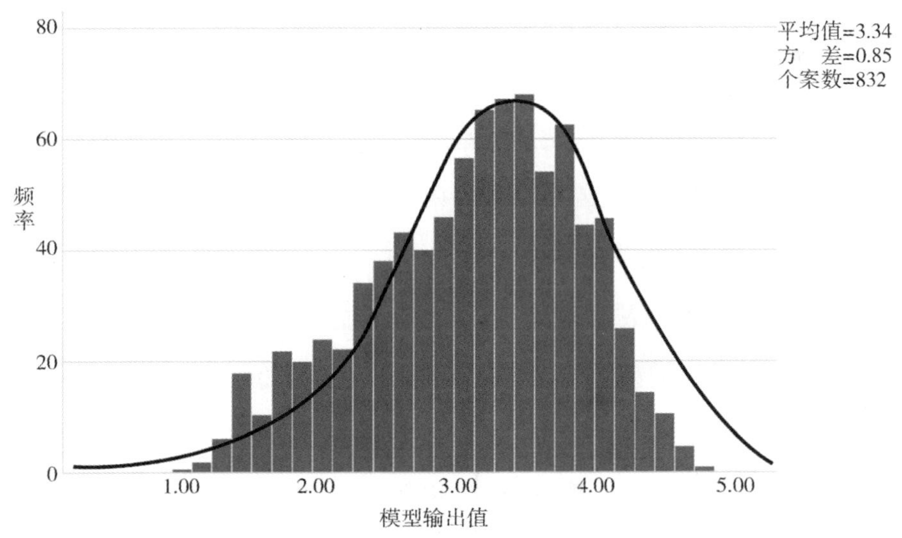

图7-5　网络传播主体维度评价结果的描述性统计分析图

3.34，表明832所高校共青团微信公众号中多数高校在网络传播主体维度上的传播力处于中等水平；方差为0.85，表明832所高校在网络传播主体维度上的传播力水平间的差距不显著；峰度和偏度值也均位于-2—2的合理区间范围内，符合正态分布的基本要求。

高校共青团微信公众号的网络传播主体维度包括教育者与平台管理者2项二级指标，研究对这2项二级指标的观测指标展开了进一步的测度分析，分析结果如图7-6所示。结合网络传播主体维度上的专家综合评分值，研究进一步发现，全国832所高校共青团微信公众号在知名度这个观测指标上的平均得分为3.44，方差为5.23；在影响力这个观测指标上的平均得分为3.30，方差为4.92；在传播意向上的平均得分为3.09，方差为1.23；在信息处理能力上的平均得分为3.14，方差为1.25；在专业操作能力上的平均得分为3.16，方差为0.69。研究还发现，832所高校在知名度和影响力这两个观测指标上共青团微信公众号传播力水平间的方差均较大，而在传播意向、信息处理能力与专业操作能力这3个观测指标上传播力水平的差距并不显著。此外，研究发现知名度与影响力这两个观测指标均值最高，表明与其他观测指标比较而言，在高校共青团微信公众号中开展思想政治教育传播活动的教育工作者

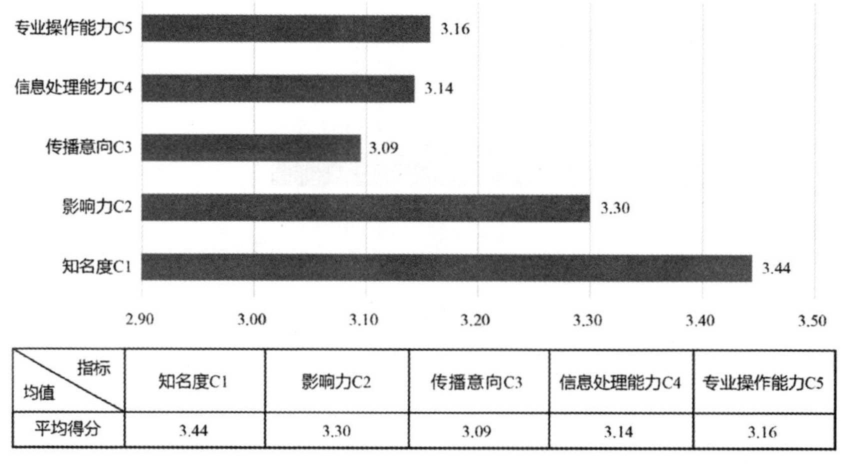

指标 均值	知名度C1	影响力C2	传播意向C3	信息处理能力C4	专业操作能力C5
平均得分	3.44	3.30	3.09	3.14	3.16

图7-6 网络传播主体维度各项观测指标平均得分示意图

的知名度与影响力均较高。

（二）网络传播受众维度

研究利用 SPSS 26.0 软件对全国 832 所高校共青团微信公众号在网络传播受众维度上传播力的模型输出值进行描述性统计分析，分析结果如图 7-7 所示。分析结果显示，网络传播受众维度的传播力模型输出值的均值为 3.04，表明 832 所高校共青团微信公众号中多数高校在网络传播受众维度上的传播力处于中等水平；方差为 0.92，表明 832 所高校在网络传播受众维度上的传播力水平间的差距不显著；峰度值为 -1.04，偏度值为 0.05，符合正态分布的基本要求。

网络传播受众维度由大学生网络信息素养与大学生自我表现力 2 项二

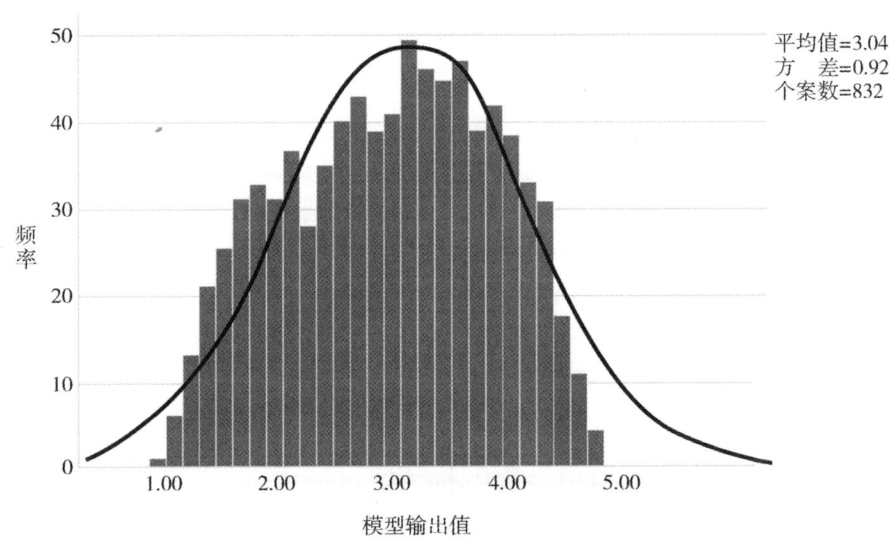

图7-7　网络传播受众维度评价结果的描述性统计分析图

级指标构成，研究对这 2 项二级指标的观测指标展开了测度分析，结果如图 7-8 所示。结合网络传播受众维度上的专家综合评分值，研究发现，全国 832 所高校共青团微信公众号在网络信息安全知识这个观测指标上的平均得分为 3.20，方差为 1.35；在网络信息安全意识这个观测指标上的平均得分为 3.14，方差为 1.22；在网络信息运用能力上的平均得分为 3.15，方差为 2.57；在网络信息伦理修养上的平均得分为 2.95，方差为 5.32；在话题关注度上的平均得分为 3.36，方差为 2.34；在话题参与度上的平均得分为 3.45，方差为 7.42；在教学认可度上的平均得分为 3.14，方差为 1.22。研究还发现，832 所高校在网络信息伦理修养和话题参与度这 2 个观测指标上的方差均较大，而在网络信息安全知识、网络信息安全意识、网络信息运用能力、话题关注度与教学认可度这 5 个观测指标上传播力水平的差距并不显著。此外，研究发现话题关注度这个观测指标值较高且方差较低，表明大学生对思想政治教育领域的热点话题具有较高的关注度；大学生的网络信息伦理修养水平这个观测指标均值较低且方差较大，表明大学生在网络信息伦理修养方面的表现不仅较差且参差不齐，亟须提升。

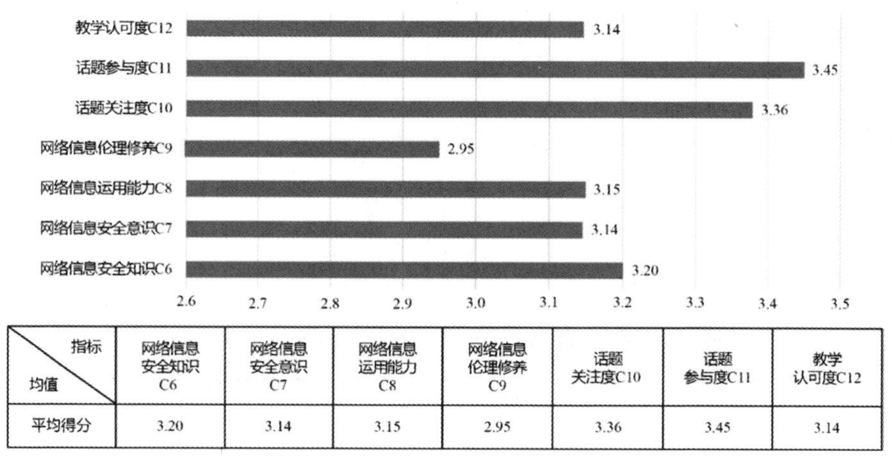

指标 均值	网络信息安全知识C6	网络信息安全意识C7	网络信息运用能力C8	网络信息伦理修养C9	话题关注度C10	话题参与度C11	教学认可度C12
平均得分	3.20	3.14	3.15	2.95	3.36	3.45	3.14

图7-8　网络传播受众维度各项观测指标平均得分示意图

（三）网络传播内容维度

研究利用 SPSS 26.0 软件对全国 832 所高校共青团微信公众号在网络

传播内容维度上传播力的模型输出值进行描述性统计分析，分析结果如图 7-9 所示。分析结果显示，网络传播内容维度的传播力模型输出值的均值为 3.06，表明 832 所高校共青团微信公众号中多数高校在网络传播内容维度上的传播力处于中等水平；方差为 0.85，表明 832 所高校在网络传播内容维度上的传播力水平间的差距不显著；峰度值为 -0.93，偏度值为 0.32，符合正态分布的基本要求。

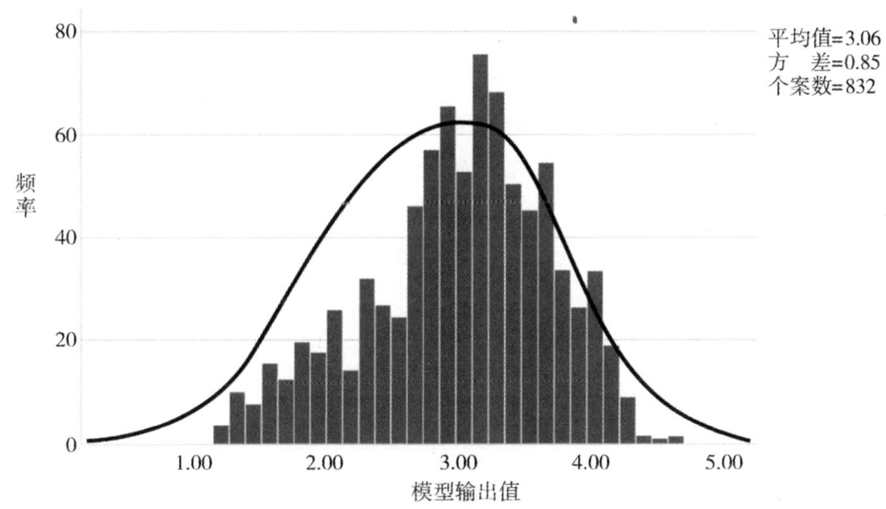

图7-9　网络传播内容维度评价结果的描述性统计分析图

网络传播内容维度由内容时效性、内容创新性与内容丰富性 3 项二级指标构成，研究对这 3 项二级指标的观测指标展开深入测度分析，研究结果如图 7-10 所示。结合网络传播内容维度上的专家综合评分值，研究发现，全国 832 所高校共青团微信公众号在时事政治更新频率观测指标上的平均得分为 3.22，方差为 1.25；在社会热点更新频率观测指标上的平均得分为 3.31，方差为 1.78；在内容原创性上的平均得分为 2.55，方差为 894.15；在形式多样性上的平均得分为 3.33，方差为 378.87；在标题新颖上的平均得分为 3.25，方差为 552.34；在主题广泛上的平均得分为 3.37，方差为 264.78。研究发现，时事政治更新频率与社会热点更新频率 2 个观测指标均值较高且方差较低，表明多数高校共青团微信公众号能够紧跟时事，紧抓身边事，及时补充新内容，积极开展思想政治教育传播活动。而在内容原创性、形式多样性、标题新颖与主题广泛4个观测指标值上的方差极高，表明832个微信公众号在这4个观测指标上的表现存在极大的差距，且多数具有原创性、形式多样性、标题新颖与主题广泛等特征的优质思想政治教育传播内容可能来自极少数传播力非常强的共青团微信公众号。

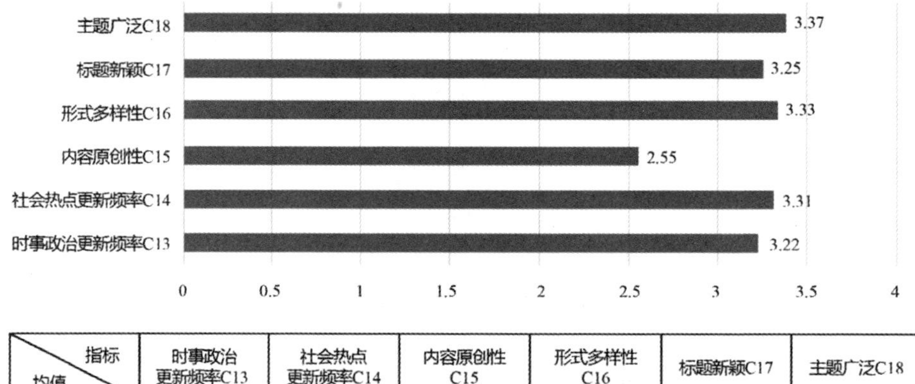

指标 / 均值	时事政治更新频率C13	社会热点更新频率C14	内容原创性C15	形式多样性C16	标题新颖C17	主题广泛C18
平均得分	3.22	3.31	2.55	3.33	3.25	3.37

图7–10　网络传播内容维度各项观测指标平均得分示意图

（四）网络传播媒介维度

研究利用SPSS 26.0软件对全国832所高校共青团微信公众号在网络传播媒介维度上传播力的模型输出值进行描述性统计分析，分析结果如图7-11所示。分析结果显示，网络传播媒介维度的传播力模型输出值的均值为3.23，表明832所高校共青团微信公众号中多数高校在网络传播媒介维度上的传播力处于中等水平；方差为0.24，表明832所高校在网络传播媒介维度上的传播力水平间的差距不显著；峰度值为-0.65，偏度值为0.02，符合正态分布的基本要求。

网络传播媒介维度由新媒体平台辨识度、新媒体平台服务性与新媒体

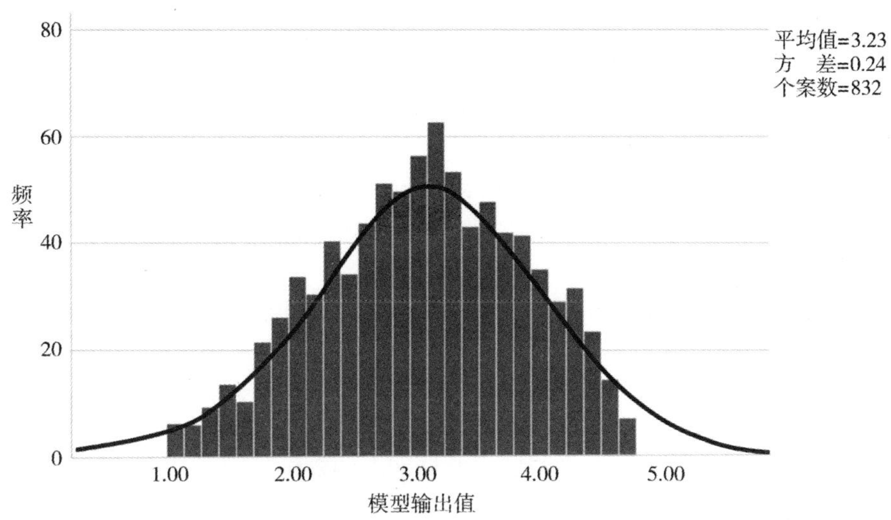

图7-11　网络传播媒介维度评价结果的描述性统计分析图

平台推广度 3 项二级指标构成，研究对这 3 项二级指标的观测指标展开了进一步分析，如图 7-12 所示。结合专家综合评分值，研究发现，高校共青团微信公众号在官方账号观测指标上的平均得分为 3.81，方差为 0.06；在官方名称上的平均得分为 3.45，方差为 0.12；在官方认证上的平均得分为 4.68，方差为 0.10；在功能版块上的平均得分为 3.17，方差为 1.55；在消

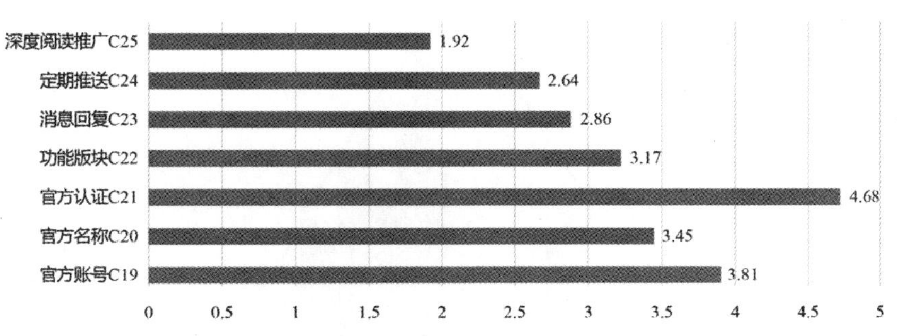

指标 / 均值	官方账号C19	官方名称C20	官方认证C21	功能版块C22	消息回复C23	定期推送C24	深度阅读推广C25
平均得分	3.81	3.45	4.68	3.17	2.86	2.64	1.92

图7-12　网络传播媒介维度各项观测指标平均得分示意图

息回复上的平均得分为 2.86，方差为 2.02 ；在定期推送上的平均得分为 2.64，方差为 1.78 ；在深度阅读推广上的平均得分为 1.92，方差为 102.96。研究还发现，832 所高校在官方账号、官方名称与官方认证这 3 个观测指标上的均值较高且方差极小，表明绝大多数高校均开通了共青团官方微信公众号；在功能版块这个观测指标上均值较高且方差较小，表明这些公众号均具有较好的内容丰富度；在消息回复与定期推送这 2 个观测指标上均值较高且方差较小，表明这些公众号均保持了较为活跃的状态；在深度阅读推广这个观测指标上均值最低且方差极大，表明可能少数新媒体平台较好地开展了深度阅读的推广活动，但是绝大多数平台尚未开展深度阅读推广活动或推广效果不佳。

（五）网络传播效果维度

研究利用 SPSS 26.0 软件对全国 832 所高校共青团微信公众号在网络传播效果维度上传播力的模型输出值进行描述性统计分析，分析结果如图 7-13 所示。分析结果显示，网络传播效果维度的传播力模型输出值的均值为 3.18，表明 832 所高校共青团微信公众号中多数高校在网络传播效果维

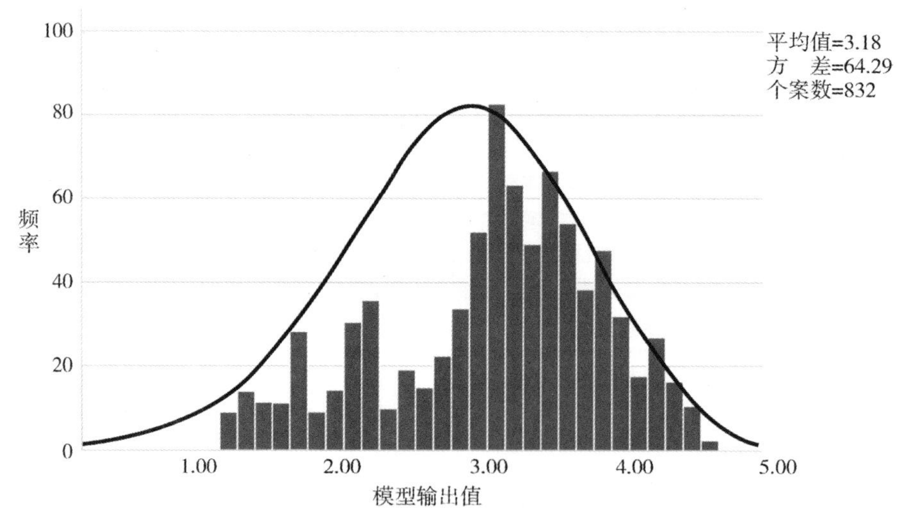

图7-13 网络传播效果维度评价结果的描述性统计分析图

度上的传播力处于中等水平；方差为 64.29，表明 832 所高校在网络传播效果维度上的差距极大；峰度值为 -0.84，偏度值为 -0.79，符合正态分布的基本要求。

网络传播效果维度由大学生认知、大学生情感与大学生行为 3 项二级指标构成，研究对这 3 项二级指标的观测指标展开了进一步测度分析，如图 7-14 所示。结合网络传播效果维度上的专家综合评分值，研究发现，高校共青团微信公众号在关注量这个观测指标上的平均得分为 3.51，方差为 1.13 ；在阅读量上的平均得分为 3.38，方差为 124.09；在互动量上的平均得分为 3.22，方差为 215.24；在点赞量上的平均得分为 3.43，方差为 165.97；在转发量上的平均得分为 2.75，方差为 298.78；在评论量上的平均得分为 2.69，方差为 247.15。结合图 7-13，研究进一步发现，832 所高校在关注量这个观测指标上的均值较高且方差较小，表明多数共青团微信公众号已受到大量用户的关注；在阅读量、互动量、点赞量这 3 个观测指标上的均值较高而方差极大，表明在 832 所高校中绝大多数用户的阅读量、互动量与点赞量集聚于极少数头部共青团微信公众号，而绝大多数微信公众号表现平平且与

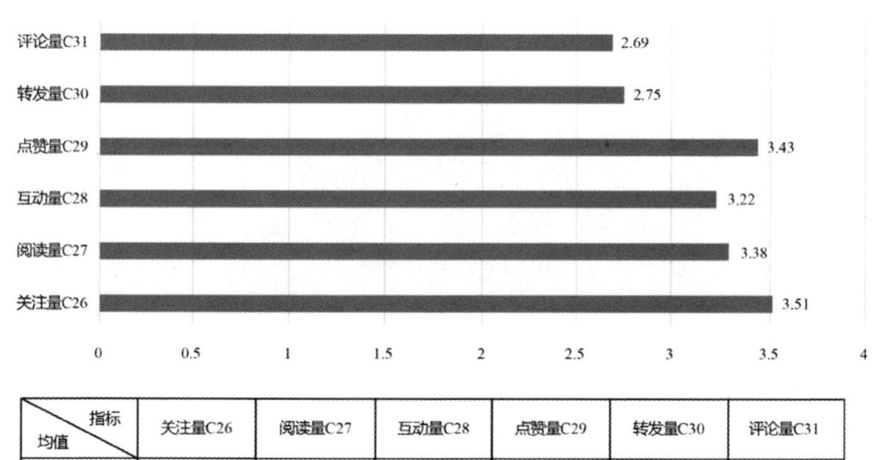

指标 / 均值	关注量C26	阅读量C27	互动量C28	点赞量C29	转发量C30	评论量C31
平均得分	3.51	3.38	3.22	3.43	2.75	2.69

图7-14　网络传播效果维度各项观测指标平均得分示意图

这些头部账号均存在极大差距，也有少数共青团微信公众号表现极弱；在转发量与评论量这 2 个观测指标上的均值较低且方差极大，表明除极少数头部高校共青团微信公众号以外，绝大多数高校共青团微信公众号极少得到用户的转发与评论。

（六）网络传播风险维度

研究利用 SPSS 26.0 软件对全国 832 所高校共青团微信公众号在网络传播风险维度上传播力的模型输出值进行描述性统计分析，分析结果如图 7-15 所示。分析结果显示，网络传播风险维度的传播力模型输出值的均值为 2.98，表明 832 所高校共青团微信公众号中多数高校在网络传播风险维度上的传播力处于中等水平；方差为 0.45，表明 832 所高校在网络传播风险维度上的传播力水平间的差距并不显著；峰度值为 -1.08，偏度值为 0.43，符合正态分布的基本要求。

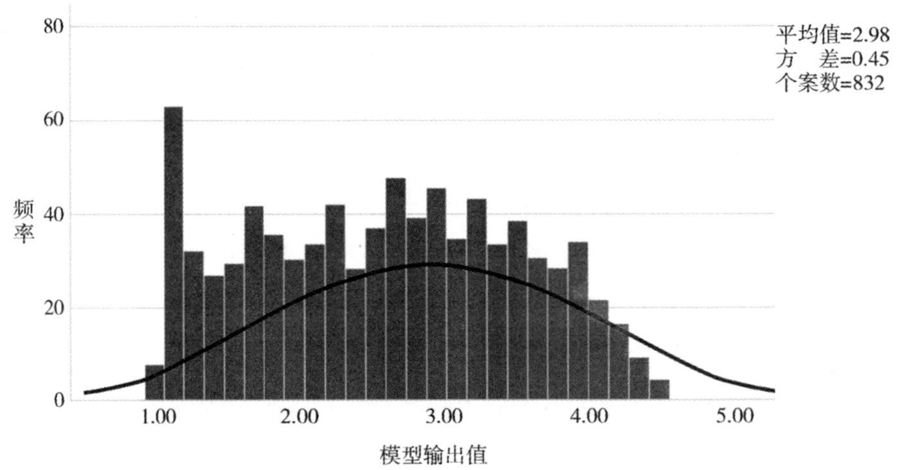

图7-15　网络传播风险维度评价结果描述性统计分析图

网络传播风险维度由传播风险源、传播风险识别、传播风险评估与传播风险防控 4 项二级指标构成，研究对这 4 项二级指标的 12 个观测指标展开深入测度分析，如图 7-16 所示。结合网络传播风险维度上的专家综合评分值，研究发现，高校共青团微信公众号在网络技术风险这个观测指标上的平均得分为 3.56，方差为 0.05；在传播话语风险上的平均得分为 3.18，方差为 0.05；在传播过程知行断裂风险上的平均得分为 3.49，方差为 0.08；在网络技术风险识别上的平均得分为 3.47，方差为 0.06；在数据源风险识别上的平均得分为 3.29，方差为 0.05 ；在新媒体平台风险识别上的平均得分为 3.74，方差为 0.05；在自风险评估上的平均得分为 2.71，方差为 0.05；在风险作用方式评估上的平均得分为 2.72，方差为 0.04；在风险后果评估上的平均得分为 2.24，方差为 0.05；在新媒体平台系统维护上的平均得分为 2.47，方差为 0.07 ；在网络技术优化上的平均得分为 2.66，方差为 0.04；在风险预警系统上的平均得分为 2.49，方差为 0.06。

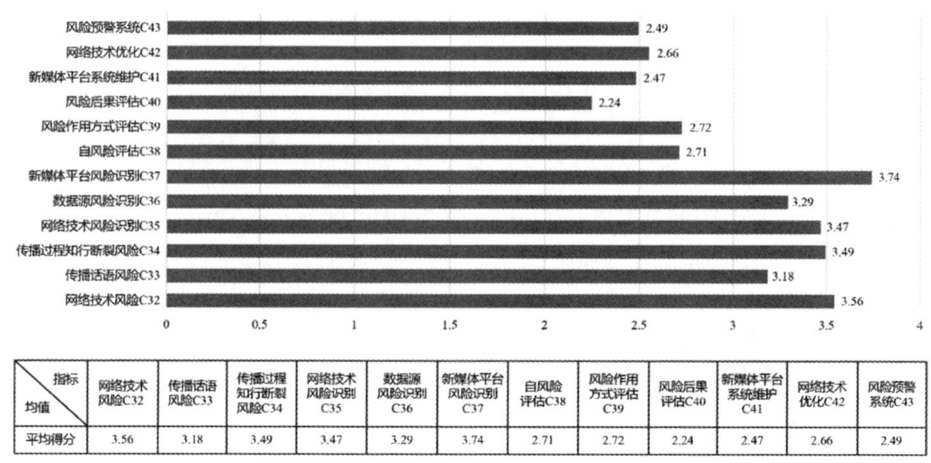

指标 均值	网络技术风险C32	传播话语风险C33	传播过程知行断裂风险C34	网络技术风险识别C35	数据源风险识别C36	新媒体平台风险识别C37	自风险评估C38	风险作用方式评估C39	风险后果评估C40	新媒体平台系统维护C41	网络技术优化C42	风险预警系统C43
平均得分	3.56	3.18	3.49	3.47	3.29	3.74	2.71	2.72	2.24	2.47	2.66	2.49

图7-16　网络传播风险维度各项观测指标平均得分示意图

研究进一步发现，在反映传播风险源的 3 个观测指标上的均值均较高且方差较小，表明多数高校能够较好地认识到思想政治教育网络传播过程中的技术风险、话语风险以及传播主体的知行断裂风险；在反映传播风险识别的 3 个观测指标上同样均值均较高且方差也较小，表明多数高校对网络传播过程中的技术风险、数据风险与平台风险均具有较好的识别能力；在反映传播风险评估的 3 个观测指标上的均值均较低且方差较小，表明多数高校在自风险、风险作用方式与风险后果等方面尚未形成行之有效的评估机制；在反映传播风险防控的 3 个观测指标上的均值同样均较低且方差较小，表明多数高校在平台系统维护、网络技术优化与风险预警系统建设等方面缺乏对风险进行管控的系统性措施。

综合来看，通过对全国 832 个高校共青团微信公众号的测度分析发现，在网络传播主体、网络传播受众、网络传播内容、网络传播媒介、网络传播效果、网络传播风险 6 个维度上，网络传播主体维度的均值最大且方差较小，网络传播风险均值最小且方差也较小，而网络传播受众、网络传播内容、网络传播媒介、网络传播效果均值处于中等水平，如图 7-17 所示。研究表明，多数高校共青团微信公众号的传播主体表现较好；多数高校共青团微信公众号的管理主体对传播风险的认识不够且防控风险的行动力不强，亟须改进；且在网络传播的其他维度上也有较大的提升空间。此外，研究还邀请了不同学科领域的专家对这 6 个维度进行了综合评分，并将得到的专家综合评分值 Y 与模型输出值 y 进行了比较分析与检验。研究发现两者基本一致，评价模型得到进一步验证。

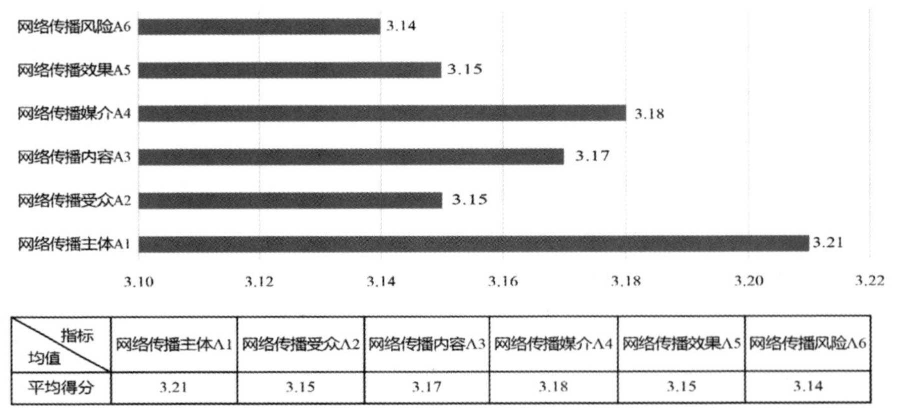

指标 均值	网络传播主体A1	网络传播受众A2	网络传播内容A3	网络传播媒介A4	网络传播效果A5	网络传播风险A6
平均得分	3.21	3.15	3.17	3.18	3.15	3.14

图7-17　高校共青团微信公众号传播力各项维度的平均得分示意图

第二节　高校思想政治教育网络传播力关键评价指标的识别

在开展高校思想政治教育网络传播力评价研究过程中，每个指标对传播力整体的贡献是有差异的。研究通过测算各个指标对高校思想政治教育网络传播力的贡献率，识别出了具有较高贡献率的关键性指标，并对这些指标如何影响高校思想政治教育网络传播力的整体水平开展了机理分析。

一、高校思想政治教育网络传播力关键评价指标的筛选

研究运用 SPSS 26.0 软件，对评价高校思想政治教育网络传播力的 43 个指标与高校思想政治教育网络传播力的整体水平展开相关性分析，并通过比较相关系数来分别判断 43 项指标对网络传播力整体水平的贡献作用。

相关性分析是指对存在一定联系的两个或多个具备相关性的变量元素进行线性分析，并评价两个变量因素密切程度的统计方法。相关性分析包括相关程度和相关系数，相关程度的大小通过相关系数 r 的绝对值来表示。相关系数是反映变量之间关系密切程度的统计指标，相关系数取值区间在 -1—1 之间，1 表示两个变量完全线性相关，-1 表示两个变量完全负相关，0 表示两个变量不相关。相关系数 r<0 为负相关，r 在 0—0.40 为弱相关，r 在 0.41—0.70 为中度相关，r 在 0.71—1 为强相关。研究展开共青团微信公众号传播力整体水平与 43 项指标的相关性分析，共青团微信公众号传播力整体水平与 43 项指标的皮尔逊相关系数如表 7-2 所示。研究发现 43 项指标的 P 值（显著性检验结果）均小于 0.05，表明各项指标与共青团微信公众号传播力整体水平存在不同程度的相关性。

具体而言，在 43 项指标中与共青团微信公众号传播力存在强相关关系的指标有 6 项，分别为：影响力（beta = 0.79，P ＜ 0.01）、网络信息运用能力（beta=0.82，P ＜ 0.01）、内容原创性（beta=0.75，P ＜ 0.01）、深度阅

读推广（beta=0.86，P < 0.01）、转发量（beta=0.79，P < 0.01）、新媒体平台系统维护（beta=0.79，P < 0.01）。研究发现，这6项指标的皮尔逊相关系数均大于0.71，表明这些指标对高校共青团微信公众号传播力的整体水平具有较大的贡献，这6项指标的分值越高，高校共青团微信公众号传播力就越强。

与共青团微信公众号传播力存在中等相关关系的指标有21项，分别为：知名度（beta = 0.59，P < 0.01）、传播意向（beta = 0.48，P < 0.01）、网络信息安全意识（beta = 0.49，P < 0.01）、话题关注度（beta = 0.59，P < 0.01）、话题参与度（beta = 0.68，P < 0.01）、教学认可度（beta = 0.60，P < 0.05）、时事政治更新频率（beta = 0.51,P < 0.01）、社会热点更新频率（beta = 0.62，P < 0.01）、形式多样性（beta = 0.48，P < 0.01）、主题广泛（beta = 0.62，P < 0.01）、功能版块(beta = 0.54,P < 0.01）、定期推送(beta = 0.60,P < 0.01）、互动量（beta = 0.53，P < 0.01）、点赞量（beta = 0.62，P < 0.01）、评论量（beta = 0.70，P < 0.05）、网络技术风险识别（beta = 0.58，P < 0.01）、数据源风险识别（beta = 0.68，P < 0.01）、新媒体平台风险识别（beta = 0.49，P < 0.01）、自风险评估（beta = 0.66，P < 0.01）、风险作用方式评估（beta= 0.47，P < 0.01）、风险预警系统（beta = 0.44，P < 0.01）。这21项指标与共青团微信公众号传播力整体水平间的皮尔逊相关系数均介于0.41—0.70之间，表明这些指标对整体传播力的贡献水平为中等。

与共青团微信公众号传播力存在弱相关性的指标有13项，分别为：信息处理能力（beta = 0.38，P < 0.01）、专业操作能力（beta = 0.20，P < 0.01）、网络信息安全知识（beta = 0.39,P < 0.01）、网络信息伦理修养（beta = 0.31，P < 0.01）、标题新颖（beta = 0.34,P < 0.01）、官方账号（beta = 0.07,P < 0.05）、官方名称（beta = 0.14，P < 0.05）、官方认证（beta = 0.16，P < 0.01）、消息回复（beta= 0.24, P < 0.01）、关注量（beta = 0.40, P < 0.01）、阅读量（beta= 0.35，P < 0.01）、风险后果评估(beta = 0.36,P < 0.01）、网络技术优化(beta= 0.40，

P ＜ 0.01）。研究表明这些指标对共青团微信公众号传播力整体水平的贡献作用较弱。

与共青团微信公众号传播力存在负相关性的指标有 3 项，分别为：网络技术风险（beta = −0.68，P ＜ 0.01）、传播话语风险（beta = −0.72，P ＜ 0.01）、传播过程知行断裂风险（beta = −0.68，P ＜ 0.01）。这 3 个指标的分值越高，就越不利于思想政治教育信息的传播，并对传播力产生负向影响。

表 7–2　高校共青团微信公众号传播力与各项指标的相关性

指标名称	皮尔逊相关系数	指标名称	皮尔逊相关系数
C1 知名度	0.59**	C23 消息回复	0.24**
C2 影响力	0.79**	C24 定期推送	0.60**
C3 传播意向	0.48**	C25 深度阅读推广	0.86**
C4 信息处理能力	0.38**	C26 关注量	0.40**
C5 专业操作能力	0.20**	C27 阅读量	0.35**
C6 网络信息安全知识	0.39**	C28 互动量	0.53**
C7 网络信息安全意识	0.49**	C29 点赞量	0.62**
C8 网络信息运用能力	0.82**	C30 转发量	0.79**
C9 网络信息伦理修养	0.31**	C31 评论量	0.70*
C10 话题关注度	0.59**	C32 网络技术风险	−0.68**
C11 话题参与度	0.68**	C33 传播话语风险	−0.72**
C12 教学认可度	0.60*	C34 传播过程知行断裂风险	−0.68**
C13 时事政治更新频率	0.51**	C35 网络技术风险识别	0.58**
C14 社会热点更新频率	0.62**	C36 数据源风险识别	0.68**
C15 内容原创性	0.75**	C37 新媒体平台风险识别	0.49**
C16 形式多样性	0.48**	C38 自风险评估	0.66**
C17 标题新颖	0.34**	C39 风险作用方式评估	0.47**
C18 主题广泛	0.62**	C40 风险后果评估	0.36**
C19 官方账号	0.07*	C41 新媒体平台系统维护	0.79**
C20 官方名称	0.14*	C42 网络技术优化	0.40**
C21 官方认证	0.16**	C43 风险预警系统	0.44**
C22 功能版块	0.54**		

注：** 表示在 0.01 级别（双尾），相关性显著；* 表示在 0.05 级别（双尾），相关性显著。

二、高校思想政治教育网络传播力关键评价指标影响作用的机理分析

根据相关性研究发现，高校思想政治教育网络传播力评价指标体系中影响力、网络信息运用能力、内容原创性、深度阅读推广、转发量和新媒体平台系统维护 6 项指标与高校思想政治教育网络传播力整体水平具有强相关性，表明这些指标是衡量高校思想政治教育网络传播力的关键性指标，对提升高校思想政治教育网络传播力的整体水平具有较大的贡献。由此，研究进一步对这些指标如何影响高校思想政治教育网络传播力整体水平开展了深入分析与研究。

从网络传播主体评价维度中的影响力指标来看，影响力是指网络传播主体具备的通过传播自己生产的思想政治教育内容，在大学生中受到关注、引起反响、激起共鸣、产生效应的能力和力量。一位具有较高影响力的网络传播主体，往往在品格、能力、知识和感情等方面具有卓越的表现，能够运用自身掌握的知识和技能，通过影响大学生的需求或偏好，促进大学生行为的改善，使大学生主动接受传播主体传授的信息。伴随着新媒体的快速发展，高校思想政治教育正面临着教育者主导性弱化，教育内容导向性消减，话语权影响力降低的挑战，更需要把具有较强影响力的思想政治教育工作者培育成为社交网络中的“超级传播者”，借助他们的影响力吸纳更多大学生“铁粉”，为积极开展思想政治教育信息的交流互动，引导网络舆情，加速传播主流价值观打下基础。

从网络传播受众评价维度中的网络信息运用能力指标来看，网络信息运用能力是一种收集、处理、运用、传播信息的能力。面对真与假、虚与实交相混杂的网络空间，大学生只有具备了良好的网络信息运用能力，并利用这种能力去寻找、判断、组织、交流来源于不同渠道的信息，才能在互联网信息的洪流中辨别是非，获取有价值的信息并进行有效识读。然而，部分大学

生的网络信息运用能力普遍不强，尚不具备运用信息设备获取思想政治教育信息，并对这些信息进行客观分析与科学评价的能力，也还不具备将新的信息与自己原有的知识体系进行融合，并将其用于提升自身批判性思维和问题解决的能力。这就要求高校思想政治教育工作者要帮助大学生提高网络信息运用能力以及高水平辨识与获取信息的能力等，使信息之花开出信息之果。

从网络传播内容评价维度中的原创性指标来看，原创性是指他人从未说过或涉及过的意见、主张、观点、理论、学说等。网络传播内容的原创性主要是指信息发布主体与内容主体的一致性，若平台内发布的信息为原始发布，那么内容原创性就高，若平台内发布的信息为转载信息，那么原创性就低。思想政治教育内容的原创性是影响高校思想政治教育网络传播力的关键，提供有价值的思想政治教育内容非常重要，而有价值的思想政治教育内容往往都是原创的。高校新媒体平台传播力不强的主要原因就在于传播内容的原创性不足，大多数思想政治教育信息都是对主流新媒体平台或者电视、广播等媒体信息的转发，这些来自其他媒体的“二手”信息所带来的原创性缺乏的问题，直接影响了高校新媒体平台的思想政治教育网络传播力。由此，高校应面对思想政治教育网络传播过程中出现的新情况、新问题，运用新思想、新理念提出新办法，并通过创新教育手段、教育方法、教育路径、教育形式等多种方式生产出更多具有原创性的思想政治教育内容，满足大学生对网络思想政治教育信息的需求。

从网络传播媒介评价维度中深度阅读推广指标来看，深度阅读推广是指新媒体平台帮助大学生超越简单的字面意义理解和简单的信息提取，实现分析、综合、评价、关联、推论、发现、思考、创造等层面的阅读。新媒体平台的深度阅读推广功能能够帮助大学生在理解语言知识等表面内容的基础上进行思考和评价，读懂作者的情感、态度、意图等深层含义，并最终形成一种探索客观事物规律、增强思维能力、提高学养和完善人格的阅读方式。然而，在“快餐”文化的驱使下大学生普遍缺乏主动阅读、深度阅读与拓展阅读的意识与习惯。新媒体平台营造的数字化阅读空间能够运用技术手段，通过优化阅读效果和提供延伸阅读等帮助大学生改善长期碎片化阅读的习惯。比如，高校新媒体平台所具有的批注、勾画、思维导图等阅读辅助工具有利于实现大学生与思想政治教育文本的深入互动，或利用技术生成大学生的阅读轨迹，帮助大学生提升思维能力，优化阅读效果；也有新媒体平台向大学生提供内容丰富、版式新颖、视觉冲击力强的深读版，并采用在版面上植入二维码延伸阅读的手段进行思想政治教育信息的传播，这些新媒体平台较好地利用了新媒体技术帮助大学生逐步养成深度阅读的习惯，从而实现高校网络思想政治教育信息的深度传播，提升传播力水平。

从网络传播效果评价维度中的转发量指标来看，转发量是指在某一网络平台上单条信息被转发的次数总和，既体现了此条信息的传播价值，也体现了用户主动参与信息传播行为的频率。在高校新媒体平台中，思想政治教育信息的转发已成为信息传播的重要途径，不论是抖音、微博，还是微信公众号，转发量也是衡量思想政治教育信息传播效果的重要指标。转发量高表明大学生认为该条信息是可信的，值得自己转发，也愿意让更多人关注和知晓。因此，作为衡量高校思想政治教育信息传播效果的重要指标，转发量的多少能够充分体现新媒体平台的扩散与传播能力，提高转发量也能够有力地提升传播力的整体水平。

从网络传播风险评价维度中的新媒体平台系统维护指标来看，新媒体平台系统维护是指新媒体平台为保障系统的正常运行而对系统硬件、软件进行的安装、修正、更新、扩展、备份等方面的活动。新媒体平台的系统维护包括风险因素维护、风险措施维护、风险实例维护以及用户管理等功能。高校对官方账号进行检测、监测、升级与改造不仅是保障平台正常运转的实际需要，也是防范发生网络安全风险的重要手段。由此，高校应在控制好官方账号维护成本的基础上，通过增强平台的系统维护和安全防护能力，提升平台的传播力水平。

研究发现，网络技术风险、传播话语风险和传播过程知行断裂风险这 3 项指标与高校共青团微信公众号传播力存在负相关关系，如表 7–2 所示，表明这些指标的分值越高，就越容易对高校共青团微信公众号的传播效果产生负向影响，就越不利于高校思想政治教育网络传播力水平的提升。

从网络传播风险评价维度中的网络技术风险指标来看，网络技术风险是指由网络管控、调试、监督等技术环节产生错误带来的风险。网络技术风险是网络技术异化产生的新型风险类型，具有全球性、潜伏性、随机性、个体性、隐匿性等特征，这些特征也使得网络技术风险的危害程度具有未知性、难测性与可控性低等问题。高校在使用计算机和网络的过程中，由于计算机系统和应用程序存在一定的薄弱环节和某些不安全因素，比如平台管理不完善，或人为操作失误，或其他不可抗拒的因素等，就会导致新媒体平台系统发生错误，带来网络风险隐患。网络技术风险已经成为网络空间社会一种普遍的现象，同样高校新媒体平台在网络空间也正在面临着包括网络技术风险等一系列潜在与显在的风险挑战。网络技术风险对高校新媒体平台的渗透必然会进一步加剧网络空间内容生态系统的脆弱性，从而阻碍高校思想政治教育网络传播力的提升。

从网络传播风险评价维度中的传播话语风险指标来看，传播话语风险指网络传播主体传播的内容错误引发的风险。传播话语是媒介在传播中最重要的载体和工具，深刻影响着大学生的思想观念、文化心理和行为方式。高校思想政治教育话语面临的挑战主要涉及社会的多变性、交往方式的虚拟化、西方话语霸权、传统思想政治教育话语的失效等方面。同时，随着新媒体技术的发展，高校新媒体平台话语风险显著增加，大学生往往手指一动就可以使信息快速传播出去，而在这一过程中就可能会伴随着传播话语的扭曲和异化。面对这些可能出现的问题，高校只有及时有效地纠正错误的、负面的信息，从管理细节上提高应对网络话语传播风险的能力和危机处理的能力，才能更好地开展思想政治教育网络传播活动，否则就会阻碍网络传播力的提升。

从网络传播风险评价维度中的传播过程知行断裂风险指标来看，传播过程知行断裂风险是指由于网络传播主体在知或行的某一环节中存在缺失导致传播过程产生的风险。这里的“知”通常理解为价值认识或理论，“行”理解为价值行为或实践，知与行或理论与实践本是相辅相成、辩证统一的关系。但在现实生活中这种关系往往会发生断裂从而导致风险。在网络传播活动中，这种知行断裂风险体现为网络传播主体存在的知而不行或行而不知，甚至知行相悖等行为表现。高校少数网络传播主体道德功利性日趋明显，道德价值呈现多元化，道德困惑与冲突加剧，导致道德认知与行为有所断裂，形成了思想认识与实际行动上的反差，预示着这一群体在思想品行上可能存在高危风险，使思想政治教育传播活动处于低效、无效甚至产生负面效应的状态，就会严重阻碍高校思想政治教育网络传播力的提升。

第八章　高校思想政治教育网络传播力提升面临的问题与对策建议

大学生在哪儿，高校思想政治教育工作的重点就在哪儿。网络空间已经成为大学生学习、工作和生活的新空间，高校新媒体平台也应该建设成为大学生凝聚共识的新空间。网络思想政治教育是在网络推广和普及过程中逐渐兴起的。作为高校铸魂育人的一个重要环节，网络思想政治教育拓展了思想政治教育工作的内容范围，并且已经成为高校思想政治教育工作的重要构成。同时，随着新媒体技术的发展与普及，微信公众号、微博、抖音等新媒体平台如雨后春笋般涌现出来，逐步发展成为高校开展思想政治教育传播活动的工具与载体，在思想政治教育活动中发挥着重要的桥梁作用。开展高校思想政治教育网络传播力评价研究既是新媒体时代高校开展网络思想政治教育过程中的核心内容，也是加强和改进网络思想政治教育工作的重要手段。开展高校思想政治教育网络传播力评价不是为了评价而评价，其直接目的在于通过评价完善高校思想政治教育工作，增强高校思想政治教育工作质量，推动高校思想政治教育工作内涵式发展。在开展高校思想政治教育网络传播力提升对策分析的过程中，本研究运用鲜活的典型案例呈现出来全国各高校利用新媒体平台开展形式多样的思想政治教育网络传播实践活动。

第一节 提升高校思想政治教育网络传播力面临的现实问题

本研究运用深度学习方法构建了高校思想政治教育网络传播力评价模型，并应用这一评价模型开展全国 832 所高校共青团微信公众号传播力的评价研究。通过研究发现在网络传播主体、网络传播受众、网络传播内容、网络传播媒介、网络传播效果和网络传播风险六项评价维度存在以下几个方面的问题。

第一，网络传播主体的传播意识不够，引导能力不强。实证研究表明，思想政治教育工作者运用新媒体技术参与网络思想政治教育活动的传播意向不强，且信息处理能力与专业操作能力较弱。部分高校思想政治教育工作者对先进的思想政治理论与社会前沿动态传播的意向仍然不高，宣传的力度仍然不够。同时，其思想观念与思想政治教育工作方法陈旧，对网络中的新情况、新问题、新动向视而不见，不主动学习和运用网络开展思想政治教育工作，直接导致其教育传播活动滞后于时代的发展。此外，他们还普遍存在媒介素养不高、数字素养和信息技术技能较差等问题，这导致他们在网络思想政治教育工作中无法整合网络信息资源、把握话题走向、分析社会热点、引导网络舆论，甚至会导致受教育者对思想政治教育信息理解的偏差。而思想政治教育工作者网络传播意向不强与信息处理能力、专业操作能力弱之间又是互为因果、相互影响的关系。信息处理能力与专业操作能力越弱，越无法适应网络化环境下的思想政治教育传播活动，就越缺乏网络传播意向；反之，越缺乏网络传播意向，越不会主动学习提升自身的网络信息技术运用能力。这些都值得高校思想政治教育工作者深入思考。

第二，网络传播受众的网络信息素养不高，主体性不足。由于高校对大学生网络信息素养和网络媒介素养教育的缺失等原因，导致大学生对网络媒介特质的认知、网络信息素养、网络伦理道德、利用网络进行学习、发展自我、服务社会的水平都偏低。同时，部分大学生由于网络信息素养不高、网络媒介素养不足，难以辨别网络中纷繁复杂的信息和低俗、庸俗、媚俗的现象，容易随波逐流，在鱼龙混杂的网络环境中盲从于他人，在迷思中走向迷失。此外，由于大学生思想政治教育活动是一种民主性、主动性和创造性的教育过程，因此，只有通过增强大学生的主体性，激发大学生的主观能动性才能够实现思想政治教育的目的。但是在开展网络思想政治教育过程中，一些教育者往往采取单向传播的方式，未能突出大学生的主体地位，未能充分发挥大学生的能动性、自主性、创造性，也没有积极组织学生开展自我教育、自我发展和自我管理的实践活动，导致大学生积极参与网络思想政治教育活动的主观意愿不强，行动力不够。

第三，网络传播内容的丰富度欠缺，创新性不足。一些高校开展网络思想政治教育活动时，由于缺乏对大学生思想需求、心理需求与现实问题的有效收集，导致思想政治教育内容生产率低下、内容丰富性不够、内容生产开发后利用率不高等方面的问题，这也直接影响了高校网络思想政治教育的实效性。同时，部分高校网络思想政治教育内容原创力不足且同质化现象严重，主要表现在内容大多比较单调、粗糙、平庸、缺乏特色，传播话语口号化、抽象化较为严重，长篇大论的“说文解字”较多，“读图观影”式的内容较少，大多是新闻和链接，缺少具有特色化和专业化的思想政治教育内容，这就极大地弱化了思想政治教育内容本身蕴含的传播力，难以引起大学生的学习兴趣。

第四，网络传播媒介的服务性不强，推广度欠缺。在新媒体时代，新媒体平台用户与新媒体技术不再呈现疏离关系，用户可以充分利用新媒体技术为自己的生活带来便利。新媒体平台具有的服务性和工具性特征越来越显著，高校新媒体平台在开展思想政治教育传播活动中应强调服务性，只有把服务做到位，不断提升服务品质才可以让大学生用户信赖这些新媒体平台，进而参与新媒体平台，最后依赖新媒体平台，将新媒体平台作为自我学习和发声的主要渠道，这样才能最有效地开展思想政治教育传播活动。同时，虽然使用高校各种新媒体平台的大学生用户在人数上得到了显著提升，但是依然存在高校新媒体平台面向大学生的推广不平衡不充分、大学生使用高校新媒体平台的频次较低且深度不够的问题，不能充分体现思想政治教育数字化传播的优势。

第五，网络传播形式单一，传播策略性不强。通过对共青团微信公众号的分析，可以看出目前新媒体平台发布的思想政治教育信息多采用文字、图片以及教育者发声这种单一的线性传播模式，而普遍存在视频、直播较少且与受教育者的反馈互动较少等现象，一定程度上导致了新媒体平台的转发量、评论量等过低，传播效果不甚理想的问题。同时，新媒体平台传播思想政治教育信息的传播策略单调零散，这些传播策略往往没有贴近大学生的日常生活和语言习惯，而多采用具有“说教”意味等大学生比较疏远或陌生的方式进行传播，对大学生的感染力较弱，甚至在传播策略方面还存在传播技巧误用、传播策略失控或话语机制失灵等问题，这一方面可能导致大学生对平台发布的思想政治教育信息解读困难或仅能注意到信息的表象层面无法深入理论层面；另一方面也可能导致思想政治教育传播效果偏离沟通共识的达成，甚至走向分歧与误解。

第六，网络传播风险意识不强，风险评估与防控机制不健全。社会正处于包括网络传播风险在内的各种社会风险的高发时期，增强网络传播风险意识，有效防范、应对和化解网络传播风险，已不单纯是学术理论研究的问题，而是切实关乎国家振兴发展、社会稳定和高校安全的大事，必须引起高度关注。然而，多数高校新媒体平台普遍存在风险管理意识不强和风险评估与防控机制不健全等方面的问题。首先，平台管理者缺乏网络传播风险意识，对传播风险及其对网络思想政治教育活动可能带来的影响没有足够重视，且对传播风险的预判能力也不强，导致平台的风险管理和处置往往都处于被动状态，不主动把控风险的发展趋势，任由风险发展，直至该风险已对思想政治教育信息的传播活动造成了一定的影响才开始对风险进行规避或者进行控制，这时的风险防控效果就不会理想；其次，多数高校尚未建立健全持续性、系统性和制度化的风险评估与防控机制，无法及时洞察新媒体平台可能存在的传播风险因素，并开展科学有效的风险防控行动。

第二节　提升高校思想政治教育网络传播力的对策建议

针对高校思想政治教育网络传播活动中面临的现实问题，本研究从高校思想政治教育网络传播主体与受众的能力提升、高校思想政治教育网络传播内容与方式的优化以及高校思想政治教育网络传播风险的防范三个方面提出了提升高校思想政治教育网络传播力的对策建议。

一、聚焦高校思想政治教育网络传播主体与受众

从高校思想政治教育网络传播的主体与受众维度来看，要提升高校思想政治教育网络传播力，应当从逐步增强网络传播主体引导力，打造网络传播“顶流”；持续提升网络传播受众信息素养、激发网络传播受众的主体性两个方面发力。

（一）增强网络传播主体引导力，打造网络传播“顶流”

作为高校网络传播主体，高校思想政治教育工作者在网络思想政治教育过程中扮演着“价值引导主体”的角色，这就决定了必须增强思想政治教育者自身的引导力。高校思想政治教育者需利用好新媒体平台这一媒介工具因势利导、因事而为、因时而化地让教育客体形成符合一定社会或一定阶级所需的思想品德，也就是要把他们培养成为德智体美劳全面发展的社会主义建设者和接班人与担当民族复兴大任的时代新人。而新媒体时代，由于网络平

台发布的海量信息往往扑朔迷离、难辨真伪，使得思想政治教育者对信息的过滤和掌控变得力不从心，从而削弱了思想政治教育者的话语引导力和影响力。

为进一步增强网络传播主体引导力，着力打造网络传播“顶流”，高校应强化新媒体官方平台的建设，重点发挥议程设置功能，“树标杆”“立典型”，利用新媒体平台这一渠道塑造权威型思想政治教育者的官方形象，逐步提高思想政治教育者的影响力与参与度，进而形成权威传播主体对其他传播主体以及大学生群体的引导力和示范性。高校还应在保证自身作为相关议题主要设置者的同时，着力与新媒体平台上具有高影响力的思想政治教育者形成联动，将主流价值嵌入其中，发挥高影响力思想政治教育者具有的传播受众黏性大、覆盖面广、群体细分等优势，拓展思想政治教育者话语的传播路径，丰富主流话语的传播渠道。此外，高校应通过加强对思想政治教育者培育，力争使思想政治教育者的主体角色发生转变，由管理者转变为引导者，从看守者转变为领路人，切实发挥思想政治教育者在引导、感化、帮助大学生成长过程中的关键作用。

与此同时，思想政治教育者也应当尽快适应新媒体时代的新变化，运用新技术、新业态、新载体，在新媒体平台上，生产更多具有原创性的思想政治教育内容，积累教育资源，创新传播方式，不断提升对主流思想舆论的关注度，更好地把更多的大学生用户聚集在自己周围，通过增强自身的引导力、传播力、影响力加大主流思想舆论的传播，为增强我国社会主义意识形态凝聚力和引领力营造良好的舆论环境。此外，思想政治教育者也可以利用新媒体平台的议题设置功能，通过主动设置思想政治教育相关话题并发起讨论，帮助大学生进行价值澄清和价值观选择，融入大学生的学习、工作和生活中，拓展自身的影响力。

全国各高校聚焦立德树人根本任务，围绕打造权威型网络思想政治教育主体展开了大量的实践活动。比如，华中师范大学依托新媒体平台，开展了形式多样的网络思想政治教育实践活动。华中师范大学成立了校级新媒体联盟，建立了网络互动社区，开展微话题讨论、微访谈茶坊、微主题班会等系列教育活动；编辑刊发网络版《思政月报》，推介校内外思想政治教育创新工作案例；建设“华大思政”微信公众号、“i 华大”资讯服务网、“华大桂声”文化教育网等多网融合的思想政治教育网络，推出“践行社会主义核心价值观”“礼敬中华优秀传统文化”等系列教育专题。同时，华中师范大学还通过举办“i”创大赛、网络创意文化节、学生工作自媒体建设优秀成果评选等活动，鼓励学生创作动漫、摄影、网文、微电影、网络创新创业等优秀作品，切实提升网络创意实践能力；扶持建设校院两级大学生网络文化工作室，打造直播间、名人坊、微视点、微课堂等网络视频教育精品；开办网上党校与团校，建设线上线下有机结合的网络社团，弘扬主旋律、传播正能量。①

（二）提升网络传播受众信息素养，激发网络传播受众的主体性

2018 年 4 月，《教育信息化 2.0 行动计划》明确指出，要充分认识提升信息素养对于落实立德树人目标、培养创新人才的重要作用。②新媒体时代，大学生作为网络传播受众应当对新媒体平台有双重认识，既要将新媒体平台作为一种获取信息的便捷工具，又要对新媒体平台的缺陷保持清醒的认知，不能对其过分依赖。面对新媒体平台每日发布的海量信息，如何对这些信息进行选择、判断与运用就需要大学生具备较好的网络信息素养。网络信息素养是新媒体时代大学生顺应时代潮流进行终身学习必备的基础素养，也是大学生开展网络自主学习和提升创新学习能力的重要途径，缺乏网络信息素养的大学生最终只会将新媒体平台作为娱乐化的工具，而新媒体平台真正的价

① 华中师范大学：《华中师范大学依托“互联网 +”做好学生工作》，2017 年 2 月 21 日，见 http://www.moe.gov.cn/jyb_xwfb/s6192/s133/s201/201702/t20170221_296815.html。

② 中华人民共和国教育部：《教育部关于印发〈教育信息化 2.0 行动计划〉的通知》，2018 年 4 月 25 日，见 http://www.moe.gov.cn/srcsite/A16/s3342/201804/t20180425_334188.html。

值会逐步被网络娱乐化彻底淹没。

首先，高校应构建大学生网络信息素养教育体系，加强网络信息素养教育的课程建设。发挥课堂教学的主渠道作用，将网络信息的合理使用作为一门方法课程来开设，并将网络信息素养教育融入大学生思想政治教育体系。在开足开好信息素养教育课程的同时，运用综合实践课、学科融合课等多种途径为大学生提供提升网络信息素养的资源。通过课程学习培养大学生获取、甄别和有效利用信息的能力和技巧，使其能够在众声喧哗、乱象丛生的网络世界里应对无用信息、虚假价值和不良思潮的冲击，提升其网络信息素养。其次，高校应加强网络信息素养教育的队伍建设，不断优化网络思想政治教育教师队伍。高校应对网络思想政治教育过程中的信息迷航现象予以足够的重视，在不断优化网络环境的同时，把端正大学生思想观念和实现大学生价值引导作为高校教育工作者培养和提高大学生网络信息素养工作的重点。高校也应促进大学生群体的交流与融合，并通过开设网络信息素养教育专题讲座等形式提升大学生网络信息素养，使大学生在不断适应信息过载的外部环境的同时，防止网络信息“窄化”，破解信息“茧房”，注重大学生综合素质的培养与发展。此外，高校思想政治教育者自身也应不断提高网络信息素养，并具备开展网络信息素养教育的意识和能力。

大学生应学会在网络实践中养成良好的网络信息素养。对于大学生而言，对网络信息的恰当评估和适度使用是解决信息过载的关键。大学生应学会在信息的海洋中自觉增强信息过滤能力、精准获取能力、判断辨别能力以及分析管理能力等。具体而言，就是要培养自身对有害信息的过滤能力，有意识地过滤一些涉嫌低俗化、浅薄化和明显以获取点击量为目的的信息；保持多元化的信息获取，降低自身陷入“信息孤岛”的风险；提高自身对信息所蕴含的价值观的批判认知能力；保持对信息真实性合理的质疑能力，以理性的分析代替情绪的发泄。同时，要树立“防火墙”的意识，增强健康上网、合理用网、安全管网的自觉和自律，克服信息贪婪，适度使用工具，远离信息噪音，学会有效阅读，从而摆脱对网络信息的过度依赖，缓解信息焦虑；要不断增强获取真实、有效信息的能力，提高合理运用信息资源的素质，能够以理性的认知评判信息过载，以辩证的态度看待各类网络信息；要在网络上积极践行社会主义核心价值观，主动学习、研究、宣传习近平新时代中国特色社会主义思想，不转发错误信息，不造谣传谣、不以讹传讹，营造风清气正的网络舆论环境，逐步提升自身的网络信息素养。

大学生主体性是指大学生在学习、工作和生活中所表现出来的自觉性、自主性、能动性和创造性。高校主体性教育是通过激发和唤醒大学生的主体意识，培养大学生的主体能力和主体人格，以积极的态度去参与自身发展过程，最大限度地发挥自身的力量去认识世界、改造世界并与世界和谐相处，把大学生培养成为能够主动地、自主地、创造性地进行认识活动和实践活动的社会主体。由此，高校在开展网络思想政治教育活动中，只有遵循大学生成长规律、发挥大学生主体性，才能实现网络思想政治教育的有效传播，提高大学生思想政治教育的实效性。要激发大学生参与网络思想政治教育传播活动的主体性，首先，高校应肯定大学生的主体地位，充分发挥大学生在思想政治教育活动中的重要作用，真正做到以人为本；其次，在开展思想政治教育过程中，高校应不断强化大学生的自主能动性，引导他们由被动的适应社会向主动介入甚至影响社会转变，追求独立人格的发展，培育他们具备独立思考、判断、处理事务，自信、自强、自立的主体性。大学生也应当加强自我能力的提升，积极主动参与到新媒体平台思想政治教育活动中，通过对有价值的思想政治教育信息点赞、转发、分享、评论进行多维互动，在利用好自我主体性的同时，不断发展自我主体性、放大自我主体性，成长为具有鲜明自我主体性的大学生，在思想政治教育活动中做学习的主人。

为激发大学生主动参与网络思想政治教育活动，全国各高校积极探索“新媒体平台 + 大学生思想政治教育”的新路径，培育大学生网络信息素养，激发大学生思想政治教育的自我主体性。比如，重庆大学制定了《重庆大学师生网络素养指南（试行）》，为培养和提升全校师生的网络素养，规范师生网络行为，营造健康向上、风清气正的网络环境，提供了制度性保障；① 华南师范大学充分发掘大学生自我教育的主体作用，组建“青网计划”工作坊，在指导老师的带领下，以400余名网络志愿者为主体，及时把握网络舆情动态，主动对接社会热点，做好网络上诚恳的释疑者、平等的交流者和睿智的分享者，形成了大学生在亲身参与和实践中提高认识、砥砺品格、朋辈相携、为人师表的新型育人机制。②

二、优化高校思想政治教育网络传播内容与方式

从高校思想政治教育网络传播的内容与方式维度来看，要提升高校思想政治教育网络传播力，应当从注重网络传播内容原创性，创造丰富多样的网络传播内容；突出新媒体平台的推广功能，用准用好网络传播媒介；融合多种网络传播方式，全面提升网络传播效果三个方面开展实践活动。

（一）注重网络传播内容原创性，创造丰富多样的网络传播内容

思想政治教育传播内容是开展思想政治教育传播活动的核心，对整个传播效果会产生重要影响。思想政治教育传播内容是随着我国不同历史时期的发展变化而不断丰富的，实践中的思想政治教育内容是教育主体根据思想政治教育的指导思想、教育意图等逐步构建出来的，可以说思想政治教育传播内容具有很强的时代性。同时，大众传播内容的开放性、广泛性和复杂性相应地给思想政治教育传播带来了更多的内容，而传播主体的大众化，也使得

① 重大新闻网：《重庆大学师生网络素养指南（试行）》，2021年12月3日，见https://news.cqu.edu.cn/archives/notice/content/2021/12/03/befa2b19820da7401dbf672069d4af99a040c200.html。

② 中华人民共和国教育部：《华南师范大学抢占互联网新阵地 探索大学生思想政治教育新路径》，2016年12月9日，见http://www.moe.gov.cn/jyb_sjzl/s3165/201612/t20161209_291425.html。

传播内容自然呈现出多元化态势。因此，在新媒体时代，要实现高校思想政治教育内容在新媒体平台上的有效传播，就必须保证有富于时代性、丰富性与多样性等高质量的高校思想政治教育内容，才能提升高校思想政治教育网络传播效果。具体而言，就是要从注重传播内容的原创性与亲近性、提高传播内容的深刻性与先进性、拓展传播内容的丰富性与多样性，着力全面提升高校思想政治教育网络传播力。

1. 注重传播内容的原创性与亲近性

新媒体时代，只有原创性才能确保新媒体平台发布的高校思想政治教育内容具有唯一性，这是大学生群体关注平台发布的高校思想政治教育内容的一个重要原因，也是发布高校思想政治教育内容的平台与大学生群体能够互相关注和交流的黏合剂。然而，原创性不足是高校网络思想政治教育内容方面存在的通病。要生产出更多具有原创性与差异性的思想政治教育内容，高校思想政治教育者就应当立足于主体自身的实践进行内容创新，并运用多种形式巧妙地呈现出想要传递给大学生的信息和价值观，使思想政治教育内容焕发出新的生机与活力。同时，注重内容的主题与题材创新，避免单一化、同质化创作，力争做到人无我有、人有我优、精雕细琢，不断优化高校思想政治教育内容资源。

亲近性是加强和改进大学生思想政治教育工作的前提，增强思想政治教育的感染力和亲近性，使思想政治教育内容时代化、思想政治教育话题通俗化、思想政治教育语言亲民化，强调思想政治教育传播内容与大学生间的亲近性，能够有效吸引大学生注意力、提高大学生的接受程度和内化程度。首先，高校应实现思想政治教育话语资源或内容的高质量、高品质的供给，即做到“内容为王”，增加思想政治教育的知识性、内涵性，提升思想政治教育的引领性，使大学生真心喜欢听、认真听，在体悟真理魅力中得以“解惑”“解忧”“解渴”“解压”；其次，高校思想政治教育工作者在开展思想政治教育的过程中应学会贴近学生、有的放矢、对症下药、因人制宜，善于联系世界政治、经济、文化变化的实际，联系我国社会主义现代化建设的实践，联系学生关心的社会热点问题。同时，要善于挖掘有价值的本土化、身边化的素材，让内容接地气，用这些有血有肉的素材将思想政治教育内容讲深、讲透、讲活，实现以理服人，使教育对象近距离感受和体会到思想政治教育的意义和作用，提高思想政治教育传播效果。此外，高校还应采用生动、平等和灵活的话语表达方式，把理论话语转化为生活话语，给晦涩的理论赋予时代的生活气息，提升语言亲和力和语态亲切感，拉近与学生的距离，引起学生共鸣，提升思想政治教育网络传播力。

2. 提高传播内容的深刻性与先进性

思想政治教育内容的深刻性体现在思想政治教育内容的抽象程度和逻辑水平及其广度、深度和难度。思想政治教育内容只有保持深刻性才能从本质上反映事物的整体面貌、科学价值和实践意义。为提升思想政治教育内容的深刻性，首先，高校应对思想政治教育理论内容进行全面解读与深度阐发，汲取其精神内核。同时，要把实践经验升华为科学理论，把感性认识上升为理性认识，透过现象看本质，把握规律看趋势，提高大学生思想政治教育的科学含量和理论层次，体现思想政治教育内容的深刻性与前瞻性；其次，高校还应积极发挥学科优势与人才优势，从哲学、法学、教育学、社会学、历史学等多学科加强思想政治教育的内涵、规律等研究，巩固思想政治教育内容的理论基础。同时，通过推动高校思想政治教育者的深度学习，着重培养思想政治教育者素质结构中关键性、必要性、深刻性的内容，使其具备将富于科学性和深刻性的思想政治教育内容准确地传达给大学生的能力，让大学生能够深刻理解这些思想和理论。

思想政治教育内容的先进性体现在思想政治教育内容要与时代特征相匹配，与经济发展现状相衔接，与科技水平相适合，与时俱进。只有紧随时代发展潮流的思想政治教育内容才能拥有时代性、先进性和引领性。要保持高校思想政治教育传播内容的先进性，首先，高校应立足现实，着眼长远，对传统的大学生思想政治教育内容的精华加以吸收、强化并进行创造性转化，为思想政治教育传播内容注入新活力；其次，在正确处理传承与创新的基础上，高校还应聚焦新阶段、新使命，立时代之潮头、发思想之先声、强理论之供给、开风气之先河，用时代要求审视教育内容，用发展眼光丰富教育内容，用创新理念引领教育内容，在对实践的高度敏感、对时代的深切感知中保持思想政治教育内容的时代性、前瞻性和先进性，从而引导大学生启新知、养新德、做新人。① 此外，高校应及时更新思想政治教育内容，善于对大学生关注的现实生活和经济社会发展中的热点问题作出理论回答，进行理论探索和理论宣传，才能提高思想政治教育理论的权威性和先进性，发挥思想政治教育理论的指导性和导向性。

3. 拓展传播内容的丰富性与多样性

在思想政治教育传播过程中，传播内容的丰富性体现在思想政治教育内容饱满、立体，能够在有限的时间内传递尽可能质优量多的信息，多样性体现在思想政治教育内容可以通过文字、声音、图形、动画、影像等方式综合地表现出来。思想政治教育传播内容的丰富性与多样性是思想政治教育传播活动的基本需要，思想政治教育者总是想在有限的时间内传播最丰富多样的教育内容，大学生也总是希望在有限的受教时间中获取最多的教育信息充实完善自己，因此，推进教育内容的丰富性与多样性既是大学生参与思想政治教育活动的重要需求，也是思想政治教育者开展思想政治教育活动要实现的重要目标。要向大学生提供更多具有丰富性和多样性的思想政治教育内容，首先，高校应改变传统思想政治教育内容过分强调导向性、忽视丰富性与多样性，而导致的教育内容单一、落伍，教育效果缺乏实效性与针对性等的问题，同时要创新思想政治教育内容，实现思想政治教育内容的丰富性与多样性，使大学生可以看到多姿多彩的思想政治教育活动的立体图景；其次，高

① 沈壮海、刘灿：《论新时代思想政治教育的高质量发展》，《思想理论教育》2021 年第 3 期。

校还应从大学生需求的角度出发选择丰富多样的思想政治教育内容，除了思想政治教育之外，还应包括道德教育、法治教育和心理教育等，思想政治教育者要善于从这些内容中挖掘与大学生成长发展最为密切、大学生最为关心和需要的内容，建立内容丰富、种类繁多的思想政治教育共享素材库，从而将社会要求、国家意志、对象需求更好地结合起来，实现思想政治教育内容生活化、社会化、实践化、共享化的要求。

全国各高校围绕着创造丰富多样的网络思想政治教育传播内容，不断追求内容的丰富性和多样性，充分发掘育人资源，以新媒体的传播效果为杠杆，不断放大育人成效。以北京大学为例，学校坚定实施媒体融合发展战略，在新媒体运营中坚持精品化路线，发掘育人资源、提升育人质效，打造学校融媒体思政育人的优质品牌。学校推出系列适合新媒体传播的“网络思政课”，把思政课堂作为育人的主阵地、主渠道，推出专题策划的《这门课，讲的都是你关心的问题!》，精选了北京大学“形势与政策”课程中的优质内容，以精练的文字描述和短视频的形式传递思政课堂中的精彩内容。同时，学校微信公众号自冬奥相关工作启动以来，及时跟进，从志愿者人物、冬奥科研揭秘、冬奥氛围营造等多个角度，点线面结合、视频图文俱全，集中推出稿件 30 余篇，总阅读量超 200 万次。其中，《开幕式上的北大学子!》《祝贺！北大荣获表彰!》等推送单篇阅读量超 10 万次。这些推送向全社会传递了北大人深度参与北京冬奥会的责任感与使命感，完成了一堂生动的思想政治教育课。①

华中农业大学围绕以融聚力，以文化人，着力提升网络育人实效的理念，精心建设了系列网络育人平台。学校善于抓住关键节点创新网络育人，结合大学生的精神文化需求和学校特色，依托“狮山文谷”共建，抓住“开

① 高校思政网:《北京大学：以精品化内容造就育人品牌》，2022 年 7 月 15 日，见 https://news.pku.edu.cn/mtbdnew/e57ed3db40c34a16988401e542ef3f55.htm。

学季”“毕业季”“狮山读书节”“狮山艺术节”“狮山欢乐节”等节点策划网络育人活动，通过文化共鸣、价值认同、情感联结的多维交互，构建有时代热度、人文温度、思想深度、情感厚度的网络育人阵地。比如，2019 年，学校以庆祝中华人民共和国成立 70 周年为契机，立足以文化人和情境化育，积极加强爱国主义网络内容建设，弘扬“爱国·奋斗”主旋律；2020 年，学校把战“疫”作为开展网络育人的重要契机，将生命主题融入全年校园文化活动，以直播、短视频等形式为师生带来了一堂堂生命教育和美育课。同时，学校善于以联盟联动赋能网络育人，成立了华中农业大学新媒体联盟与融媒体中心，打造立体多样的网络育人阵地。坚持重大选题联动策划、聚合传播，坚持每日向新媒体联盟成员单位发布选题指引与好文推荐，择优推荐优秀作品至校级平台全媒体展示，实现资源共享、活动共推、声音共发、形象共树、价值共创，构建了良性网络育人生态圈。比如，华中农业大学全媒体推出“支援春耕：华中农业大学师生同上田间大课”的系列报道，全网阅读量超 1.3 亿次。学校祝鑫工作室联合全国 100 位思政教师参与录制的《榜样，你好》系列短视频，以“小切口、故事化”深情讲述党史人物故事，产生了良好的传播效果。①

（二）突出新媒体平台的推广功能，用准用好网络传播媒介

随着新媒体时代的到来，新媒体平台已经逐渐成为高校开展思想政治教育传播活动的重要载体之一，包括微信、抖音、微博、B 站等在内的新媒体平台都是开展大学生思想政治教育的重要资源。通过微博、微信等新媒体平台开展思想政治教育传播活动无疑是一条重要途径。为此，高校应充分利用新媒体的技术优势，着力搭建网络思想政治教育传播平台，为实现思想政治

① 祝鑫：《“榜样你好！党史人物主题视频讲述活动》，2023 年 5 月 5 日，见 https://dxs.moe.gov.cn/zx/a/fdy_zt_dljytx_gzal/230505/1829879.shtml。

教育数字化传播打下基础。具体而言，就是要重视新媒体平台推广与运营，用准网络传播媒介；整合新媒体平台资源，用好网络传播媒介，不断提升网络传播效果。

1. 突出新媒体平台推广功能，用准网络传播媒介

在新媒体时代，新媒体平台已成为高校思想政治教育网络传播不可或缺的重要工具，各种新媒体平台具有的点赞、分享、评论、转发等推广功能，使得大学生能够利用这些新媒体平台突破时间和空间的限制，随时随地在轻松自由的氛围中分享思想政治教育内容，并发表观点、展开讨论。新媒体平台具备的这些推广功能不仅使网络思想政治教育信息得到了多方向的扩散，同时也使网络思想政治教育活动中的多方参与者实现了更加便捷的沟通与交流，这不仅极大地提升了网络传播效果，也为开展思想政治教育活动打造了坚实阵地。

为了充分发挥新媒体平台对思想政治教育内容的推广功能，首先，高校应着力打造立体互动的新媒体平台。要明确新媒体平台矩阵建设方向，充分利用互联网、大数据、人工智能等技术完善校园微信、微博、抖音、B站等各种新媒体平台，实现协同管理，使各平台之间做到传播内容“一键分发”，从而在各平台之间实现有效联动，形成传播合力，通过多种渠道高效地把优质的思想政治教育内容最大范围地传播到大学生手中。同时，在各平台上同步并及时发布和更新思想政治教育相关信息，回应关切，运用大学生喜闻乐见的方式，提升他们对新媒体平台的关注度，增加平台与大学生之间的良性互动。其次，制定科学合理、可行性高的新媒体推广运营管理制度。要明确运行新媒体平台的指导思想和总体要求，详细规范新媒体平台使用者的权利与义务，设置严格的内容审核制度以及平台安全监管制度等。再次，加强新媒体平台运营队伍建设。一方面，高校要对新媒体平台推广运营队伍常态化地开展提升新闻媒介素养、传播专业技能、多媒体处理能力等的相关培训，全面提升这支队伍的新媒体运用能力；另一方面，要加大对推广运营成员进行思想政治教育理论知识的培训，提高成员的思想政治素养，并为运营队伍配备从事思想政治教育理论研究、思想政治觉悟高的骨干教师，让他们在思想引领、题材定位、内容审核等方面发挥把关作用。①

2. 实现新媒体平台资源整合，用好网络传播媒介

梅罗维茨在《消失的地域：电子媒介对社会行为的影响》一书中使用了“媒介矩阵”一词，他认为媒介在所谓的媒介矩阵中相互作用，它是共同存在的不同形态的媒介相互联接的网络。② 从广义来看，媒介融合不仅是指新的媒介形态产生，更包含了两种不同媒介结合时伴随的数字技术的创新、工作人员的合作、组织结构的重组等；从狭义来看，媒介融合是指两种不同的媒介结合产生一种新的媒介形态，如纸质媒介与网络媒介融合产生的电子书、电子杂志等新的媒介形态。在网络环境中，媒介融合主要是传统媒介与网络平台、网络技术的结合。在网络技术的支持下，传统媒体与新媒体不仅逐渐实现了传播内容、形态等方面的创新升级，同时传统媒体与新媒体在合作关系、组织架构等深层次方面也实现了融合再造。新媒体融合为高校思想政治教育传播带来了一场新变革。

教育部印发的《高校思想政治工作质量提升工程实施纲要》中提出，要加强高校思想政治工作信息管理系统共建与资源互享，引领建设校园网络新媒体矩阵。③ 随着新媒体技术和信息传播工具的不断发展，推动校园网络新媒体融合，建设校园网络新媒体矩阵已成为高校思想政治教育网络传播的首要途径。要实现新媒体平台资源的有效整合，全面提高思想政治教育网络传

① 李明锡、白艳：《全媒体时代高校常态化长效化开展党史学习教育的路径探析》，《学校党建与思想教育》2023 年第 12 期。

② ［美］约书亚·梅罗维茨：《消失的地域：电子媒介对社会行为的影响》，肖志军译，清华大学出版社 2002 年版，第 330—331 页。

③ 中华人民共和国教育部：《中共教育部党组关于印发〈高校思想政治工作质量提升工程实施纲要〉的通知》，2017 年 12 月 6 日，见 http://www moe.gov.cn/srcsite/A12/s7060/201712/t20171206_320698.html。

播力，首先，高校应树立“大宣传”“大思政”的思想政治教育传播理念，结合学生认知规律、学习需求和心理特点，合理利用各种新媒体平台，通过成立新媒体中心整合微信、微博、头条、抖音等平台；其次，在推动校园新媒体平台内部融合的同时，还要注重将传统的校园报刊、广播站、宣传栏等宣传阵地与新媒体平台有机融合，实现管理手段、资源队伍、信息内容、技术应用的共融共通，积极打造线上线下交融互动、“两微一抖”协同并进的新媒体平台，全方位、多渠道、多角度地传播思想政治教育信息，有效推动高校新媒体网络思想政治教育工作向纵深开展。通过整合高校新媒体平台资源，着力构建系统性、多层次、覆盖面广、功能性强大的高校新媒体矩阵，并通过全面提升高校思想政治教育网络传播效果，积极打造有时代热度、人文温度、思想深度、情感厚度的网络育人阵地。①

全国各高校围绕突出新媒体平台的推广功能，用准用好网络传播媒介开展了大量的实践活动，以发挥网络育人优势，提升网络传播效果。以北京师范大学为例，2016 年北京师范大学创建了“京师学工”新媒体传播工作室，努力构建具有亲和力、影响力的网络育人“朋友圈”。这个工作室致力于把有深度的内容做得有温度，把有意义的事情做得有意思，依托“小鲸”“小狮”拟人化新媒体形象生产制作图文推送、音频视频、手绘动漫、文创产品，并在线上线下开展网络文化教育活动，积极探索网络思想政治教育工作的规律和方法，努力营造大学生健康成长的网上精神家园。一方面，工作室借助虚拟现实、VLOG、“条漫”、表情包等时尚酷炫、传播广泛的宣传技术，制作贴近大学生特点的新媒体产品，运用大学生喜欢的方式开展思想政治教育；另一方面，工作室通过在平台上开设主题教育、学业辅导、菁菁校园、思想碰撞、青春励志、生活服务等六大专栏，丰富教育内容，拓展教育形式，充

① 马松、孙秀玲：《新媒体赋能高校思政教育的应用价值、现实瓶颈及实践路径》，《传媒》2023 年第 11 期。

分发挥新媒体平台在引领学生思想、服务学生成长、展示学生成果等方面的作用。此外，工作室还开展了网络作品创作大赛，面向全校师生征集摄影、动漫、网文、音频、短视频、公益广告等主题网络文化作品，学生们“拍”富有感染力的图片和短视频，“唱”温暖有爱的原创或改编歌曲，“绘”直击心灵的画作和动漫，用自己的视角和体验进行网络创作。截止到 2022 年 4 月，“京师学工”微信公众号关注人数近 8 万人，粉丝覆盖校内师生、毕业校友、学生家长及社会各界人士。通过建设网络育人新媒体平台，培育高质量的新媒体作品，努力打造青春向上、积极向善的网络文化。①

（三）融合多种网络传播方式，全面提升网络传播效果

传统媒体时代的传播形式比较单一，主要以报刊、广播、电视、宣传栏以及讲座为传播载体，传播形式具有单一性、系统性、可控性，可以有效阻止负面信息的传播和扩散。然而，伴随着新媒体平台的快速发展，网络直播、短视频、VLOG、PLOG 等信息传播方式迭代兴起，大众接收信息的渠道和形式更加丰富多元，传统单向的传播形式已经无法满足日趋个性化和多样化的大众需求。高校如何利用好这些新媒体传播方式，打造全方位多层次多声部的主流思想政治教育矩阵，尽可能争取到最大多数大学生群体参与到网络思想政治教育活动中来，成为高校思想政治教育工作的重点课题。具体而言就是应打破单向传播模式，实现互动化传播；了解受众信息需求，实现精准化传播；借助新兴技术，实现智能化传播，从而全面提升高校思想政治教育网络传播效果。

1. 打破单向传播模式，实现互动化传播

互动传播是在传播渠道中，当信息接收者收集到信息发送者传递的信息

---

① 郑淼文：《构建网络育人“朋友圈”，推动思政工作“入心田”》，2022 年 4 月 21 日，见 https://dxs.moe.gov.cn/zx/a/fdy_gxfdynlts_jyfx_yral/220421/1760973.shtml。

内容后，将其进行信息加工利用，不断地调整并反馈给传者，最终实现有效沟通的过程。新媒体时代，信息的传播活动已经由“单向传播”逐步让位于“互动传播”。传统信息传播模式是一对多的“单向传播”，而新媒体环境下的信息传播是所有人对所有人的“互动传播”。从本质意义上来看，互动传播是信息在共享意义上的累加和增值，是信息在传播过程中具有“反馈性质”的互动交流。

高校网络思想政治教育系统也已经发展成为双向互动的传播系统。为了保持系统自身的实效性，高校应改变“思想政治教育者本位”的思想和传统单纯的灌输方式，充分认识到网络思想政治教育传播活动是一个人际的虚拟互动传播的过程，教育者与受教育者人人都可以成为思想政治教育信息的传播者和接受者，从而发挥好桥梁和纽带作用，通过建设网络社交媒体、新闻客户端、学习平台等新媒体平台，广泛吸引思想政治教育者和大学生积极参与平台互动，并确保双方持续性互动的活力，在思想政治教育者和大学生源源不断的互动中实现对大学生思想政治教育目的的落实。高校思想政治教育者应立足于大学生的角度，把思想政治教育过程中通过各种渠道收集的大学生的反馈信息进行归纳总结，了解掌握大学生群体对思想政治教育的想法、需求、评价，并结合大学生群体的需求，充分利用高校新媒体平台和新技术手段，创新思想政治教育内容、形式和方法，努力调动大学生学习的主体性、积极性、参与性，使思想政治教育传播活动更加鲜活起来，让大学生的互动享受变得多层次、多形式、多角度。

2. 了解受众信息需求，实现精准化传播

精准传播是在适当的时空，依托网络信息技术，在知识图谱、用户分类、关联规则等信息处理的基础上，逐渐勾勒出清晰的用户画像，利用人工智能和大数据分析工具，精准地将信息内容向不同层面的受众进行个性化推荐，致力于增强信息传播的信度和效度。要实现这样的精准传播，就必须充分依靠算法，变大众传媒的“漫灌”式传播为算法时代的“滴灌”式传播，利用大数据算法构建“需求分析＋内容聚合＋智能匹配＋个性推送＝精准传播”的信息传播逻辑。

高校网络思想政治教育精准传播是指高校思想政治教育者充分利用新媒体技术，针对不同大学生多元化的认知和需求，结合时间与空间等因素，精心分析并传播与之适配的思想政治教育信息，实现思想政治教育信息最优的传播效果，使思想政治教育信息深入人心，达到提升思想政治教育传播效果的目的。为此，首先，高校要将思想政治教育内容传播建立在占有多元化、多维度信息数据的基础上，运用算法机制对在思想政治教育过程中产生的大学生的学习数据、行为习惯、兴趣偏好数据进行动态化提取、智能化分析、直观化展示，实现对大学生的精准定位与画像。同时，在精准预测大学生需求的基础上，借助现代信息化技术对传播内容、传播渠道和传播时机等进行恰当选择和有效组合，实现大学生思想政治教育的方法选择、内容匹配、效果评估，有效弥补传统思想政治教育依靠主观经验判断、局部调查等方法不能分析海量的大学生行为数据的问题，有助于思想政治教育者有的放矢地选择教育内容，制定科学的个性化方案，实现思想政治教育的精准化开展。① 其次，高校应通过打造新型的融媒体平台，推进思想政治教育数字化转型和智能升级，借助数字画像、算法推荐、智能分析、虚实共生等数字化手段创新思想政治教育场景，以多元性、个性化、差异化、精准化方式增强大学生对主流思想政治教育的认同。此外，高校还可以通过新媒体平台建立由实时反馈、迟滞反馈、跟踪反馈、结果反馈等反馈机制组成的多级反馈系统，不断优化算法机制，辅助思想政治教育者进行大数据分析，运用好新媒体平台的反馈机制，大力推动高校网络思想政治教育精准化传播。

---

① 徐稳、葛世林：《数字化技术赋能思想政治教育的三维探析》，《思想教育研究》2023年第3期。

3. 借助新兴技术，实现智能化传播

智能传播是以最大限度开启人脑动能为基础，凭借超级大数据，计算机技术加以辅助，融入数学、生理学、哲学、心理学等多门学科，并应用于信息传播各个环节的过程。从本质上来看，这是一种具有自我学习能力的人工智能技术应用在信息生产与流通中的新型传播方式。高校思想政治教育智能传播模式是指高校思想政治教育者运用数字技术、人工智能技术等新手段和新载体，面向大学生构建起思想政治教育可视化、可感知、场景式、体验式的多维立体空间，为大学生提供沉浸式交互体验的思想政治教育传播新模式。

虚拟现实、增强现实、混合现实、影像现实以及由之催生的大数据学习平台、智能在线教育、虚拟学习助手、仿真头盔体验、云上智慧课堂等联通了虚拟世界与现实世界，沉浸式体验、虚拟化交流、仿真性参与等应用场景已深嵌到了思想政治教育过程之中，不仅使思想政治教育从现实场域拓展到虚拟场域，而且以其仿真的功能，为大学生提供了沉浸式体验，革新了高校思想政治教育数字化传播方式，构建了高校思想政治教育数字化存在形态。由此，高校思想政治教育者应逐步熟悉并掌握这些颠覆性技术并将其有机融入思想政治教育内容中来，推动思想政治教育活动的智能化、立体化、沉浸化，有效提升高校网络思想政治教育传播效果。同时，高校思想政治教育者也应关注与大学生的情感交流和对大学生的人文关怀，突破算法规制和算力钳制，真正观照大学生的现实生活及生命意义，在师生的人格感染中、心灵碰撞中、理解倾听中、真诚激励中润物无声地完成思想政治教育的使命，避免技术过度依赖对思想政治教育本质的僭越。

随着新媒体技术日新月异，思想政治教育内容在网络空间的集中呈现，思想政治教育载体的形式、功能也更加新颖多样，迭代更新的节奏不断加快，对大学生吸引力日益增强，但这些也深刻地改变着大学生思想政治教育的传播方式、媒介环境和技术工具，给思想政治教育创新发展带来新的机遇

和挑战。为推进高校网络思想政治教育传播的互动化、精准化和智能化，全国各高校开展了大量有益的实践活动。比如，作为全国马克思主义研究、教育和传播的重镇，武汉大学坚持“开门办思政、打好组合拳”的基本理念，以学科支撑、专业加盟、有组织科研着力建设高度专业的思政课，以线上线下联动、校内校外联结、中国世界贯通着力建设立体融合的思政课，以新技术赋能、新媒体添彩、新教法加持着力建设勠力创新的思政课。学校在中国大学 MOOC 平台推出 4 门思政 MOOC，选课人数突破 160 万；以“思政课 + 跨学科 + 互联网”为独特定位，推出思政融课“马上见”；特别是连续多年承办“我心中的思政课”微电影大赛。这些举措让思政课活了起来，发挥了思政课作为立德树人关键课程的育人实效。①

华中科技大学积极创新网络思想政治教育教学模式，用好“大课堂”，用好新媒体平台。学校持续加强以习近平新时代中国特色社会主义思想为核心内容的思政课必修课程体系，及以“深度中国”为代表的思政课选修课体系建设，进一步筑牢课堂“主渠道”。注重创新课堂教学方法，利用翻转课堂、情景剧、辩论赛等形式推动线下课堂“活起来”，采取网络直播、弹幕教学、虚拟现实沉浸式体验等方式促进在线课堂“火起来”，着力打造让更多学生爱听、能懂、愿行的新时代高质量思政课。② 同时，学校大力建设网上思政领航平台，推动“互联网 + 党建”育人体系建设，组建新时代青年网络文化中心和大学生网络文化工作室，打造“两微一端”2.0 升级版，建设“网上‘学做创’”“线上团课”等特色学习专栏。学校还加强了校内新媒体联盟互动，形成传播矩阵，加强网络阵地管理和舆情引导，③ 为全面提升

① 武汉大学新闻网：《第六届“我心中的思政课”全国高校大学生微电影展示活动颁奖礼成功举行》，2023 年 5 月 30 日，见 https://news.whu.edu.cn/info/1015/69850.htm。

② 华中科技大学：《华中科技大学积极推进“大思政课”建设》，2023 年 6 月 29 日，见 http://www.moe.gov.cn/jyb_xwfb/s6192/s133/s197/202306/t20230629_1066291.html。

③ 华中科技大学：《华中科技大学着力推动大学生思想政治教育提质增效》，2018 年 8 月 28 日，见 http://www.moe.gov.cn/jyb_xwfb/s6192/s133/s197/201808/t20180828_346308.html。

网络思想政治教育传播力打下良好基础。

北京理工大学为了增强思政教学的时代感和吸引力，推动思政课同新媒体技术的融合，建成了全国高校范围内首个虚拟仿真思政课体验教学中心，推出了国内高校首个思政课虚拟现实沉浸式体验教学模式。① 学校研发团队开发了基于虚拟现实技术的软件课程《重走长征路》，通过创设虚拟场景，结合全息传感技术、触觉技术、虚拟现实眼镜等，让学生身临其境地体验红军遭遇的围追堵截、生离死别，过雪山草地的艰辛，更好地理解长征精神，学习红军勇往直前、不畏艰难的品质。这种让思政课“活起来”的虚拟现实沉浸式体验教学模式，极大地推进了网络思想政治教育的传播效果。②

电子科技大学为开展精准思政工作，立足学校的具体实践，着力探索了利用新媒体平台与大数据开展大学生思想政治教育工作的实践创新路径。第一是理念创新，学校在全国率先提出并践行了基于大数据的“1234”精准思政工作理念。“一体系”即大数据智慧思想政治教育工作体系，“两平台”即教育大数据一体化平台、智慧学工平台，“三计划”即教师队伍倍增计划、学生队伍倍增计划、精品内容提质计划，“四精准”即精准识别、精准教育、精准服务、精准评价。第二是方法创新，学校搭建起了全国第一个教育大数据一体化平台，将大数据技术深度运用于思想政治教育工作中。第三是模式创新，学校在全国率先构建了具有系统性、普适性、长效性的大数据“精准思政”工作新模式，形成了包括培养体系、平台基础、制度措施、路径方法、支撑载体等在内的完整体系，以及包括精准识别、精准教育、精准服务、精准评价的完整环节，具有系统性、普适性的工作

① 北京理工大学：《媒体聚焦北理工“虚拟仿真思政课体验教学中心”落成》，2021 年 7 月 2 日，见 https://www.bit.edu.cn/xww/gbmtlg/mtjj2/48dead599bac436e83440db59138ae29.htm。

② 北京理工大学：《新华社等多家媒体报道北理工 VR（虚拟现实）技术思政课教学改革》，2016 年 12 月 12 日，见 https://www.bit.edu.cn/xww/mtlg/a134944.htm。

新模式，① 对全国高校新媒体平台建设具有积极的示范效应。

三、防范高校思想政治教育网络传播风险

网络风险是一个集合性的概念，主要是指在互联网中因技术、管理及法律等方面的原因对人类现实生活或虚拟生活造成损失的可能性。由于现代网络风险具有普遍性、不确定性、自反性等特征，这就要求高校在开展网络思想政治教育活动中加强对网络思想政治教育传播风险的科学认识、对网络传播风险因素的识别与评估、对网络传播风险的防控以及对网络传播风险规律的把握，这也是提高思想政治教育网络传播力、推进整个网络社会良性运转的重要方面。

（一）树立网络传播风险意识，提高风险感知力

网络风险意识是指人们对风险现象的认识、态度和把握。新媒体时代，伴随着新技术、新业态、新模式的不断涌现，网络传播风险的不确定性也随之增加，也给高校网络思想政治教育传播提出了新的更高要求。这就需要提高思想政治教育网络传播风险意识，主要表现在提高反思意识、责任意识和主体意识等方面。其中，反思意识是对存在的思想政治教育网络传播风险进行深刻反思，面向未来网络传播风险的意识觉醒和意识自觉；责任意识是指思想政治教育网络传播风险关涉行为主体应为其决策或行为所产生的风险后果承担相应的责任，以防止责任主体缺位；主体意识主要在于作为思想政治教育网络传播风险主体的教育行政主管部门、高校、教师、学生等在网络传播过程中对自身的主体地位、主体能力和主体价值形成一种自觉意识以及在网络传播风险的防控中发挥各自的主体性作用。通过反思过去存在的传播风

① 钱云光、张凤寒、范淑焕：《电子科技大学构建“1234”智慧网络育人平台推进精准思政》，2022 年 4 月 21 日，见 https://dxs.moe.gov.cn/zx/a/fdy_gxfdynlts_jyfx_yral/220421/1761302.shtml。

险，面对未来可能面临的传播风险，树立科学的网络传播风险意识，逐渐由风险意识走向风险自觉。①

具体而言，高校应利用好社交媒体平台，如微信公众号、微博、抖音等进行定期的思想政治教育网络传播风险专题科普及宣传，帮助大学生树立风险意识，形成预防风险的观念和思想。高校还可以充分利用各种团体组织等进行网络传播风险意识教育宣传，充分发挥校级、院级团组织、党组织及学生社团的影响力，通过举办网络传播风险知识竞答赛、素质拓展训练等活动，在实践中让大学生建立对风险事件的正确认知，不断增强大学生的网络传播风险意识。

（二）准确识别网络传播风险，提高风险辨别力

风险识别是风险治理过程中极其重要的一个环节。风险识别是在风险发生前，通过分析、归纳和整理各种信息资料，系统全面地认识风险事件并加以适当的归类，对风险的类型、产生原因、可能产生的后果作出定性估计、感性认识和经验判断。在高校思想政治教育网络传播活动中，可能存在“意见领袖”行为失范、“信息茧房”现象、“反沉默螺旋”现象、“把关人”角色淡化等高风险环节，高校需高度关注网络传播活动中的这些风险点，提高风险辨别力。

网络“意见领袖”行为失范是导致思想政治教育网络传播风险的重要诱因。网络“意见领袖”是以互联网平台为依托，以庞大的粉丝群体为依靠，拥有强大的社会动员能力和影响力，在社会热点事件中通过发布信息、发表观点或看法，设置议题改变网络舆论走向的人。一些网络“意见领袖”出现了行为失范问题，主要表现为设置负面议题、散播网络谣言、炮制无关热

① 牟维、陈友力：《高校教学风险及其治理——基于风险社会理论的视角》，《中国高教研究》2021 年第 6 期。

点、倾泻非理性情绪等。他们追名逐利、无视法律底线，在新媒体舆论场里恶意发布和转发负面的、虚假的、错误的信息，但由于他们的言论往往会造成粉丝们的狂热拥护，极易产生“带节奏”的效果，造成一大群人的行为失范，像滚雪球一样被网络传播迅速放大，从而产生极其恶劣的社会影响，甚至导致新媒体舆论畸形发展，使网络空间治理面临严峻挑战。这种网络“意见领袖”失范行为一旦在高校的网络空间蔓延开来，就会扰乱正常的网络思想政治教育秩序，需要引起高度关注。

“信息茧房”也是网络传播活动中的高风险现象。“信息茧房”是指在信息传播中，人们关注的信息领域会习惯性地被自己的兴趣所引导，从而将自己的生活桎梏于像蚕茧一般的“茧房”之中，只看到想看的东西，听到认同的观点，接触与自己意见相同的朋友。在高校思想政治教育网络传播活动中，“信息茧房”带来的信息窄化、信息迎合和信息封闭会束缚大学生的判断力，使个体逐渐丧失对多元信息的敏感性。假若大学生缺乏对主流价值观的明确倾向，一旦陷入“信息茧房”之中，算法会自动过滤此类信息，形成可接受信息的封闭循环系统，自发屏蔽主流思想政治教育信息，这就割裂了思想政治教育活动的环境场域，导致大学生的价值观偏离风险，甚至加速大学生群体的价值分化并引发群体极化。

“反沉默螺旋”现象是思想政治教育网络传播活动中的高风险点之一。“反沉默螺旋”理论是指在新媒体时代，受众的参与性大大提高，不再只是被动地接收信息，受众可以自由发表或支持少数意见，这种少数意见被更多的网民接受，可能发展为与多数意见势均力敌甚至超越和改变多数意见的情况。网络传播的匿名性、便捷性和开放性带来了很多理性的“反沉默螺旋”案例，但是非理性的“反沉默螺旋”现象也时常发生。利益驱动性导致了新媒体中“反沉默螺旋”现象的产生，甚至有些新媒体故意塑造“反沉默螺旋”领袖，引导网民盲目跟从，极大地阻碍了网络舆情健康发展。高校在思想政治教育网络传播活动中应正确认识“反沉默螺旋”现象，抑制非理性“反沉默螺旋”

现象，防止现实中沉默的、潜伏的少数偏激观点和立场占据网络思想政治教育空间的主导地位。

“把关人”角色淡化会引发高校思想政治教育网络传播风险。“把关人”是在信息传播过程中，那些对所传播的信息进行选择、处理和把关的个人或组织。随着新媒体中“把关人”的角色和作用极大地淡化和削弱，一旦互联网信息生产缺乏“把关人”对信息的过滤和筛查，信息传递就可能会呈现无序化、随机化的“裂变式”传播，非主流价值观的声音与思想就会难以控制，公众在接触到此类信息后就会依赖个体经验对各种信息进行感性加工，甚至少数个体的言论就会变得肆无忌惮和信口开河，导致非理性的声音可能在网上大规模传播，造成不确定性信息的累积，反科学、反常识的信息以及虚假信息或谣言就可能频繁出现，无形中放大了信息在传播过程中的风险。新媒体时代，在多向度、个性化的思想政治教育信息传播过程中，高校更应当确立“把关人”的主导地位和权威性，防范思想政治教育信息的网络传播风险。

（三）科学评估网络传播风险，提高风险预测力

风险评估是对风险可能面临的威胁、可能造成的损失和可能产生的影响，以及三者综合作用所带来风险的可能性进行评估。开展风险评估的目的是在客观认识风险因素的基础上，估计和测定风险发生的可能性、潜在风险的严重性以及风险的频率，从而制定科学合理的风险应对措施。高校在开展网络思想政治教育传播活动中，仍存在大量苗头性、倾向性、潜在性问题和风险。由此，高校应逐步建立和完善智能化的思想政治教育风险评估信息搜集整合机制，结合风险产生具体情景的差异，科学评估思想政治教育信息在网络传播过程中的风险危害，并分级化解这些传播风险。同时，高校还应积极开展网络传播风险评估应用实践，培养具有敏锐洞察力和判断力、能熟练掌握定性分析和定量分析等思想政治教育传播风险评估方法的专业化网评队

伍，加强专家智库建设，实现思想政治教育信息传播风险分析判断的规范化、科学化、有序化。

（四）有效防范网络传播风险，提高风险防控力

风险防范是指采取预防措施，以减少损失发生的可能性或者减小损失程度。高校开展思想政治教育网络传播风险防范的目的不是去消除网络传播风险的不确定性，事实上这也是不可能做到的，而是要通过建立一套能够动态调整的风险防范机制，将网络传播风险的不确定性控制在一定的可接受范围之内，与之共存，使思想政治教育信息传播与风险防范措施共同发展进步。为有效防范思想政治教育信息传播过程中的风险，首先，高校应建立与完善思想政治教育网络传播风险的预警与干预机制，对思想政治教育信息设置监测、分析、判断、预测等环节，形成一个互动、互补的预警机制，及时发现虚假信息、网络谣言和错误思潮，做到思想政治教育信息传播风险的可防可控；其次，鼓励思想政治教育者对思想政治教育信息传播风险进行预防遏制，不断增强他们自身对非主流价值观的免疫力，降低思想政治教育的价值传播风险，在用准用好新媒体平台的过程中守住价值传播的底线；再次，高校还应在思想政治教育中加强对大学生的风险防范教育，帮助他们掌握更多的风险防范知识，正确认识风险，积极应对风险，有效化解风险，使大学生形成敏锐的风险防范意识和良好的风险防范能力。

高校是思想政治教育的前沿阵地，从加强大学生网络思想政治教育阵地建设出发，全国各高校围绕更新风险防范和危机治理理念、优化风险防范和危机治理主体、明晰风险防范和危机治理内容等方面开展了大量实践工作，筑牢了高校网络安全的“防火墙”。比如，2022 年 6 月，西北工业大学在其微信公众号上发布《公开声明》称，学校电子邮件系统遭受网络攻击，有来自境外的黑客组织和不法分子向学校师生发送包含木马程序的钓鱼邮件，企

图窃取相关师生邮件数据和公民个人信息。但是，由于西北工业大学长期高度重视网络安全工作，经常性开展网络安全宣传教育，定期开展网络安全检查和技术监测，主动防御策略明确，技术防护措施有效，学校师生网络安全意识和敏锐性较高，因而来自境外的钓鱼邮件未造成重要数据泄露，未引发重大网络安全事件，校园网络安全和广大师生的个人信息安全得到了有效维护。①

上海交通大学②、大连理工大学③、西南交通大学④等高校为推动学校网络信息安全建设，营造安全、健康、文明、和谐的网络环境，开展一系列实践活动。比如，这些学校纷纷举办网络安全专题讲座、网络空间安全系列高端学术报告等，讲授《中华人民共和国网络安全法》等法律法规以及包括邮件安全、如何避免个人信息泄露等方面的网络安全知识，还有学校结合自身校园网络环境，帮助学生对个人计算机进行有效的安全防护。通过系列讲座和报告，把网络安全深入到广大学生心中，拓宽大学生的网络安全视野，丰富大学生的网络安全知识，提高大学生的网络安全防范意识。同时，这些学校还开设大学生网络安全公开课，并实现大学生网络安全教育与大学生第二课堂、主题团日活动以及形势政策教育的有机结合，进行网络安全政策解读、形势分析、工作实践、技术经验等分享活动，举办大学生网络安全技能竞赛，提升大学生网络安全素养。通过这种线上线下、课堂教育与课外实践活动“双结合”的系列举措，逐步建立大学生网络安全教育长效机制，提高

---

① 西北工业大学：《公开声明》，2022 年 6 月 22 日，见 https://mp.weixin.qq.com/s/e80DObh2IWRd4CTwM510CA。

② 上海交通大学新闻学术网：《上海交大扎实开展 2022 国家网络安全宣传周主题活动》，2022 年 9 月 13 日，见 https://news.sjtu.edu.cn/jdyw/20220913/174275.html。

③ 大连理工大学新闻网：《坚守网信保障阵地　服务校园精准抗疫》，2022 年 10 月 18 日，见 https://news.dlut.edu.cn/info/1022/79881.html。

④ 西南交通大学新闻网：《西南交通大学开展国家网络安全宣传周系列活动》，2021 年 10 月 19 日，见 https://dxs.moe.gov.cn/zx/a/xyh_xyh_xnjtdx/211019/1733580.shtml。

大学生的网络安全意识和网络安全防范能力。此外，这些学校还注重对网络安全管理人员和技术人员的业务培训，向他们宣讲校内外网络安全形势，分析校内网络安全存在的主要问题，解析校内网络安全自查工作重点内容等，通过加强对专业人员的培训，进一步筑牢高校的网络安全防线。

第九章　高校思想政治教育网络传播力评价研究的结论与展望

新媒体时代，思想政治教育的信息化、现代化、数字化发展是高校思想政治教育发展的必然趋势。随着新媒体技术的快速发展，以微博、微信、抖音等为代表的新媒体平台，因其强大的功能、丰富的内容，对大学生的学习、生活、价值观等方方面面都产生了巨大影响，使得思想政治教育传播超越了传统“面对面”的单向传播模式，让思想政治教育者能够充分利用新媒体平台与大学生进行频繁的互动交流，挖掘新的思想政治教育内容，开辟新的思想政治教育阵地，构建思想政治教育的新兴模式，推动高校网络思政育人向纵深发展。

新媒体技术催生的思想政治教育创新模式，在激发出高校思想政治教育工作的生机与活力的同时，也对高校思想政治教育工作提出了新的要求。随着新媒体平台信息传播渠道更加畅通，社会上的不良思潮可能通过新媒体传递给大学生，大学生接触的信息良莠不齐，主流话语权威反而遭到弱化，这就使得新媒体时代的思想政治教育工作更具有挑战性。

第一节　高校思想政治教育网络传播力评价研究结论

第一，本研究在对国内外相关文献进行综合梳理、系统归纳与反思的基础上，结合新媒体时代背景与高校在网络思想政治教育传播活动中面临的现实问题，探究了开展高校思想政治教育网络传播力评价研究的理论价值和实践意义；第二，本研究清晰地厘定了高校思想政治教育网络传播力的概念与内涵，并创造性地把传播学经典理论与思想政治教育学理论有机融合，建立了高校思想政治教育网络传播力评价研究的理论框架；第三，本研究探索性地展开了高校思想政治教育网络传播主体的网络结构、网络传播受众的传播意愿与安全素养、网络传播效果的影响因素等方面的拓展性研究，为开展高校思想政治教育网络传播力的评价研究开拓了新的视野，提供了新的思路；第四，研究运用 Python 大数据爬虫技术和文本分析技术以及德尔菲法和专家会议法，选取了高校思想政治教育网络传播力的评价指标，并从高校思想政治教育的网络传播主体、网络传播受众、网络传播内容、网络传播媒介、网络传播效果和网络传播风险等 6 个维度构建了较为系统全面的高校思想政治教育网络传播力评价指标体系；第五，研究运用深度学习方法构建了一个较为科学合理的高校思想政治教育网络传播力评价模型，并运用这一评价模型对全国 832 所典型高校的共青团微信公众号的传播力进行了科学评价，得出评价结果和研究结论。

通过对全国 832 所高校共青团微信公众号传播力的评价研究发现，思想政治教育网络传播力非常强的高校共青团微信公众号占比为 8.89%；高校共青团微信公众号的传播力表现较强的占比为 29.57%；传播力表现一般的高校共青团微信公众号占比为 44.47%；表现非常弱和较弱的高校共青团微信公众号占比为 17.07%。总体来看，38.46% 的高校共青团微信公众号较好地开展了思想政治教育网络传播活动，具备良好的思想政治教育网络传播力。

从网络传播主体来看，研究发现全国832所高校共青团微信公众号传播主体的知名度与影响力整体表现均较好，而其传播意向、信息处理能力和专业操作能力整体表现却均较弱。从网络传播受众来看，大学生对思想政治教育领域的热点话题具有较高的关注度，而大学生的网络信息伦理修养整体水平不高，且个体间差异较大，表现参差不齐。从网络传播内容来看，多数高校微信公众号能够紧跟时事，紧抓身边事，及时补充新内容，积极开展思想政治教育活动，但公众号内容的原创性水平普遍不高，优质内容主要聚集在极少数头部高校，且平台内容在形式多样性、标题新颖与主题广泛等方面的差距也极其显著。从网络传播媒介来看，绝大多数高校都开通了微信公众号，并且这些公众号不仅具有较好的内容丰富度，且均保持了较为活跃的状态。然而，高校微信公众号在深度阅读推广方面整体表现较弱，且高校之间的差异性显著，仅少数高校较好地开展了深度阅读的推广活动，绝大多数平台尚未开展深度阅读推广活动或推广效果不佳。从网络传播效果来看，多数高校微信公众号已受到大量用户的关注，但这些公众号在阅读量、互动量、点赞量等指标上的整体表现具有显著差异，绝大多数用户的阅读量、互动量与点赞量集聚于极少数头部高校微信公众号，而绝大多数公众号表现平平且与这些头部账号均存在极大差距，也有少数高校微信公众号表现极弱。在转发量与评论量等指标上的整体表现均较弱且高校间差距显著，除极少数头部高校微信公众号以外，绝大多数高校微信公众号极少得到用户的转发与评论。从网络传播风险来看，多数高校微信公众号能够较好地认识到思想政治教育网络传播过程中的技术风险、话语风险以及传播主体的知行断裂风险，且高校对网络传播过程中的技术风险、数据风险与平台风险的识别能力整体较强。然而，多数高校在自风险、风险作用方式与风险后果等方面尚未形成行之有效的评估机制，且在平台系统维护、网络技术优化与风险预警系统建设等方面也均缺乏对风险进行管控的系统性措施。总体而言，高校在对风险的评估与防控方面均有较大的改进空间。

本研究运用全国832所高校共青团微信公众号大数据，从高校思想政治教育的网络传播主体、网络传播受众、网络传播内容、网络传播媒介、网络传播效果和网络传播风险六项维度开展评价研究发现：第一，高校思想政治教育网络传播主体的传播意识不够，引导能力不强；第二，高校思想政治教育网络传播受众的网络信息素养不高，主体性不足；第三，高校思想政治教育网络传播内容的丰富度欠缺，创新性不足；第四，高校思想政治教育网络传播媒介的服务性不强，推广度欠缺；第五，高校思想政治教育网络传播形式单一，传播策略性不强；第六，高校思想政治教育网络传播风险意识不强，风险评估与防控机制不健全。针对研究结论，提出了高校思想政治教育网络传播力的提升对策。

第二节　高校思想政治教育网络传播力评价研究的未来展望

高校思想政治教育网络传播力评价研究仍然处在探索阶段，不论是评价指标体系的确立、评价模型的构建与应用，还是评价方法与评价样本的选取，都有较大的提升空间。这些研究中的有待完善之处，有望在中观层面上为后续研究提供更加精确的和有针对性的观察视角和研究起点。

一、更新与优化高校思想政治教育网络传播力评价指标体系

新媒体时代的技术发展日新月异，未来高校思想政治教育传播必然会随之发生新的变化，这会对高校思想政治教育网络传播力评价指标体系的构建产生深刻的影响。因此，后续有关高校思想政治教育网络传播力评价指标体系的研究应遵循发展性原则，适应新媒体时代的发展变化，按照新时期新的需求和新的评价目的，相应地调整评价指标。比如，未来是否存在其他更重要、更科学的指标可以用来衡量高校思想政治教育网络传播力仍需进一步研

究论证。此外，随着国内外环境，信息技术的不断发展变化，高校网络思想政治教育的传播理念、传播模式、传播管理等都会不断发生变化，传播受众接收信息的渠道和途径也会不断更新。从这个意义上讲，高校思想政治教育网络传播力的评价指标体系并非一成不变，具体的评价指标也会随时代的发展而发生深刻的改变。

二、检验和修正高校思想政治教育网络传播力评价模型

运用深度学习方法构建的高校思想政治教育网络传播力评价模型是一个具有普适性和通用性的评价模型，这一模型可以覆盖不同层次和不同类型的高校，任何高校都可以运用这个模型实现对高校思想政治教育网络传播力的科学测度。然而，构建的高校思想政治教育网络传播力评价模型主要依据的是全国 423 所高校共青团微博的大数据，没有考虑高校官方的抖音、B 站、快手、今日头条等其他新媒体平台的大数据，因此，后续研究可以考虑借助更多其他新媒体平台的大数据对高校思想政治教育网络传播力评价模型进行检验，并对高校思想政治教育网络传播力评价模型进行修正。此外，深度学习方法也在不断地发展，仍需进一步加强深度学习理论知识的研究工作，并将其应用于评价模型构建，从而提高开展高校思想政治教育网络传播力评价研究的精度。

三、丰富和拓展高校思想政治教育网络传播力评价方法与样本

在评价研究方法方面，本研究运用德尔菲法和专家会议法选取高校思想政治教育网络传播力的 43 项评价指标，创造性地运用深度学习方法构建高校思想政治教育网络传播力评价模型，并最终运用评价模型较为精准地测算出反映高校思想政治教育网络传播力水平的真实值。深度学习方法及其数据处理技术是目前较为科学先进的研究方法，目前已经逐步应用于社会科学

研究领域以及评价研究工作，并取得了较好的研究成效。由此，本研究运用深度学习方法开展了高校思想政治教育网络传播力的评价工作。但是，目前尚未发现有文献将深度学习方法应用于思想政治教育传播活动的评价研究领域，这一研究方法的使用可能存在未知的风险或导致研究误差。因此，后续研究可以考虑运用常规的评价方法，把定性与定量的研究方法结合起来，运用层次分析法和熵权法设置高校思想政治教育网络传播力评价指标的权重，并构建新的高校思想政治教育网络传播力评价指标体系，运用新的指标体系测算高校思想政治教育网络传播力的实际水平。

在评价研究样本方面，本研究运用 423 所高校共青团微博大数据构建高校思想政治教育网络传播力评价模型，并在高校思想政治教育网络传播力评价模型运用过程中使用了 832 所高校共青团微信公众号的大数据。但研究样本量仍较为有限，且研究样本的代表性也存在一定局限，后续研究可以进一步扩大高校的数量和高校官方新媒体平台的数量，并运用更多更科学的大样本抽样方法，使选取的高校及其平台更具有典型性，从而提高高校思想政治教育网络传播力评价模型的稳定性和可靠性，进一步提升整体评价研究的精度和广度。

附　　录

附录 1：高校思想政治教育网络传播力评价指标体系专家问卷（一）

尊敬的专家：

您好！开展高校思想政治教育网络传播力评价研究是一项有着鲜明中国特色的研究工作，是对高校培养社会主义合格建设者和可靠接班人整体状况的衡量。目前我们正在进行高校思想政治教育网络传播力评价指标的筛选，目的在于构建科学的高校思想政治教育网络传播力评价指标体系，对全国高校展开思想政治教育网络传播力评价工作，为提升高校思想政治教育网络传播力提供政策建议。我们真诚地希望能够得到您的支持和协助。

问卷采取匿名的方式填写，您所填写的各种数据将被严格保密，所有信息仅用作数据统计分析研究，不会对您个人造成任何影响。您只需要根据实际情况，判断各指标项是否能够纳入高校思想政治教育网络传播力评价指标体系，并对指标的重要程度进行评价，1＝非常不重要，2＝不重要，3＝不确定，4＝重要，5＝非常重要。

衷心感谢您的支持和参与！祝您工作顺心如意！

第一部分：专家的基本信息

1. 您所在的院校：________________

2. 您的职称：________________

3. 您的研究方向：________________

4. 您对高校网络思想政治教育研究领域的熟悉程度：________________

____

5. 您对以下这些指标进行判断的依据是：（比如实践经验、理论分析、参考国内外文献或直观感受）

____

____

第二部分：高校思想政治教育网络传播力评价指标征询意见表

1. 一级指标项

一级指标项	重要性程度					意见
	1	2	3	4	5	
网络传播主体 A1						
网络传播受众 A2						
网络传播内容 A3						
网络传播媒介 A4						
网络传播效果 A5						
网络传播风险 A6						

2. 二级指标项

一级指标项	二级指标项	重要性程度					意见
		1	2	3	4	5	
网络传播主体 A1	教育者 B1						
	平台运营者 B2						
网络传播受众 A2	网络信息素养 B3						
	信息接受 B4						
网络传播内容 A3	内容时效性 B5						
	内容创新性 B6						
	内容丰富性 B7						
网络传播媒介 A4	新媒体辨识度 B8						
	新媒体服务性 B9						
	新媒体推广度 B10						
网络传播效果 A5	大学生认知 B11						
	大学生情感 B12						
	大学生行为 B13						
网络传播风险 A6	传播风险源 B14						
	传播风险识别 B15						
	传播风险评估 B16						
	传播风险防控 B17						

3. 三级指标项

一级指标项	二级指标项	三级指标项	重要性程度					意见
			1	2	3	4	5	
网络传播主体 A1	教育者 B1	知名度 C1						
		影响力 C2						
		传播意向 C3						
	平台运营者 B2	信息处理能力 C4						
		专业运营能力 C5						

续表

一级指标项	二级指标项	三级指标项	重要性程度					意见
			1	2	3	4	5	
网络传播受众 A2	网络信息素养 B3	网络意识与认知 C6						
		网络适应与发展 C7						
		网络参与与互动 C8						
		网络信息伦理修养 C9						
	信息接受 B4	话题关注度 C10						
		话题参与度 C11						
		教学认可度 C12						
		主观规范 C13						
网络传播内容 A3	内容时效性 B5	前沿信息 C14						
		热点话题 C15						
		更新频率 C16						
	内容创新性 B6	原创设计 C17						
		形式各异 C18						
	内容丰富性 B7	标题新颖 C19						
		主题广泛 C20						
网络传播媒介 A4	新媒体辨识度 B8	官方账号 C21						
		官方名称 C22						
		官方认证 C23						
	新媒体服务性 B9	功能版块 C24						
		消息回复 C25						
	新媒体推广度 B10	定期推送 C26						
		深度阅读推广 C27						
网络传播效果 A5	大学生认知 B11	关注量 C28						
		阅读量 C29						
	大学生情感 B12	互动量 C30						
		点赞量 C31						
	大学生行为 B13	转发量 C32						
		评论量 C33						

续表

一级指标项	二级指标项	三级指标项	重要性程度					意见
			1	2	3	4	5	
网络传播风险A6	传播风险源B14	网络平台风险 C34						
		传播话语风险 C35						
		传播过程知行风险C36						
	传播风险识别 B15	网络技术风险识别C37						
		数据源风险识别 C38						
		新媒体平台风险识别C39						
	传播风险评估 B16	自风险评估 C40						
		风险作用方式评估C41						
		风险后果评估 C42						
	传播风险防控 B17	新媒体平台系统维护C43						
		网络技术优化 C44						
		风险预警系统 C45						

此外，如果您对具体的指标选项有其他建议，请写在下面的横线上。

问卷结束，感谢您的合作与支持!

高校思想政治教育网络传播力评价指标体系专家问卷（二）

尊敬的专家：

您好！开展高校思想政治教育网络传播力评价研究是一项有着鲜明中国特色的研究工作，是对高校培养社会主义合格建设者和可靠接班人整体状况的衡量。为构建科学的高校思想政治教育网络传播力评价指标体系，在此基础上展开全国高校思想政治教育网络传播力的评价工作，我们已经进行了高校思想政治教育网络传播力评价指标的初步筛选（第一轮），目前我们正在对修正后的高校思想政治教育网络传播力评价指标进行再次筛选（第二轮）。我们真诚地希望能够得到您的支持和协助。

问卷采取匿名的方式填写，您所填写的各种数据将被严格保密，所有信息仅用作数据统计分析研究，不会对您个人造成任何影响。您只需要根据实际情况，判断各指标项是否能够纳入高校思想政治教育网络传播力评价指标体系，并对指标的重要程度进行评价，1＝非常不重要，2＝不重要，3＝不确定，4＝重要，5＝非常重要。

衷心感谢您的支持和参与！祝您工作顺心如意！

第一部分：专家的基本信息

1. 您所在的院校：________________________________

2. 您的职称：________________________________

3. 您的研究方向：________________________________

4. 您对高校网络思想政治教育研究领域的熟悉程度：________________________________

5. 您对以下这些指标进行判断的依据是：（比如实践经验、理论分析、参考国内外文献或直观感受）

____

____

第二部分：高校思想政治教育网络传播力评价指标征询意见表

1. 一级指标项

一级指标项	重要性程度					意见
	1	2	3	4	5	
网络传播主体 A1						
网络传播受众 A2						
网络传播内容 A3						
网络传播媒介 A4						
网络传播效果 A5						
网络传播风险 A6						

2. 二级指标项

一级指标项	二级指标项	重要性程度					意见
		1	2	3	4	5	
网络传播主体 A1	教育者 B1						
	平台管理者 B2						
网络传播受众 A2	大学生网络信息素养 B3						
	大学生自我表现力 B4						
网络传播内容 A3	内容时效性 B5						
	内容创新性 B6						
	内容丰富性 B7						
网络传播媒介 A4	新媒体平台辨识度 B8						
	新媒体平台服务性 B9						
	新媒体平台推广度 B10						
网络传播效果 A5	大学生认知 B11						
	大学生情感 B12						
	大学生行为 B13						
网络传播风险 A6	传播风险源 B14						
	传播风险识别 B15						
	传播风险评估 B16						
	传播风险防控 B17						

3. 三级指标项

一级指标项	二级指标项	三级指标项	重要性程度					意见
			1	2	3	4	5	
网络传播主体 A1	教育者 B1	知名度 C1						
		影响力 C2						
		传播意向 C3						
	平台管理者 B2	信息处理能力 C4						
		专业操作能力 C5						

续表

一级指标项	二级指标项	三级指标项	重要性程度					意见
			1	2	3	4	5	
网络传播受众A2	大学生网络信息素养B3	网络信息安全知识 C6						
		网络信息安全意识 C7						
		网络信息运用能力 C8						
		网络信息伦理修养 C9						
	大学生自我表现力 B4	话题关注度 C10						
		话题参与度 C11						
		教学认可度 C12						
网络传播内容A3	内容时效性B5	前沿信息 C13						
		时事政治更新频率 C14						
		社会热点更新频率 C15						
	内容创新性B6	内容原创性 C16						
		形式多样性 C17						
	内容丰富性B7	标题新颖 C18						
		主题广泛 C19						
网络传播媒介A4	新媒体平台辨识度 B8	官方账号 C20						
		官方名称 C21						
		官方认证 C22						
	新媒体平台服务性 B9	功能版块 C23						
		消息回复 C24						
	新媒体平台推广度 B10	定期推送 C25						
		深度阅读推广 C26						
网络传播效果A5	大学生认知B11	关注量 C27						
		阅读量 C28						
	大学生情感B12	互动量 C29						
		点赞量 C30						
	大学生行为B13	转发量 C31						
		评论量 C32						

续表

<table>
<tr><th rowspan="2">一级指标项</th><th rowspan="2">二级指标项</th><th rowspan="2">三级指标项</th><th colspan="5">重要性程度</th><th rowspan="2">意见</th></tr>
<tr><th>1</th><th>2</th><th>3</th><th>4</th><th>5</th></tr>
<tr><td rowspan="13">网络传播风险 A6</td><td rowspan="3">传播风险源 B14</td><td>网络技术风险 C33</td><td></td><td></td><td></td><td></td><td></td><td></td></tr>
<tr><td>传播话语风险 C34</td><td></td><td></td><td></td><td></td><td></td><td></td></tr>
<tr><td>传播过程知行风险 C35</td><td></td><td></td><td></td><td></td><td></td><td></td></tr>
<tr><td rowspan="3">传播风险识别 B15</td><td>网络技术风险识别 C36</td><td></td><td></td><td></td><td></td><td></td><td></td></tr>
<tr><td>数据源风险识别 C37</td><td></td><td></td><td></td><td></td><td></td><td></td></tr>
<tr><td>新媒体平台风险识别 C38</td><td></td><td></td><td></td><td></td><td></td><td></td></tr>
<tr><td rowspan="3">传播风险评估 B16</td><td>自风险评估 C39</td><td></td><td></td><td></td><td></td><td></td><td></td></tr>
<tr><td>风险作用方式评估 C40</td><td></td><td></td><td></td><td></td><td></td><td></td></tr>
<tr><td>风险后果评估 C41</td><td></td><td></td><td></td><td></td><td></td><td></td></tr>
<tr><td rowspan="3">传播风险防控 B17</td><td>新媒体平台系统维护 C42</td><td></td><td></td><td></td><td></td><td></td><td></td></tr>
<tr><td>网络技术优化 C43</td><td></td><td></td><td></td><td></td><td></td><td></td></tr>
<tr><td>风险预警系统 C44</td><td></td><td></td><td></td><td></td><td></td><td></td></tr>
</table>

此外，如果您对具体的指标选项有其他建议，请写在下面的横线上。

问卷结束，感谢您的合作与支持！

附录2：关于收集高校思想政治教育网络传播力评价定性指标数据的调查问卷

尊敬的专家：

您好！开展高校思想政治教育网络传播力评价研究是一项有着鲜明中国特色的研究工作，是对高校培养社会主义合格建设者和可靠接班人整体状况的衡量。为了开展高校思想政治教育网络传播力评价工作，我们选取了全国832所典型高校共青团微信公众号作为研究样本，并拟对这些微信公众号在以下33项定性指标上的数据进行收集，恳请您对这832个微信公众号的每个定性指标项进行评价。评分以5分制形式呈现，1—5的分值分别表示微信公众号在不同指标项上的传播力水平，评分越高，表明该微信公众号在这一指标项上的传播能力越强、表现越好。在评分之前恳请您通过手机端和电脑端关注这些高校共青团的微信公众号，然后体验这些账号在网络传播方面的表现，依次对这些高校共青团的微信公众号在各项指标上的表现进行评分，并结合对微信公众号整体表现的判断给予最后的综合评价。

衷心感谢您的支持和参与！祝您工作顺心如意！

第一部分：定性指标集

知名度 C1	功能版块 C22
影响力 C2	消息回复 C23
传播意向 C3	定期推送 C24
信息处理能力 C4	深度阅读推广 C25
专业操作能力 C5	网络技术风险 C32
网络信息安全知识 C6	传播话语风险 C33
网络信息安全意识 C7	传播过程知行断裂风险 C34
网络信息运用能力 C8	网络技术风险识别 C35
网络信息伦理修养 C9	数据源风险识别 C36
话题关注度 C10	新媒体平台风险识别 C37

续表

话题参与度 C11	自风险评估 C38
教学认可度 C12	风险作用方式评估 C39
标题新颖 C17	风险后果评估 C40
主题广泛 C18	新媒体平台系统维护 C41
官方账号 C19	网络技术优化 C42
官方名称 C20	风险预警系统 C43
官方认证 C21	

第二部分：高校共青团微信公众号样本评分模板

样本序号	C1	C2	C3	C4	C5	C6	C7	……	C40	C41	C42	C43	专家综合评分值
1	4.9	4.9	4.6	3.9	4.4	4.6	1	……	3.4	4.4	4.1	4.7	3.98
2													
3													
4													
5													
6													
7													
8													
9													
10													
…													
830													
831													
832													

附录 3：高校共青团微信公众号传播力的各项指标数据及模型输出值

序号	C1	C2	C3	C4	C5	C6	C7	C8	C9	C10	C11	C12	C13	C14	C15
1	4.9	4.9	4.9	4.9	4.9	4.9	4.9	4.9	4.9	4.9	4.9	4.9	4	3	100
2	4.9	4.9	4.9	3.7	4.3	4.9	4.9	4.9	4.9	4.9	4.9	4.9	4	3	97.9
3	4.9	4.8	4.9	4	4.45	4.9	4.9	4.9	4.9	4.9	4.9	4.9	4	3	99
4	4.9	4.9	4.9	3.7	4.3	4.9	4.9	4.9	4.9	4.9	4.9	4.9	3	3	97.9
5	4.9	4.9	4.3	3.5	4.2	4.3	4.9	4.9	4.9	4.9	4.9	4.9	3	3	96.6
6	4.9	4.9	4.9	3.3	4.1	4.9	4.9	4.9	4.9	4.9	4.9	4.9	4	3	94.8
7	4.9	4.9	4.8	3.2	4.05	4.8	4.9	4.9	4.9	4.9	4.9	4.9	8	3	94.4
8	4.9	4.9	4.4	4.1	4.5	4.4	4.7	4.8	4.8	4.8	4.8	4.7	4	3	99.2
9	4.9	4.9	4.4	3	3.95	4.4	4.8	4.8	4.8	4.9	4.8	4.8	4	3	90.5
10	4.9	4.9	4.6	4.1	4.5	4.6	4.8	4.8	4.7	4.9	4.75	4.8	6	4	99.4
11	4.9	4.7	3.6	1.5	3.2	3.6	2.5	4.9	3.6	4.4	4.25	2.5	3	1	25
12	4.9	4.9	3.7	3.4	4.15	3.7	4.6	4.7	4.7	4.9	4.7	4.6	7	5	96.1
13	4.9	4.9	4.8	3.9	4.4	4.8	4.7	4.9	4.9	4.8	4.9	4.7	8	5	98.8
14	4.9	4.9	2.7	2.4	3.65	2.7	4.8	4.8	4.8	4.9	4.8	4.8	2	1	82.8
15	4.9	4.9	3	1.4	3.15	3	4.4	4.9	4.4	2.5	4.65	4.4	3	1	0
16	4.9	4.9	1.5	3.1	4	1.5	4.4	4.5	4.6	4.4	4.55	4.4	1	2	92.3
17	4.9	4.9	1.5	3.5	4.2	1.5	4.7	4.7	4.6	4.8	4.65	4.7	5	1	96.7
18	4.9	4.9	4.7	2.6	3.75	4.7	4.9	4.9	4.9	4.9	4.9	4.9	7	3	86.4
19	4.9	4.9	4.9	3.5	4.2	4.9	4.8	4.9	4.8	4.9	4.85	4.8	9	5	96.8
20	4.9	4.9	3.9	2.3	3.6	3.9	3.9	4.4	3.9	3.2	4.15	3.9	3	3	79.1
21	4.8	4.8	4.8	3	3.9	4.8	4.9	4.9	4.9	4.9	4.9	4.9	4	3	90.6
22	4.8	4.8	4.1	2.8	3.8	4.1	4.6	4.8	4.7	4.6	4.75	4.6	1	4	89.6
23	4.8	4.8	2.5	2.6	3.7	2.5	4.6	4.7	4.6	4.9	4.65	4.6	2	2	85.2
24	4.8	4.8	2.2	2.5	3.65	2.2	2.6	2.3	2.9	3	2.6	2.6	2	1	84.2
25	4.8	4.8	3.7	4.9	4.85	3.7	2.7	2.6	3.2	3.7	2.9	2.7	3	3	100
26	4.8	4.8	1.3	4.9	4.85	1.3	4.5	4.6	2.9	4.5	3.75	4.5	1	1	100
27	4.8	4.8	2.2	2.6	2.65	2.2	4.3	4.4	4.5	1.6	4.45	4.3	2	1	86.3
28	4.8	4.8	3.3	4.9	4.85	3.3	3.3	3.2	3.5	2.7	3.35	3.3	3	1	100
29	4.8	4.8	4.1	3.8	4.3	4.1	4.1	4.2	4	4.2	4.1	4.1	4	3	98.1
30	4.8	4.8	3.5	4.9	4.85	3.5	2.4	2.1	3.1	2.8	2.6	2.4	5	1	100
31	4.8	4.8	4.8	2.8	3.8	4.8	4.9	4.9	4.9	4.9	4.9	4.9	8	5	89.6
32	4.8	4.8	2.1	4.9	4.85	2.1	2.8	3.1	3.5	3.1	3.3	2.8	1	1	100

续表

序号	C1	C2	C3	C4	C5	C6	C7	C8	C9	C10	C11	C12	C13	C14	C15
33	4.8	4.8	1.8	4.9	4.85	1.8	3.9	4.2	4.1	1.2	4.15	3.9	1	1	100
34	4.8	4.8	3	1.8	3.3	3	2.2	3.1	3.7	2.6	3.4	2.2	3	1	50
35	4.8	4.8	4.6	2.3	3.55	4.6	2.7	3.2	2.8	3.7	3	2.7	6	3	80.2
36	4.8	4.8	3.2	2.9	3.85	3.2	2.7	2.5	3.1	2.9	2.8	2.7	2	1	90
37	4.8	4.8	4.8	3.9	4.35	4.8	4.7	4.7	4.8	4.9	4.75	4.7	8	3	98.4
38	4.8	4.8	4.9	3	3.9	4.9	4.1	4.2	4.4	4.5	4.3	4.1	9	3	92.1
39	4.8	4.8	4.3	3.8	4.3	4.3	4.9	4.8	4.8	4.8	4.8	4.9	4	4	98.3
40	4.8	4.8	4.4	3.3	3.05	4.4	4.8	4.8	4.8	4.7	4.8	4.8	4	4	94.8
……	……	……	……	……	……	……	……	……	……	……	……	……	……	……	……
793	1.3	1.3	1.3	2.8	2.75	1.3	2.2	2.4	1.1	1	1.75	2.2	3	1	88.9
794	1.3	1.3	2.8	4.2	3.65	2.8	4.3	4.2	3.4	2.3	3.8	4.3	2	2	100
795	1.3	1.3	2.7	1.6	2.35	2.7	1.9	1.9	1.1	3.1	1.5	1.9	7	1	43.7
796	1.3	1.3	2.9	4.2	3.65	2.9	2.6	1.6	1.1	2.3	1.35	2.6	9	1	100
797	1.3	1	1.7	1.8	1.65	1.7	2.2	2.1	2.3	1.7	2.2	2.2	7	1	52.4
798	1.3	1.3	2.3	3.8	3.1	2.3	4.4	4.3	3.9	3	4.1	4.4	3	3	98.2
799	1.3	1.3	1.5	2.2	2.65	1.5	1.5	2	2	2.2	2	1.5	5	1	75
800	1.3	1.3	3.6	3.8	3.45	3.6	4.9	4.8	4.9	4	4.85	4.9	6	5	98
801	1.3	1.3	2.5	3.7	3.2	2.5	1	1.7	2	2.4	1.85	1	5	2	97.9
802	1.3	1.3	2.4	4.2	3.15	2.4	1.8	1.7	1.1	1.5	1.4	1.8	2	1	100
803	1.3	1.3	2.3	2.2	2.65	2.3	1.5	1.6	1.1	2.6	1.35	1.5	3	1	75
804	1.3	1.3	2	2.7	2.9	2	3.9	3.8	3.4	2.1	3.6	3.9	2	1	87.5
805	1.3	1.3	3.1	4.1	3.55	3.1	4	4.4	3.3	3.9	3.85	4	3	5	99.4
806	1.3	1.3	1	4.2	3.6	1	1.5	1.4	1.7	1	1.55	1.5	1	1	100
807	1.3	1.3	3	1.7	1.6	3	1.9	1.6	1.7	2.6	1.65	1.9	3	1	50
808	1.3	1	3.5	1.6	2.3	3.5	1	1.5	1	4.3	1.25	1	3	1	50
809	1.3	1.3	2.9	4.2	3.6	2.9	3.4	3.5	3.1	2.9	3.3	3.4	9	2	100
810	1.2	1.2	4.4	3.9	3.45	4.4	3.2	2.9	3	3.7	2.95	3.2	4	5	98.5
811	1.2	1.2	2.6	3.2	2.35	2.6	4	3.8	3.9	3.8	3.85	4	6	1	94.1
812	1.2	1.2	3.6	2.2	2.6	3.6	3.3	3.3	2.9	4	3.1	3.3	6	3	77.3
813	1.2	1.2	3.5	2.6	2.5	3.5	2.4	2	2.3	3.1	2.15	2.4	5	2	86
814	1.2	1.2	3.5	2.7	2.7	3.5	2.3	2.1	2.3	4.1	2.2	2.3	3	3	87
815	1.2	1.2	2.2	2.5	2.05	2.2	1.9	1.7	2.1	2.5	1.9	1.9	2	2	85
816	1.2	1.2	3.7	2.2	2.15	3.7	2.1	2.1	2.4	3.5	2.25	2.1	3	3	77
817	1.2	1.2	3.6	2.8	2.65	3.6	2.2	2.1	2.4	4.3	2.25	2.2	3	2	89
818	1.2	1.2	3.9	2.8	2.7	3.9	2.2	1.8	2.5	2.9	2.15	2.2	9	2	89

续表

序号	C1	C2	C3	C4	C5	C6	C7	C8	C9	C10	C11	C12	C13	C14	C15
819	1.1	1.8	1.3	2.9	2.95	1.3	1.9	1.8	1	1.5	1.4	1.9	3	2	90
820	1.1	1.1	4.1	2.3	2.35	4.1	2.4	1.9	2.6	4.5	2.25	2.4	4	3	80
821	1.1	1.1	3.1	2.8	2.5	3.1	2.9	2.1	2.2	2.3	2.15	2.9	3	3	88.7
822	1.1	1.1	1.6	2.2	1.85	1.6	2.8	1.7	1	2.6	1.35	2.8	6	2	75
823	1.1	1.1	2.5	1.9	2.45	2.5	2.4	2.2	2	4.1	2.1	2.4	5	1	66.7
824	1.1	1.1	4.7	2.3	2.65	4.7	2.7	2.5	2.6	3.4	2.55	2.7	7	4	78.9
825	1.1	1.1	2	3.1	3.05	2	3.4	1.9	1	2.8	1.45	3.4	2	2	92.7
826	1.1	1.1	4.2	3.3	2.85	4.2	2.4	2.7	2.7	2	2.7	2.4	2	4	94.7
827	1	1	2.4	3.3	3.15	2.4	2.3	2.3	2.3	1.6	2.3	2.3	4	2	95.2
828	1	1.3	4.5	2	2	4.5	4	3.4	2.8	4.7	3.1	4	5	3	69.4
829	1	1	1.9	4.2	3.45	1.9	2.7	2.3	2.8	2.6	2.55	2.7	9	2	100
830	1	1	4.7	1.5	1.8	4.7	2.1	1.6	1	2.1	1.3	2.1	7	2	13.9
831	1	1	1	1.6	1.85	1	1.7	1.7	1.7	1	1.7	1.7	1	2	28.6
832	1	1	1.3	1	1	1.3	1	1	1	1.8	1	1	3	1	0

高校共青团微信公众号传播力的各项指标数据及模型输出值（续表Ⅰ）

序号	C16	C17	C18	C19	C20	C21	C22	C23	C24	C25	C26	C27	C28	C29
1	100	4.9	4.6	3.5	4	5	5	2	3	3	4416585	1043000	4167	186
2	100	4.9	4.9	3.5	4	5	5	2	3	3	2475479	2909616	4401	61
3	100	4.9	4.8	3.5	4	5	5	5	3	3	3040043	4222485	6889	248
4	100	4.9	4.3	3.5	4	5	4	5	3	3	2803515	8903021	648	93
5	100	4.3	4.5	3.5	4	5	5	5	3	3	3866188	1446372	1182	67
6	100	4.9	4.5	3.5	4	5	5	5	3	3	604838	1946553	3135	56
7	100	4.8	4.5	3.5	4	5	3	5	3	1	1340000	2909616	5520	92
8	100	4.4	4.3	3.5	4	5	3	5	3	3	235532	305944	676	49
9	100	4.4	4.3	3.5	4	5	4	5	3	3	489774	467643	487	64
10	100	4.6	4.2	3.5	4	5	3	5	4	3	707036	569947	335	60
11	100	3.6	2.9	3.5	4	5	5	2	1	3	37705	756422	12	56
12	100	3.7	4.5	3.5	4	5	5	5	5	3	1236417	196394	1546	239
13	100	4.8	4.5	3.5	4	5	4	5	5	3	477277	962773	1846	177
14	100	2.7	3.7	3.5	4	5	4	5	1	3	687062	567826	67	82
15	100	3	1.7	3.5	4	5	5	5	1	3	6406	140072	0	62
16	100	1.5	3.7	3.5	4	5	2	2	2	1	41467	69893	135	68
17	100	1.5	1.2	3.5	4	5	4	5	1	3	304552	207786	0	72
18	100	4.7	4.5	3.5	4	5	4	5	3	3	728457	167740	2000	137
19	100	4.9	4.5	3.5	4	5	5	2	5	3	889180	838263	2134	226
20	100	3.9	3.7	3	3	5	4	5	3	3	12053	44533	102	53
21	100	4.8	4.5	3.5	4	5	4	5	3	3	1163214	1674410	1587	467
22	100	4.1	4.3	3.5	4	5	3	5	4	1	105352	297680	491	298
23	100	2.5	3.7	3.5	4	5	3	2	2	3	729135	163494	167	164
24	100	2.2	2.9	3.5	4	5	3	2	1	1	9599	9341	1	6
25	100	3.7	2.9	3.5	4	5	5	2	3	3	16057	136	6	13
26	100	1.3	2.9	3.5	4	5	3	5	1	3	66897	101596	2	78
27	97.7	2.2	3.7	3.5	4	5	3	2	1	1	2486	4340	97	34
28	100	3.3	2.9	3.5	4	5	4	2	1	3	7786	14553	13	58
29	100	4.1	3.7	3.5	4	5	5	5	3	3	28748	24305	88	29
30	100	3.5	1.7	3	3	5	5	5	1	3	8672	6278	2	10
31	100	4.8	1.2	3.5	4	5	4	5	5	3	963779	140980	0	345
32	100	2.1	2.9	2.5	2	5	5	2	1	3	10798	8566	4	3

续表

序号	C16	C17	C18	C19	C20	C21	C22	C23	C24	C25	C26	C27	C28	C29
33	100	1.8	2.9	3.5	4	5	3	2	1	1	851	2075	16	45
34	100	3	1.7	3.5	4	5	3	5	1	1	7471	3503	0	25
35	100	4.6	3.7	3.5	4	5	4	5	3	3	17423	23942	231	39
36	100	3.2	2.9	3.5	4	5	5	2	1	3	8911	1173	9	36
37	100	4.8	1.2	3.5	4	5	5	5	3	3	534566	15497	0	167
38	100	4.9	3.7	3	3	5	5	2	3	3	44412	21126	84	23
39	100	4.3	4.3	3.5	4	5	5	2	4	3	364024	37108	250	134
40	98.1	4.4	4.5	3.5	4	5	5	5	4	3	203677	34052	3902	58
……	……	……	……	……	……	……	……	……	……	……	……	……	……	……
793	98	1.3	1.1	3.5	4	5	2	1	1	1	193	966	0	25
794	100	2.8	1.1	3.5	4	5	3	3	2	1	5286	26465	0	54
795	100	2.7	1.1	3	3	5	5	3	1	3	11090	35213	0	1
796	100	2.9	1.1	3.5	4	5	3	3	1	3	5286	1334	0	2
797	50	1.7	1.1	3.5	4	5	5	3	1	3	2967	5573	0	16
798	92	2.3	4.1	3.5	4	5	4	3	3	1	9965	32145	17	34
799	100	1.5	1.1	3.5	4	5	2	3	1	1	5007	4541	0	45
800	100	3.6	2.9	3.5	4	5	5	3	5	3	22702	29225	644	21
801	98	2.5	1.1	3.5	4	5	4	3	2	1	6001	19442	0	2
802	85.7	2.4	1.1	3.5	4	5	5	3	1	3	2161	2134	0	2
803	100	2.3	1.1	3.5	4	5	3	3	1	1	7084	4345	0	4
804	100	2	1.1	3.5	4	5	3	3	1	3	4847	11743	0	12
805	100	3.1	2.9	3.5	4	5	3	3	5	1	20155	40123	38	45
806	100	1	1.1	3.5	4	5	2	1	1	1	25	335	0	0
807	50	3	1.1	3.5	4	5	2	3	1	1	7222	9122	0	1
808	100	3.5	1.1	3.5	4	5	2	1	1	1	32045	82413	0	28
809	100	2.9	2.1	3.5	4	5	5	3	2	3	9102	18161	3	7
810	100	4.4	1.1	3.5	4	5	5	3	5	1	16585	27851	0	27
811	60	2.6	2.9	3.5	4	5	5	3	1	3	17805	31712	7	1171
812	100	3.6	2.9	3.5	4	5	4	3	3	3	21556	47234	2	72
813	92	3.5	2.1	3.5	4	5	3	3	2	3	10337	40445	2	40
814	98	3.5	2.1	3.5	4	5	4	3	3	3	24592	6052	2	60
815	62	2.2	1.1	3.5	4	5	1	1	2	1	6582	202	0	16
816	86	3.7	1.3	3.5	4	5	3	3	3	3	14078	12175	3	22
817	95	3.6	2.1	3.5	4	5	3	3	2	3	35867	56634	9	16
818	96	3.9	1.1	3.5	4	5	2	3	2	3	8903	2522	0	5

续表

序号	C16	C17	C18	C19	C20	C21	C22	C23	C24	C25	C26	C27	C28	C29
819	100	1.3	1.1	3.5	4	5	1	1	2	1	2126	2565	0	2
820	92	4.1	1.1	3.5	4	5	2	3	3	3	66914	3646	0	56
821	86.4	3.1	1.1	3.5	4	5	3	3	3	3	5470	5736	0	35
822	50	1.6	2.1	3.5	4	5	1	3	2	1	7166	2127	0	12
823	100	2.5	1.1	3.5	4	5	1	1	1	3	26390	6463	0	43
824	100	4.7	2.1	3.5	4	5	3	3	4	3	13799	12354	8	21
825	100	2	2.1	3.5	4	5	1	3	2	3	8766	3242	0	4
826	92	4.2	1.1	3.5	4	5	2	3	4	3	4373	1871	0	15
827	100	2.4	1.1	3.5	4	5	1	3	2	1	2309	2216	0	2
828	82.4	4.5	2.9	3.5	4	5	4	3	3	3	170661	6251	66	23
829	97.6	1.9	1.1	3.5	4	5	2	1	2	3	7277	8955	0	19
830	83.7	4.7	2.1	3.5	4	5	4	3	2	3	4418	8151	0	5
831	85.7	1	1.1	2.5	4	3	1	1	2	1	28	162	0	4
832	0	1.3	1.1	3.5	4	5	1	1	1	1	3184	1229	0	0

高校共青团微信公众号传播力的各项指标数据及模型输出值（续表Ⅱ）

序号	C30	C31	C32	C33	C34	C35	C36	C37	C38	C39	C40	C41	C42	C43	y
1	48570	25074	1.7	1.1	1.4	2.1	2.7	2.4	3.7	3.1	3.4	4.4	4.1	4.7	4.41
2	23101	21335	1.7	1.1	1.4	2.1	2.7	2.4	3.7	3.1	3.4	4.4	4.1	4.7	4.30
3	65950	51869	1.7	1.1	1.4	2.1	2.7	2.4	3.7	3.1	3.4	4.4	4.1	4.7	4.45
4	50236	55693	1.7	1.1	1.4	2.1	2.7	2.4	3.7	3.1	3.4	4.4	4.1	4.7	4.38
5	12004	9303	1.7	1.1	1.4	2.1	2.7	2.4	3.7	3.1	3.4	4.4	4.1	4.7	4.35
6	23146	26230	1.7	1.1	1.4	2.1	2.7	2.4	3.7	3.1	3.4	4.4	4.1	4.7	4.40
7	23101	21335	1.7	1.1	1.4	2.1	2.7	2.4	3.7	3.1	3.4	4.4	4.1	4.7	4.25
8	3850	2404	1.7	1.1	1.4	2.1	2.7	2.4	3.7	3.1	3.4	4.4	4.1	4.7	4.29
9	7361	7124	1.7	1.1	1.4	2.1	2.7	2.4	3.7	3.1	3.4	4.4	4.1	4.7	4.28
10	1783	4312	1.7	1.1	1.4	2.1	2.7	2.4	3.7	3.1	3.4	4.4	4.1	4.7	4.38
11	71	17	1.7	1.1	1.4	2.1	2.7	2.4	3.7	3.1	3.4	4.4	4.1	4.7	3.64
12	1712	1681	1.7	1.1	1.4	2.1	2.7	2.4	3.7	3.1	3.4	4.4	4.1	4.7	4.38
13	8157	2571	1.7	1.1	1.4	2.1	2.7	2.4	3.7	3.1	3.4	4.4	4.1	4.7	4.50
14	6792	4373	1.7	1.1	1.4	2.1	2.7	2.4	3.7	3.1	3.4	4.4	4.1	4.7	3.92
15	420	735	1.7	1.1	1.4	2.1	2.7	2.4	3.7	3.1	3.4	4.4	4.1	4.7	3.75
16	936	699	1.7	1.1	1.4	2.1	2.7	2.4	3.7	3.1	3.4	4.4	4.1	4.7	3.60
17	977	2153	1.7	1.2	1.5	2.2	2.7	2.4	3.7	3.1	3.4	4.4	4.1	4.7	3.76
18	13498	23351	1.7	1.1	1.4	2.1	2.7	2.4	3.7	3.1	3.4	4.4	4.1	4.7	4.31
19	5325	5141	1.7	1.1	1.4	2.1	2.7	2.4	3.7	3.1	3.4	4.4	4.1	4.7	4.43
20	110	219	1.7	1.1	1.4	2.1	2.7	2.4	3.7	3.1	3.4	4.4	4.1	4.7	3.94
21	11395	16863	1.7	1.1	1.4	2.1	2.7	2.4	3.7	3.1	3.4	4.4	4.1	4.7	4.33
22	1209	1565	1.7	1.1	1.4	2.1	2.7	2.4	3.7	3.1	3.4	4.4	4.1	4.7	4.17
23	964	1812	1.7	1.1	1.4	2.1	2.7	2.4	3.7	3.1	3.4	4.4	4.1	4.7	3.81
24	16	19	1.7	1.2	1.5	2.2	2.7	2.5	3.7	3.1	3.4	4.4	4.2	4.7	3.23
25	29	24	1.7	1.2	1.5	2.2	2.7	2.4	3.7	3.1	3.4	4.4	4.1	4.7	3.82
26	19	1306	1.7	1.2	1.4	2.2	2.7	2.4	3.7	3.1	3.4	4.4	4.1	4.7	3.71
27	528	444	1.7	1.1	1.4	2.1	2.7	2.4	3.7	3.1	3.4	4.4	4.1	4.7	3.46
28	57	54	1.7	1.2	1.4	2.2	2.7	2.4	3.7	3.1	3.4	4.4	4.1	4.7	3.66
29	148	286	1.7	1.1	1.4	2.1	2.7	2.4	3.7	3.1	3.4	4.4	4.1	4.7	4.15
30	26	12	1.7	1.2	1.5	2.2	2.8	2.5	3.8	3.1	3.5	4.4	4.2	4.8	3.62
31	9599	9420	1.7	1.1	1.4	2.1	2.7	2.4	3.7	3.1	3.4	4.4	4.1	4.7	4.35
32	53	26	1.7	1.2	1.5	2.2	2.7	2.4	3.7	3.1	3.4	4.4	4.1	4.7	3.45

续表

序号	C30	C31	C32	C33	C34	C35	C36	C37	C38	C39	C40	C41	C42	C43	y
33	156	206	1.7	1.2	1.4	2.1	2.7	2.4	3.7	3.1	3.4	4.4	4.1	4.7	3.48
34	76	9	1.8	1.2	1.5	2.3	2.8	2.5	3.8	3.2	3.6	4.5	4.2	4.8	3.41
35	12	22	1.7	1.1	1.4	2.1	2.7	2.4	3.7	3.1	3.4	4.4	4.1	4.7	3.87
36	22	21	1.7	1.2	1.5	2.2	2.7	2.4	3.7	3.1	3.4	4.4	4.1	4.7	3.50
37	2142	1895	1.7	1.1	1.4	2.1	2.7	2.4	3.7	3.1	3.4	4.4	4.1	4.7	4.27
38	426	298	1.7	1.1	1.4	2.1	2.7	2.4	3.7	3.1	3.4	4.4	4.1	4.7	4.07
39	5267	10520	1.7	1.1	1.4	2.1	2.7	2.4	3.7	3.1	3.4	4.4	4.1	4.7	4.30
40	2552	4524	1.7	1.1	1.4	2.1	2.7	2.4	3.7	3.1	3.4	4.4	4.1	4.7	4.35
……	……	……	……	……	……	……	……	……	……	……	……	……	……	……	……
793	0	9	1.8	1.2	1.5	2.3	2.8	2.5	3.8	3.2	3.6	4.5	4.2	4.8	2.61
794	48	650	1.7	1.2	1.5	2.2	2.8	2.5	3.8	3.2	3.5	4.4	4.2	4.8	3.38
795	0	4	1.8	1.2	1.6	2.3	2.8	2.5	3.8	3.2	3.6	4.6	4.2	4.8	2.91
796	0	21	1.8	1.2	1.5	2.2	2.8	2.5	3.8	3.2	3.5	4.5	4.2	4.8	3.04
797	5	9	1.9	1.3	1.6	2.3	2.9	2.6	3.9	3.3	3.6	4.6	4.2	4.9	2.90
798	108	683	1.7	1.1	1.4	2.1	2.7	2.4	3.7	3.1	3.4	4.4	4.1	4.7	3.53
799	2	1	1.8	1.2	1.5	2.3	2.8	2.5	3.8	3.2	3.6	4.5	4.2	4.8	2.69
800	11579	38441	1.7	1.1	1.4	2.1	2.7	2.4	3.7	3.1	3.4	4.4	4.1	4.7	4.00
801	2	0	1.8	1.2	1.5	2.3	2.8	2.5	3.8	3.2	3.6	4.5	4.2	4.8	2.95
802	0	3	1.8	1.2	1.6	2.3	2.8	2.5	3.8	3.2	3.6	4.6	4.2	4.9	2.98
803	0	1	1.8	1.2	1.5	2.3	2.8	2.5	3.8	3.2	3.6	4.5	4.2	4.8	2.76
804	53	226	1.8	1.2	1.5	2.3	2.8	2.5	3.8	3.2	3.5	4.5	4.2	4.8	3.18
805	42	260	1.7	1.1	1.4	2.1	2.7	2.4	3.7	3.1	3.4	4.4	4.1	4.7	3.67
806	1	1	1.8	1.2	1.5	2.3	2.8	2.5	3.8	3.2	3.5	4.5	4.2	4.8	2.59
807	1	4	1.9	1.3	1.6	2.3	2.9	2.6	3.9	3.3	3.6	4.6	4.2	4.9	2.83
808	0	0	1.8	1.2	1.5	2.3	2.8	2.5	3.8	3.2	3.6	4.5	4.2	4.8	2.75
809	23	77	1.7	1.2	1.5	2.2	2.7	2.4	3.7	3.1	3.4	4.4	4.2	4.7	3.45
810	22	53	1.8	1.2	1.5	2.2	2.8	2.5	3.8	3.2	3.5	4.5	4.2	4.8	3.68
811	116	257	1.8	1.2	1.5	2.3	2.8	2.5	3.8	3.2	3.6	4.5	4.2	4.8	3.45
812	19	55	1.7	1.2	1.5	2.2	2.7	2.4	3.7	3.1	3.4	4.4	4.1	4.7	3.48
813	5	15	1.7	1.2	1.5	2.2	2.8	2.5	3.8	3.1	3.5	4.4	4.2	4.8	3.18
814	5	12	1.7	1.2	1.5	2.2	2.8	2.5	3.7	3.1	3.5	4.4	4.2	4.7	3.32
815	3	5	1.9	1.3	1.6	2.3	2.9	2.6	3.9	3.3	3.6	4.6	4.2	4.9	2.77
816	7	8	1.8	1.2	1.5	2.3	2.8	2.5	3.8	3.2	3.6	4.5	4.2	4.8	3.24
817	6	9	1.7	1.2	1.5	2.2	2.7	2.5	3.7	3.1	3.4	4.4	4.2	4.7	3.23
818	8	10	1.8	1.2	1.5	2.3	2.8	2.5	3.8	3.2	3.6	4.5	4.2	4.8	3.17

续表

序号	C30	C31	C32	C33	C34	C35	C36	C37	C38	C39	C40	C41	C42	C43	y
819	0	5	1.8	1.2	1.5	2.3	2.8	2.5	3.8	3.2	3.6	4.5	4.2	4.8	2.63
820	10	15	1.8	1.2	1.6	2.3	2.8	2.5	3.8	3.2	3.6	4.6	4.2	4.8	3.30
821	4	31	1.8	1.2	1.6	2.3	2.9	2.5	3.8	3.2	3.6	4.6	4.2	4.9	3.21
822	0	28	1.9	1.3	1.6	2.3	2.9	2.6	3.9	3.3	3.6	4.6	4.2	4.9	2.80
823	2	15	1.8	1.2	1.5	2.3	2.8	2.5	3.8	3.2	3.6	4.5	4.2	4.8	2.86
824	10	22	1.7	1.2	1.5	2.2	2.7	2.4	3.7	3.1	3.4	4.4	4.1	4.7	3.48
825	0	74	1.7	1.2	1.5	2.2	2.8	2.5	3.7	3.1	3.5	4.4	4.2	4.7	2.98
826	12	15	1.8	1.2	1.6	2.3	2.8	2.5	3.8	3.2	3.6	4.5	4.2	4.8	3.39
827	5	12	1.8	1.2	1.5	2.3	2.8	2.5	3.8	3.2	3.5	4.5	4.2	4.8	2.91
828	14	258	1.7	1.2	1.5	2.2	2.7	2.4	3.7	3.1	3.4	4.4	4.2	4.7	3.61
829	15	25	1.8	1.2	1.5	2.3	2.8	2.5	3.8	3.2	3.6	4.5	4.2	4.8	3.02
830	0	8	1.8	1.2	1.6	2.3	2.8	2.5	3.8	3.2	3.6	4.6	4.2	4.9	3.15
831	1	2	1.9	1.3	1.6	2.3	2.9	2.6	3.9	3.2	3.6	4.6	4.2	4.9	2.41
832	0	0	1.9	1.3	1.6	2.3	2.9	2.6	3.9	3.3	3.6	4.6	4.3	4.9	2.35

（本书选取应用样本共计 832 个，因考虑到篇幅问题，仅选取 80 个样本数据进行展示）

主要参考文献

一、著作类

[1]《马克思恩格斯选集》第 3 卷，人民出版社 2012 年版。

[2] 冯刚等:《高校思想政治教育工作质量评价研究》，人民出版社 2020 年版。

[3] 郑永廷等:《思想政治教育学原理（第二版）》，高等教育出版社 2018 年版。

[4] 张耀灿等:《现代思想政治教育学》，人民出版社 2006 年版。

[5] [美] 尼古拉・尼葛洛庞帝:《数字化生存》，胡泳、范海燕译，海南出版社 1997 年版。

[6] 顾明远:《中国教育的文化基础》，山西教育出版社 2004 年版。

[7] 孙培青主编:《中国教育史》，华东师范大学出版社 2009 年版。

[8] 邱伟光、张耀灿主编:《思想政治教育学原理》，高等教育出版社 1999 年版。

[9] 陈秉公主编:《思想政治教育学基础理论研究》，吉林大学出版社 2007 年版。

[10] 曾令辉等编著:《网络思想政治教育概论》，广西民族出版社 2002 年版。

[11] 杨立英:《网络思想政治教育论》，人民出版社 2003 年版。

[12] 万美容:《思想政治教育方法发展研究》，中国社会科学出版社 2007 年版。

[13] 刘新庚:《现代思想政治教育方法论》，人民出版社 2008 年版。

[14] 徐建军:《大学生网络思想政治教育理论与方法》，人民出版社 2010 年版。

[15] 王龙华主编:《金融企业 E-Learning 理论与实务》，中国金融出版社 2010 年版。

[16] 谢海光主编:《互联网与思想政治工作概论》，复旦大学出版社 2000 年版。

[17] 郭庆光:《传播学教程（第二版)》，中国人民大学出版社 2011 年版。

[18] [美] 凯斯・桑斯坦:《网络共和国》，黄维明译，上海人民出版社 2003 年版。

[19]（唐）李延寿:《北史》，中华书局 1974 年版。

[20] 邵培仁:《传播学（第三版)》，高等教育出版社 2015 年版。

[21] [美] 威尔伯・施拉姆、威廉・波特:《传播学概论》，陈亮、周立方、李启译，新华出版社 1984 年版。

[22] [美] 曼纽尔・卡斯特:《传播力》，汤景泰、星辰译，社会科学文献出版社 2018 年版。

[23] 方勇译注:《孟子》，中华书局 2015 年版。

[24] [美] 哈罗德・拉斯韦尔:《社会传播的结构与功能》，何道宽译，中国传媒大学出版社 2017 年版。

[25] 中国社会科学院语言研究所词典编辑室编:《现代汉语词典（第 7 版)》，商务印书馆 2016 年版。

[26] 夏征农、陈至立主编:《辞海（第六版彩图本)》，上海辞书出版社 2009 年版。

[27] 胡正荣等:《传播学总论》，清华大学出版社 2008 年版。

[28] 刘军:《社会网络分析导论》，社会科学文献出版社 2004 年版。

[29] 刘军编著:《整体网分析讲义：UCINET 软件实用指南》，格致出版社 2009 年版。

[30] [美]罗纳德・S. 伯特:《结构洞：竞争的社会结构》，任敏、李璐、林虹译，格致出版社、上海人民出版社 2017 年版。

[31] [美] 卡尔・霍夫兰、欧文・贾尼斯、哈罗德・凯利:《传播与劝服：关于态度转变的心理学研究》，张建中、李雪晴、曾苑等译，彭增军校，中国人民大学

出版社 2015 年版。

[32] 龚文庠：《说服学：攻心的学问》，人民出版社 1998 年版。

[33] 朱智贤主编：《心理学大词典》，北京师范大学出版社 1989 年版。

[34] [美] 安德森等编著：《布卢姆教育目标分类学：分类学视野下的学与教及其测评：完整版》，蒋小平等译，外语教学与研究出版社 2009 年版。

[35] [美] 约书亚·梅罗维茨：《消失的地域：电子媒介对社会行为的影响》，肖志军译，清华大学出版社 2002 年版。

二、报纸网络类

[1]《中共中央　国务院印发〈关于新时代加强和改进思想政治工作的意见〉》，《人民日报》2021 年 7 月 13 日。

[2] 朱永新：《教育要积极应对中国式现代化战略需求》，2022 年 10 月 27 日，见 http://www.jyb.cn/rmtzcg/xwy/wzxw/202210/t20221027_2110962595.html。

[3] 韩宪洲：《推进落实立德树人根本任务》，2021 年 3 月 17 日，见 http://www.nopss.gov.cn/n1/2021/0317/c219544-32053623.html。

[4] 杜尚泽：《"'大思政课'我们要善用之"(微镜头·习近平总书记两会"下团组"·两会现场观察)》，《人民日报》2021 年 3 月 7 日。

[5] 袁新文等：《中国教育，把答卷写在人民的心上——党的十八大以来我国教育事业改革发展成就综述》，2017 年 9 月 9 日，见 http://www.moe.gov.cn/jyb_xwfb/s5147/201709/t20170909_314031.html。

[6] 中国互联网络信息中心：《第 52 次中国互联网络发展状况统计报告》，2023 年 8 月 28 日，见 https://cnnic.cn/NMediaFile/2023/0908/MAIN1694151810549M3LV0UWO AV.pdf。

[7] 北京大学新闻网：《陈刚：传播力是个很有价值的概念》，2006 年 9 月 7 日，见 https://news.pku.edu.cn/wyyd/dslt/139-109250.htm。

[8] 中华人民共和国教育部：《中共教育部党组关于印发〈高校思想政治工作质量提升工程实施纲要〉的通知》，2017 年 12 月 6 日，见 http://www.moe.gov.cn/srcsite/A12/s7060/201712/t20171206_320698.html。

[9] 中华人民共和国教育部：《教育部等八部门关于加快构建高校思想政治工作体系的意见》，2020 年 5 月 12 日，见 http://www.moe.gov.cn/srcsite/A12/moe_1407/s253/202005/t20200511_452697.html。

[10] 中华人民共和国教育部思政司：《教育部思想政治工作司 2022 年工作要点》，2022 年 3 月 3 日，见 http://www.moe.gov.cn/s78/A12/gongzuo/yaodian/202203/t20220303_604031.html。

[11] 怀进鹏：《不断推动高校思想政治工作高质量发展》，2021 年 12 月 10 日，见 http://www.qstheory.cn/qshyjx/2021-12/10/c_1128149907.htm。

[12] 张汉静：《高校须坚持社会主义办学方向》，2016 年 12 月 22 日，见 http://theory.people.com.cn/n1/2016/1222/c40531-28968239.html。

[13] 中华人民共和国教育部：《共青团中央　教育部关于印发〈关于加强和改进新形势下高校共青团思想政治工作的意见〉的通知》，2017 年 6 月 1 日，见 http://www.moe.gov.cn/jyb_xxgk/moe_1777/moe_1779/201709/t20170914_314466.html。

[14] 华中师范大学：《华中师范大学依托“互联网 +”做好学生工作》，2017 年 2 月 21 日，见 http://www.moe.gov.cn/jyb_xwfb/s6192/s133/s201/201702/t20170221_296815.html。

[15] 中华人民共和国教育部：《教育部关于印发〈教育信息化 2.0 行动计划〉的通知》，2018 年 4 月 25 日，见 http://www.moe.gov.cn/srcsite/A16/s3342/201804/t20180425_334188.html。

[16] 重大新闻网：《重庆大学师生网络素养指南（试行）》，2021 年 12 月 3 日，见 https://news.cqu.edu.cn/archives/notice/content/2021/12/03/befa2b19820da7401dbf672069d4af99a040c200.html。

[17] 中华人民共和国教育部：《华南师范大学抢占互联网新阵地　探索大学生思想政治教育新路径》，2016 年 12 月 9 日，见 http://www.moe.gov.cn/jyb_sjzl/

s3165/201612/t20161209_291425.html。

[18] 高校思政网：《北京大学：以精品化内容造就育人品牌》，2022 年 7 月 15 日，见 https://news.pku.edu.cn/mtbdnew/e57ed3db40c34a16988401e542ef3f55.htm。

[19] 祝鑫：《“榜样你好！”党史人物主题视频讲述活动》，2023 年 5 月 5 日，见 https://dxs.moe.gov.cn/zx/a/fdy_zt_dljytx_gzal/230505/1829879.shtml。

[20] 郑淼文：《构建网络育人“朋友圈”，推动思政工作“入心田”》，2022 年 4 月 21 日，见 https://dxs.moe.gov.cn/zx/a/fdy_gxfdynlts_jyfx_yral/220421/1760973.shtml。

[21] 武汉大学新闻网：《第六届“我心中的思政课”全国高校大学生微电影展示活动颁奖礼成功举行》，2023 年 5 月 30 日，见 https://news.whu.edu.cn/info/1015/69850.htm。

[22] 华中科技大学：《华中科技大学积极推进“大思政课”建设》，2023 年 6 月 29 日，见 http://www.moe.gov.cn/jyb_xwfb/s6192/s133/s197/202306/t20230629_1066291.html。

[23] 华中科技大学：《华中科技大学着力推动大学生思想政治教育提质增效》，2018 年 8 月 28 日，见 http://www.moe.gov.cn/jyb_xwfb/s6192/s133/s197/201808/t20180828_346308.html。

[24] 北京理工大学：《媒体聚焦北理工“虚拟仿真思政课体验教学中心”落成》，2021 年 7 月 2 日，见 https://www.bit.edu.cn/xww/gbmtlg/mtjj2/48dead599bac436e83440db59138ae29.htm。

[25] 北京理工大学：《新华社等多家媒体报道北理工 VR（虚拟现实）技术思政课教学改革》，2016 年 12 月 12 日，见 https://www.bit.edu.cn/xww/mtlg/a134944.htm。

[26] 钱云光、张凤寒、范淑焕：《电子科技大学构建“1234”智慧网络育人平台推进精准思政》，2022 年 4 月 21 日，见 https://dxs.moe.gov.cn/zx/a/fdy_gxfdynlts_jyfx_yral/220421/1761302.shtml。

[27] 西北工业大学：《公开声明》，2022 年 6 月 22 日，见 https://mp.weixin.qq.com/s/c80DObh2IWRd4CTwM510CA。

[28] 上海交通大学新闻学术网：《上海交大扎实开展 2022 国家网络安全宣传

周主题活动》，2022 年 9 月 13 日，见 https://news.sjtu.edu.cn/jdyw/20220913/174275.html。

[29] 大连理工大学新闻网：《坚守网信保障阵地　服务校园精准抗疫》，2022 年 10 月 18 日，见 https://news.dlut.edu.cn/info/1022/79881.html。

[30] 西南交通大学新闻网：《西南交通大学开展国家网络安全宣传周系列活动》，2021 年 10 月 19 日，见 https://dxs.moe.gov.cn/zx/a/xyh_xyh_xnjtdx/211019/1733580.shtml。

三、期刊杂志类

[1] 杨志成：《善用“大思政课”要有大情怀》，《人民教育》2022 年第 18 期。

[2] 黄蓉生：《新时代高校思想政治教育创新若干特征论略》，《思想教育研究》2022 年第 5 期。

[3] 李正新：《总体国家安全观的刑法实践理性思考》，《政法论丛》2021 年第 6 期。

[4] 杨立冬、周江：《初高中思政课内容一体化建设的原则与途径》，《中学政治教学参考》2022 年第 7 期。

[5] 刘泾：《新媒体时代政府网络舆情治理模式创新研究》，《情报科学》2018 年第 12 期。

[6] 包圆圆：《本质性互动视阈下新媒体用户的主体性建构》，《现代传播（中国传媒大学学报）》2019 年第 10 期。

[7] 李静、陈镭月：《新媒体时代与社会治理的思考》，《西南民族大学学报（人文社会科学版）》2013 年第 8 期。

[8] 郭扬、李海洋：《新媒体时代大学生思政教育工作的探讨——评〈新时代大学生思政教育〉》，《中国高校科技》2022 年第 Z1 期。

[9] 于丽荣、孙浩峰：《微媒体对高校思想政治教育的挑战及应对》，《传媒》2017 年第 9 期。

[10] 刘强、刘红芹:《新媒体实践与高校思想政治教育传播体系建设》,《学校党建与思想教育》2018 年第 20 期。

[11] 徐稳、葛世林:《论思想政治教育亲和力提升的四重维度》,《思想政治教育研究》2021 年第 1 期。

[12] 李国娟:《高校加强中华优秀传统文化教育的理论思考与实践逻辑》,《思想理论教育》2015 年第 4 期。

[13] 平章起、王迎新:《科学发展观指导下的思想政治教育学科建设》,《国家教育行政学院学报》2010 年第 9 期。

[14] 上官莉娜、王晓霞:《比较思想政治教育研究:历程、议题与发展》,《思想理论教育》2014 年第 8 期。

[15] 董媛媛、邓宏宝:《日本高等专门学校工匠精神培育研究》,《职业技术教育》2020 年第 5 期。

[16] 刘梅:《思想政治教育的现代方式——论网络思想政治教育建设》,《河南师范大学学报(哲学社会科学版)》2000 年第 2 期。

[17] 杨立英:《论网络思想政治教育的主客体关系特性与教育创新》,《思想理论教育导刊》2005 年第 11 期。

[18] 赵路:《网络思想政治教育的内涵及其运用》,《江西行政学院学报》2004 年第 S2 期。

[19] 韦吉锋:《关于网络思想政治教育界定的科学审视》,《学校党建与思想教育》2003 年第 2 期。

[20] 周飞、孙群:《试论网络思想政治工作方法体系的构建》,《安徽大学学报(哲学社会科学版)》2005 年第 2 期。

[21] 张瑜:《网络思想政治教育研究:发展历程、问题与方法》,《思想理论教育导刊》2016 年第 10 期。

[22] 唐登芸、吴满意:《网络思想政治教育研究:历程、问题与转向》,《思想理论教育》2017 年第 1 期。

[23] 檀江林、吴玉梅:《大数据时代大学生思想政治教育路径探究》,《思想理

论教育》2016 年第 3 期。

[24] 陈华栋：《互联网思维模式下高校网络思想政治教育的思考》，《思想理论教育导刊》2016 年第 8 期。

[25] 朱小娟：《从网民关注点谈网络思想政治教育内容的优化》，《思想教育研究》2016 年第 2 期。

[26] 张凤寒、钱云光、张琼：《新时代高校大学生网络思想政治教育内容构建》，《思想政治教育研究》2021 年第 6 期。

[27] 张明明：《微博、微信网络环境下高校思想政治教育研究》，《思想理论教育导刊》2014 年第 4 期。

[28] 刘辉、宇文利：《APP ：大学生思想政治教育的新兴载体》，《思想教育研究》2016 年第 1 期。

[29] 王维、张越：《微信作为思政新媒体平台的生成机制与赋权价值》，《高教探索》2018 年第 2 期。

[30] 骆郁廷、李勇图：《抖出正能量：抖音在大学生思想政治教育中的运用》，《思想理论教育》2019 年第 3 期。

[31] 刘显忠、代金平：《论高校网络思想政治教育方法的创新》，《探索》2009 年第 1 期。

[32] 李德才、李凡：《网络环境下思想政治教育理论和方法创新》，《思想理论教育导刊》2011 年第 8 期。

[33] 曾令辉：《论网络思想政治教育方法的创新发展》，《学校党建与思想教育》2018 年第 19 期。

[34] 王贺：《网络时代大学生思想政治教育实效性探析》，《思想教育研究》2012 年第 5 期。

[35] 陈华巍、王贵新、刘国军：《新媒体视域下大学生思想政治教育有效路径论析》，《思想教育研究》2016 年第 3 期。

[36] 张允若：《关于网络传播的一些理论思考》，《国际新闻界》2002 年第 1 期。

[37] 邓新民：《自媒体：新媒体发展的最新阶段及其特点》，《探索》2006 年第

2 期。

[38] 杨清波、张莉萍：《网络问政的传播特征与引导艺术》，《新闻爱好者》2010 年第 24 期。

[39] 于潇、张高华、张彦龙：《媒介融合环境下体育新闻的变化与发展》，《新闻战线》2016 年第 6 期。

[40] 方兴东、严峰、钟祥鸣：《大众传播的终结与数字传播的崛起——从大教堂到大集市的传播范式转变历程考察》，《现代传播（中国传媒大学学报）》2020 年第 7 期。

[41] 王楠：《网络舆情群体极化的形成机理与传播路径研究》，《思想教育研究》2021 年第 9 期。

[42] 陈红梅：《网络表达及其对社会的影响——近十年来国外网络传播研究述略》，《新闻记者》2004 年第 9 期。

[43] 于洪卿：《论传播学视野下的思想政治教育》，《湖湘论坛》2008 年第 2 期。

[44] 段海超、元林：《思想政治教育网络传播受众动机特征及对策分析》，《北京工业大学学报（社会科学版）》2010 年第 2 期。

[45] 元林、李美清：《思想政治教育网络传播过程管理的困境与破解研究》，《思想理论教育导刊》2010 年第 6 期。

[46] 吴勇：《网络传播下的媒介素养教育——当代大学生思想政治教育的新领域》，《学术论坛》2011 年第 3 期。

[47] 李基礼：《“微时代”思想政治教育控制问题与方法协同创新》，《学校党建与思想教育》2018 年第 15 期。

[48] 刘晓琳、曹银忠：《网络思想政治教育内容特殊性及其传播策略》，《学校党建与思想教育》2023 年第 2 期。

[49] 张春华：《传播力：一个概念的界定与解析》，《求索》2011 年第 11 期。

[50] 孙伟、梁赛平：《精准传播：高职高专期刊品牌塑造》，《中国出版》2018 年第 21 期。

[51] 谢湖伟、朱单利、黎铠垚：《“四全媒体”传播效果评估体系研究》，《传媒》

2020 年第 19 期。

[52] 张波、陈伟:《我国科普期刊的短视频传播力与提升策略》,《中国科技期刊研究》2022 年第 7 期。

[53] 张宇、任福兵:《基于 AHP- 熵权法的智库网络传播力评价研究》,《情报科学》2017 年第 3 期。

[54] 苏如娟:《高校思想政治教育网络传播力提升策略探讨》,《学校党建与思想教育》2019 年第 2 期。

[55] 王虹:《新时期占领网络思想政治教育高地的原因和对策》,《教育与职业》2019 年第 9 期。

[56] 苏光鸿:《高校官方微博价值引领问题及应对策略》,《出版广角》2018 年第 14 期。

[57] 林晶、王世强:《高校官方微博影响力评价及对策研究》,《情报科学》2019 年第 4 期。

[58] 王怡红:《澳大利亚大众传媒管理考察》,《新闻与传播研究》1994 年第 3 期。

[59] 袁艳:《新闻传播绩效评估研究》,《中南民族大学学报(人文社会科学版)》2004 年第 6 期。

[60] 戴维民:《"网络为王"时代的媒体公信力认定——网络媒体评价指标与方法》,《图书情报工作》2004 年第 1 期。

[61] 袁艳、申凡:《新闻传播绩效评估研究》,《当代传播》2004 年第 6 期。

[62] 王茂胜、邵莉莉:《思想政治教育评价的科学内涵及其特征》,《学校党建与思想教育》2002 年第 21 期。

[63] 徐志远、宾培英、韩冰:《思想政治教育评价:现代思想政治教育学的重要范畴》,《学校党建与思想教育(上半月)》2008 年第 1 期。

[64] 吴立忠、王玉香:《论社会工作视角下高校学生思想政治教育评价的创新》,《中国青年研究》2016 年第 7 期。

[65] 冯刚:《改革开放以来高校思想政治教育质量评价的回顾与思考》,《教学与研究》2018 年第 3 期。

[66] 郑宏宇:《高校思想政治教育元评价的理论探讨与实践路径》,《黑龙江高教研究》2022 年第 12 期。

[67] 谭亚莉、李影:《思想政治教育增值评价的内涵审视、价值检视与实践透视》,《思想教育研究》2023 年第 4 期。

[68] 张宇明:《论思想政治教育评价的新形式:网络评价》,《学校党建与思想教育》2003 年第 7 期。

[69] 李伟东、刘敏姬:《论网络思想政治教育评价的特性》,《湖北社会科学》2010 年第 3 期。

[70] 姜晓丽:《大学生网络思想政治教育实效性评价体系研究》,《思想教育研究》2010 年第 6 期。

[71] 张文明:《南方报业媒体融合转型的"南方特色"分析》,《传媒》2022 年第 15 期。

[72] 张莉:《网络视频的传播效果及提升策略——基于大学生网络视频使用行为的调查》,《电视研究》2010 年第 10 期。

[73] 马贵侠、谢栋:《新媒体时代民间公益组织网络传播进路及拓展策略》,《新闻界》2014 年第 7 期。

[74] 师喆、兰月新:《网络舆情环境下政府公信力提升策略研究》,《电子政务》2015 年第 6 期。

[75] 罗雪:《社交网络中全球媒体的国际传播效果提升策略研究——基于 CGTN 和 BBC 推特账户的比较分析》,《电视研究》2018 年第 2 期。

[76] 马凯:《网络场域下黄河文化传播力提升策略研究》,《新闻爱好者》2022 年第 12 期。

[77] 任艳妮、秦燕:《大众传媒环境下大学生社会主义核心价值观的引导与培育》,《西安交通大学学报(社会科学版)》2014 年第 2 期。

[78] 林洁、马建青:《新时代高校思想政治教育话语发展的着力点》,《思想教育研究》2020 年第 3 期。

[79] 吕春宇、吴林龙:《新时代高校思想政治教育实效性提升策略》,《学校党

建与思想教育》2020 年第 23 期。

[80] 杨季兵、汪建华：《提升高校思想政治教育能力的三重维度：价值意义、基本内容与现实路径》，《黑龙江高教研究》2022 年第 9 期。

[81] 孙巍、韦桂娥：《社交媒体环境下大学生思想政治教育的创新》，《学校党建与思想教育》2023 年第 6 期。

[82] 蒲伟、许佳辉：《增强高校网络思想政治教育实效性研究》，《思想教育研究》2008 年第 6 期。

[83] 魏晓文、李晓虹：《大学生思想政治教育网络话语权建构的策略探讨》，《思想理论教育》2014 年第 10 期。

[84] 钱敏、邬盛根：《民族地区社会主义核心价值观网络话语传播力提升的策略研究》，《贵州民族研究》2019 年第 3 期。

[85] 毛娜、胡树祥：《善用分众传播方式　提升网络思想政治教育的传播影响力》，《思想教育研究》2020 年第 6 期。

[86] 商丹、董亚超：《社会网络视角下提升高校思想政治教育要素有效性的策略》，《思想理论教育导刊》2020 年第 11 期。

[87] 朝戈金：《口头 · 无形 · 非物质遗产漫议》，《读书》2003 年第 10 期。

[88] 罗筠筠、庄谦之：《“仓颉造字”说的形成与汉字内涵的演变》，《开放时代》2021 年第 3 期。

[89] 陈五云：《汉字的起源和形成》，《上海师范大学学报（哲学社会科学版）》1996 年第 3 期。

[90] 杨保军：《扬弃：新闻媒介形态演变的基本规律》，《新闻大学》2019 年第 1 期。

[91] 梁广成：《互动传播在新媒体时代的嬗变》，《出版广角》2022 年第 3 期。

[92] 高金萍：《全球化视域下的中国电影海外传播力研究——基于 2000—2018 年中国电影的国际舆论分析》，《学术界》2020 年第 7 期。

[93] 张春华、温卢：《重构关系：媒介融合背景下传播力提升的核心路径》，《新闻战线》2018 年第 13 期。

[94] 谢锦添:《新时代高校校报助力“双一流”建设的路径》,《青年记者》2018 年第 20 期。

[95] 沈正赋:《新媒体时代新闻舆论传播力、引导力、影响力和公信力的重构》,《现代传播(中国传媒大学学报)》2016 年第 5 期。

[96] 匡文波:《论网络传播学》,《国际新闻界》2001 年第 2 期。

[97] 张歌东、申家宁:《数字化时代的大众传播》,《现代传播》1999 年第 2 期。

[98] 张德育:《网络传播的个性化与现代人格的重塑》,《南京政治学院学报》2003 年第 1 期。

[99] 汤力峰、王学川:《自媒体环境下高校思想政治工作的创新》,《中国青年研究》2012 年第 3 期。

[100] 骆郁廷、余杰:《疫情防控背景下网络舆论的特点及其引导》,《学校党建与思想教育》2020 年第 9 期。

[101] 张莉曼、张向先、李中梅、卢恒:《基于 BP 神经网络的智库微信公众平台信息传播力评价研究》,《情报理论与实践》2018 年第 10 期。

[102] 李岩、曾维伦:《网络阅读对传播社会主义核心价值体系的影响与对策研究》,《河海大学学报(哲学社会科学版)》2012 年第 3 期。

[103] 李芳:《习近平新时代中国特色社会主义思想融入高校思想政治教育研究》,《学校党建与思想教育》2018 年第 8 期。

[104] 黄蓉生、崔健:《论新时代思想政治教育的学科使命》,《马克思主义理论学科研究》2018 年第 2 期。

[105] 刘建军:《接受理论对思想政治教育的启示》,《教学与研究》2000 年第 2 期。

[106] 赵野田:《试论思想政治教育的载体》,《思想教育研究》1999 年第 2 期。

[107] 曾令辉、贺才乐、陈敏:《思想政治教育载体研究的回顾与展望》,《思想教育研究》2014 年第 10 期。

[108] 何海兵:《思想政治教育载体的特征探析》,《理论与改革》2003 年第 5 期。

[109] 刘建明:《中国共产党宣传家是传播学主要原理的首创者》,《现代传播(中

国传媒大学学报)》2011 年第 10 期。

[110] 周葆华、冯钰婷:《新媒体事件中的传播关键节点:基于“两微一端”的跨事件、跨平台计算传播研究》,《新闻与写作》2023 年第 5 期。

[111] 周大勇、王秀艳:《互联网信息背景下经典传播理论的弱化与新变》,《图书馆学研究》2016 年第 18 期。

[112] 尚俊杰、霍晓丹、孙也程:《高校网络舆论领袖的作用及其引导策略》,《中国青年研究》2010 年第 8 期。

[113] 王文军:《法治新闻报道的传播学分析》,《法学》2011 年第 9 期。

[114] 刘永振:《对系统与要素的哲学思考》,《中州学刊》1985 年第 4 期。

[115] 陈乐香:《社会主义核心价值观在农村的传播与践行》,《人民论坛》2021 年第 Z1 期。

[116] 马彦蕾、张志庆:《蒋彝〈中国书法〉的传播学解读》,《中国书法》2019 年第 4 期。

[117] 李传兵、陆巧玲:《新媒体视域下高校党建工作创新思考》,《学校党建与思想教育》2017 年第 19 期。

[118] 李慧芳:《公民生态意识培育应由独白转向对话》,《人民论坛》2019 年第 4 期。

[119] 陆宇正、王凌超:《党的十八大以来职业教育宣传工作的传播效果评估——基于 2012—2022 年网络舆情数据的实证分析》,《教育与职业》2022 年第 20 期。

[120] 陈然:《政务社交媒体危机传播效果评价指标体系的构建》,《统计与决策》2019 年第 18 期。

[121] 苏成慧:《“计算 + 法律”的实现困境与理性考量——基于涉诉信访案件全过程推演的应用场景》,《华东政法大学学报》2023 年第 2 期。

[122] 冯刚、布超:《新时代思想政治工作体系建构的生成逻辑》,《学校党建与思想教育》2023 年第 1 期。

[123] 查先进、王贇芝、严亚兰、曹芬芳:《施引文献视角下国外认知转变研究进展》,《图书情报知识》2021 年第 1 期。

[124] 方海光、孔新梅、杜东燕、张铮:《教师教育培训内容演化自组织学习模型研究》,《电化教育研究》2022 年第 3 期。

[125] 罗晓露、黄艳丽、郝镓萍、马希丹:《家庭医生团队签约服务能力建设评估指标体系构建研究》,《中国全科医学》2019 年第 13 期。

[126] 李志春、李日辉、包长江:《文创产品相关评价研究综述及展望》,《包装工程》2023 年第 10 期。

[127] 李卉、李航敏:《基于 AHP-FCE 模型的末端物流服务质量评价》,《商业经济研究》2022 年第 20 期。

[128] 卜卫:《试论内容分析方法》,《国际新闻界》1997 年第 4 期。

[129] 徐宏伟、闫培新、吴敏、徐振宇、孙玉宝:《基于残差双注意力 U-Net 模型的 CT 图像囊肿肾脏自动分割》,《计算机应用研究》2020 年第 7 期。

[130] 范大昭、董杨、张永生:《卫星影像匹配的深度卷积神经网络方法》,《测绘学报》2018 年第 6 期。

[131] 冯刚、史宏月:《建构高校思想政治教育工作质量评价指标体系的方法与路径》,《东北师大学报(哲学社会科学版)》2020 年第 5 期。

[132] 王君超、郑恩:《"微传播"与表达权——试论微博时代的表达自由》,《现代传播(中国传媒大学学报)》2011 年第 4 期。

[133] 周翔、吴倩:《场域视角下"一带一路"推特传播网络结构分析与反思》,《中国地质大学学报(社会科学版)》2019 年第 2 期。

[134] 魏巍:《学科建设中六大要素间的互动关系——基于 71 所一流学科高校建设方案的政策文本及社会网络分析》,《江苏高教》2020 年第 8 期。

[135] 洪小娟、姜楠、洪巍、黄卫东:《媒体信息传播网络研究——以食品安全微博舆情为例》,《管理评论》2016 年第 8 期。

[136] 王炎龙、刘叶子:《基于社会网络分析的公益机构微博信息传播网络研究》,《新闻界》2019 年第 8 期。

[137] 王国华、魏程瑞、钟声扬、王雅蕾、王戈:《微博意见领袖的网络媒介权力之量化解读及特征研究——基于社会网络分析的视角》,《情报杂志》2015 年第 7 期。

[138] 曾润喜、朱迪:《政务短视频平台府际关系结构特征研究——基于公安政务抖音的社会网络分析》,《电子政务》2019 年第 10 期。

[139] 刘虹:《基于关注视角的高校微博信息交流实证分析》,《情报科学》2017 年第 1 期。

[140] 王鹏飞:《高校思想政治工作中情境要素的选择和利用》,《西南民族学院学报(哲学社会科学版)》2001 年第 S1 期。

[141] 陈寿祺:《论文献信息传播理论的几个问题》,《图书与情报》1998 年第 1 期。

[142] 李健、宋乃庆、王诗梦、孙小坚:《一项工具开发:如何才能测评学生美术素养?》,《华东师范大学学报(教育科学版)》2023 年第 6 期。

[143] 陈羽洁、张义兵、李艺:《素养是什么?——基于皮亚杰发生认识论知识观的演绎》,《电化教育研究》2021 年第 1 期。

[144] 梁丽:《大学生网络素养教育的融合式课程探索》,《学校党建与思想教育》2021 年第 1 期。

[145] 谭春辉:《网络口碑传播要素对浏览者信任感知的影响研究》,《兰州学刊》2017 年第 1 期。

[146] 王程伟、马亮:《政务短视频如何爆发影响力:基于政务抖音号的内容分析》,《电子政务》2019 年第 7 期。

[147] 王雪、王志军、候岸泽:《网络教学视频字幕设计的眼动实验研究》,《现代教育技术》2016 年第 2 期。

[148] 陈强、高幸兴、陈爽、胡君岩:《政务短视频公众参与的影响因素研究——以“共青团中央”政务抖音号为例》,《电子政务》2019 年第 10 期。

[149] 郭晓姝:《企业微博信息传播影响因素的实证研究》,《管理现代化》2015 年第 2 期。

[150] 刘晓娟、王昊贤、肖雪、董鑫鑫:《基于微博特征的政务微博影响因素研究》,《情报杂志》2013 年第 12 期。

[151] 喻国明、杨颖兮:《横竖屏视频传播感知效果的检测模型——从理论原理

到分析框架与指标体系》，《新闻界》2019 年第 5 期。

[152] 周逵、金鹿雅：《竖屏时代的来临：融媒体短视频类型前沿和趋势研究》，《电视研究》2018 年第 6 期。

[153] 翁玉莲：《新闻评论标题的语体标记性研究》，《新闻界》2011 年第 3 期。

[154] 宁海林、羊晚成：《重大突发公共卫生事件传播效果的影响因素实证分析——以卫健类抖音政务号为例》，《现代传播（中国传媒大学学报）》2021 年第 1 期。

[155] 贾文龙：《长三角地区"双一流"高校图书馆微信传播效果实证研究——基于头条信息标题的文本分析》，《图书馆工作与研究》2019 年第 2 期。

[156] 刘果、汪小伢：《标题特征对数字媒介内容传播效果的影响——基于新闻评论类微信公众号标题的实证研究》，《新闻与传播评论》2020 年第 6 期。

[157] 方婧、陆伟：《微信公众号信息传播热度的影响因素实证研究》，《情报杂志》2016 年第 2 期。

[158] 闫奕文、张海涛、孙思阳、宋拓：《基于 BP 神经网络的政务微信公众号信息传播效果评价研究》，《图书情报工作》2017 年第 20 期。

[159] 杨凤娇、孙雨婷：《主流媒体抖音号短视频用户参与度研究——基于〈人民日报〉抖音号的实证分析》，《现代传播（中国传媒大学学报）》2019 年第 5 期。

[160] 张路正、梅国平：《基于 SWOT 分析的政务抖音优化路径研究》，《电子政务》2019 年第 9 期。

[161] 郎劲松、沈青茁：《政务短视频的人格化传播：呈现与驱动——基于政务抖音号的实证分析》，《新闻与写作》2020 年第 10 期。

[162] 刘柳、马亮：《政务短视频的扩散及其影响因素：基于政务抖音号的实证研究》，《电子政务》2019 年第 7 期。

[163] 巫霞、马亮：《政务短视频的传播力及其影响因素：基于政务抖音号的实证研究》，《电子政务》2019 年第 7 期。

[164] 黄艳、辛肇镇、李卫东：《新媒体时代高校共青团微博信息传播网络研究——基于社会网络分析的视角》，《中国青年社会科学》2021 年第 4 期。

[165] 黄艳、王晓语、李卫东：《高校共青团抖音短视频传播效果影响因素实

证研究——基于全国 100 所高校共青团抖音号的内容分析》,《中国青年社会科学》2022 年第 2 期。

[166] 陈新权:《论评价活动》,《哲学动态》1995 年第 10 期。

[167] 荀振芳:《大学评价活动的基本逻辑与价值选择》,《清华大学教育研究》2021 年第 3 期。

[168] 武建军、王永:《基于模糊层次分析法的社区信息化水平评价模型构建》,《科技管理研究》2010 年第 20 期。

[169] 李晓波:《青少年法治素养评价指标体系构建研究》,《贵州师范大学学报(社会科学版)》2020 年第 4 期。

[170] 彭张林、张爱萍、王素凤、白羽:《综合评价指标体系的设计原则与构建流程》,《科研管理》2017 年第 S1 期。

[171] 周建梅、张志华、卫晓飞、李希春:《我国普通高校网球项目高水平运动队评估指标体系研究》,《北京体育大学学报》2013 年第 2 期。

[172] 刘玉静、张秀华:《智慧图书馆智慧化水平测度评估研究》,《图书与情报》2018 年第 5 期。

[173] 张斌贤、陈瑶、祝贺、罗小莲:《近三十年我国教育知识来源的变迁——基于〈教育研究〉杂志论文引文的研究》,《教育研究》2009 年第 4 期。

[174] 吴远、李轮:《新时代思想政治教育思想的新探索——评〈新时代思想政治教育思想研究〉》,《河海大学学报(哲学社会科学版)》2021 年第 1 期。

[175] 刘泽奖、赵楷、刘妍君:《网络条件下突发事件对大学生心理的影响及其对策》,《思想教育研究》2010 年第 11 期。

[176] 史献芝、尹潇:《系统论视域下新时代国家意识形态安全风险防控:分析框架与实践进路》,《理论探讨》2023 年第 2 期。

[177] 张超群、易云恒、周文娟、秦唯栋、刘文武:《基于深度学习与数据增强技术的小样本岩石分类》,《科学技术与工程》2022 年第 33 期。

[178] 刘汉卿、康晓东、李博、张华丽、冯继超、韩俊玲:《利用深度学习网络对医学影像分类识别的比较研究》,《计算机科学》2021 年第 S1 期。

[179] 齐志远、高剑平：《从延伸、强化到替代：人工智能对人类劳动的影响》，《自然辩证法通讯》2023 年第 7 期。

[180] 袁从领、母小勇：《论“互联网 + 科学教育”的教学模式创新》，《课程 · 教材 · 教法》2018 年第 8 期。

[181] 刘星南、吴志峰、骆仁波、吴艳艳：《基于多源数据和深度学习的城市边缘区判定》，《地理研究》2020 年第 2 期。

[182] 张阳玉、吕光宏、李鹏飞：《SDN 网络入侵检测系统的深度学习方法综述》，《计算机应用》2019 年第 S2 期。

[183] 陈德鑫、占袁圆、杨兵：《深度学习技术在教育大数据挖掘领域的应用分析》，《电化教育研究》2019 年第 2 期。

[184] 刘勇、李青、于翠波：《深度学习技术教育应用：现状和前景》，《开放教育研究》2017 年第 5 期。

[185] 赵蓉英、朱伟杰、张兆阳、李新来：《融合 BP 神经网络的学术话语权评价方法探讨》，《图书情报工作》2022 年第 11 期。

[186] 沈壮海、刘灿：《论新时代思想政治教育的高质量发展》，《思想理论教育》2021 年第 3 期。

[187] 李明锡、白艳：《全媒体时代高校常态化长效化开展党史学习教育的路径探析》，《学校党建与思想教育》2023 年第 12 期。

[188] 马松、孙秀玲：《新媒体赋能高校思政教育的应用价值、现实瓶颈及实践路径》，《传媒》2023 年第 11 期。

[189] 徐稳、葛世林：《数字化技术赋能思想政治教育的三维探析》，《思想教育研究》2023 年第 3 期。

[190] 牟维、陈友力：《高校教学风险及其治理——基于风险社会理论的视角》，《中国高教研究》2021 年第 6 期。

四、学位论文类

[1] 谭泽春：《网络思想政治教育的主客体研究》，武汉大学博士学位论文，2017 年。

[2] 戚静：《高校课程思政协同创新研究》，上海师范大学博士学位论文，2020 年。

[3] 胡恒钊：《高校网络思想政治教育实施方法研究》，中国矿业大学（北京）博士学位论文，2012 年。

[4] 田树学：《新时代高校网络思想政治教育质量评价研究》，东北师范大学博士学位论文，2022 年。

[5] 谢继华：《大数据视阈下高校网络思想政治教育创新研究》，电子科技大学博士学位论文，2018 年。

[6] 张雷：《基于传播理论的大学生思想政治教育有效接受研究》，广西师范大学博士学位论文，2014 年。

[7] 任艳妮：《大众传媒环境下大学生思想政治教育传播有效性研究》，西北工业大学博士学位论文，2015 年。

[8] 米华全：《新时代高校网络意识形态建设研究》，电子科技大学博士学位论文，2020 年。

[9] 胡江伟：《微博公共情绪传播及其管理研究》，南昌大学博士学位论文，2019 年。

[10] 盛敏：《中国茶文化对外传播与茶叶出口贸易发展研究》，湖南农业大学博士学位论文，2017 年。

[11] 王淑娉：《新时代大学生奋斗精神培育机制研究》，东北师范大学博士学位论文，2022 年。

[12] 张邦卫：《媒介诗学导论——传媒视野下的文学与文学理论》，浙江大学博士学位论文，2005 年。

[13] 张之刚：《电力监控网络安全态势智能感知方法研究》，战略支援部队信息工程大学博士学位论文，2019 年。

[14] 张宏达：《新时代高职院校学生职业道德教育研究》，中国矿业大学（北京）博士学位论文，2020 年。

[15] 石庆新：《当代大学生政党认同研究》，中国地质大学博士学位论文，2017

年。

[16] 方嘉奇:《震后医药应急物流供需动态适配决策问题研究》，北京交通大学博士学位论文，2021 年。

[17] 张佳奇:《互联网语境下的群域话语研究》，哈尔滨师范大学博士学位论文，2021 年。

[18] 朱赟:《新媒体形态下非物质文化遗产传播路径认同度研究——以境内外手工纸代表性样式博物馆为例》，中国科学技术大学博士学位论文，2018 年。

[19] 李中梅:《新媒体环境下智库信息传播机理及效果评价研究》，吉林大学博士学位论文，2018 年。

[20] 何江:《城市风险与治理研究 —以中国为例》，中央民族大学博士学位论文，2010 年。

五、外文类

[1] Eliza Tanner，"Chilean Conversations : Internet Forum Participants Debate Augusto Pinochet's Detention"，*Journal of Communication*，2001.

[2] Dhavan Shah，Michael Schmierbach，Joshua Hawkins，Rodolfo Espino，Janet Donavan，"Nonrecursive Models of Internet Use and Community Engagement : Questioning Whether Time Spent Online Erodes Social Capital"，*Journalism and Mass Communication Quarterly*，2002.

[3] Zhou Hui Zi，Li Xue Wei，"Research on Small-World Network Communication of Public Sentiment by Self-Media Based on Energy Model"，*Advances in Science and Technology*，2021.

[4] Graham Williamson，*Communication Capacity*，2014-01-10，https://www.sltinfo.com/communication-capacity/.

[5] Katz E.，Blumler J.G.，Gurevitch，"The Uses of Mass Communications : Current Perspectives on Gratifications Research"，*Sage Annual Reviews of Communication*

Research Volume III，1974.

[6] Lewin K.，"Frontiers in Group Dynamics : II.Channels of Group Life; Social Planning and Action Research"，*Human Relations*，1947.

[7] Fisher R. A.，"Some Remarks on the Methods Formulated in a Recent Article on 'The Quantitative Analysis of Plant Growth'"，*Annals of Applied Biology*，1921.

[8] McComas K. A.，"Defining Moments in Risk Communication Research : 1996-2005"，*Journal of Health Communication*，2006.

[9] Glaser B. G.，Strauss A. L.，"The Discovery of Grounded Theory : Strategies for Qualitative Research"，*Nursing Research*，1967.

[10] Akshay Java，Xiaodan Song，Tim Finin，Belle Tseng，*Why We Twitter : Understanding Microblogging Usage and Communities*，New York：ACM Press，2007.

[11] Richard L. Daft，Robert H. Lengel，"Organizational Information Requirements，Media Richness and Structural Design"，*Management Science*，1986.

[12] Richard L. Daft，Robert H. Lengel，Linda Klebe Trevino，Message Equivocality，"Media Selection and Manager Performance : Implications for Information Systems"，*MIS Quarterly*，1987.

[13] Mayer R. E.，Herser J.，Lonn S.，"Cognitive Constraints on Multimedia Learning: When Presenting More Material Results in Less Understanding"，*Journal of Educational Psychology*，2001.

[14] Hinton G. E.，"Salakhutdinov R. R.，Reducing the Dimensionality of Data with Neural Networks"，*Science*，2006.

[15] Hinton G. E.，Osindero S.，Teh Y. W.，"A Fast Learning Algorithm for Deep Belief Nets"，*Neural Computation*，2006.

[16] Krizhevsky A.，Sutskever I.，Hinton G. E.，"ImageNet Classification with Deep Convolutional Neural Networks"，*Communications of the ACM*，2017.

[17] Deng L.，Yu D.，"Deep Learning : Methods and Applications"，*Foundations & Trends in Signal Processing*，2014.

[18] Marton F., Sajio R.,“On Qualitative Differences in Learning : I—Outcome and Process”, *British Journal of Educational Psychology*, 1976.

后　记

2022年5月，习近平总书记在庆祝中国共产主义青年团成立100周年大会上的讲话中指出，青年之于党和国家而言，最值得爱护、最值得期待。新媒体时代，高校作为优秀青年的聚集地，其网络思想政治教育工作肩负着化育一代青年永远信赖和追随中国共产党的历史重任。长期以来，我国高校思想政治教育工作在探索中砥砺前行，积累了大量优秀成果和成功经验，为高校思想政治教育创新发展打下了坚实基础。结合新媒体时代发展特征、改革创新大势和高校思想政治教育工作实践，新媒体时代高校思想政治教育肩负着守正创新的历史使命。面对新媒体时代我国高校思想政治教育守正创新的重要任务，深入分析探讨高校思想政治教育网络传播力“为什么要评价”“评价什么”“谁来评价”“如何评价”等关键性问题，有助于进一步深化思想政治教育网络传播力评价研究，拓展高校思想政治教育工作质量评价理论，科学把握高校思想政治教育网络传播的内在规律，对于在新媒体时代背景下提升高校思想政治教育工作科学化水平，推进高校思想政治教育工作创新发展，更好地实现立德树人根本任务、培养担当民族复兴大任的时代新人，具有重要的理论价值与实践意义。

《新媒体时代高校思想政治教育网络传播力评价研究》一书受到国家社会科学基金“十三五”规划2020年度教育学一般课题“高校思想政治教育

网络传播力的评价指标体系及应用研究”（BIA200186）的资助。本书由武汉工程大学黄艳教授撰写，陈艺贤、吴梦云、闫园园、辛肇镇、王亭亭、阙凤仪、王晓语、郝晓雯等参与协助相关工作。在撰写过程中，本书撰写团队广泛收集文献资料，深入高校开展调研，注重发挥集体攻关优势，对研究思路、总体框架、研究重点、写作风格等问题进行深入的交流研讨。本书在内容上，基于“思想政治教育学＋传播学”的综合视域展开高校思想政治教育网络传播力评价的研究，系统梳理、总结了高校思想政治教育网络传播力评价的缘起、概念特征与理论框架，深刻剖析、探讨了高校思想政治教育网络传播力评价的维度、基本原则、主要内容及方式方法，最终构建了具有我国特色、符合我国实际的高校思想政治教育网络传播力评价的指标体系与模型。

本书的编撰除了参考经典著作以外，还参考借鉴了相关专家学者、国内外学术界的众多研究成果，文中采用脚注的方式对其进行了注明，并在书末列出了主要参考文献，在此一并致以诚挚的谢意。建立高校思想政治教育网络传播力评价指标体系与评价模型是思想政治教育工作与时俱进、与“网”俱进的映现，这还只是一次初步的尝试，一些观点有待于进一步深入探讨，对于本书的局限与不足只能留待今后补充与修正，也真诚地希望同行学者和广大读者批评指正。

黄　艳

2024 年 10 月